청소년복지론

청소년복지론

김정열 · 조승희

KNOWLEDGE COMMUNITY 공동체

머리말

청소년은 아동에서 성인으로 성장해 가는 중간기에 있는 사람을 의미하며, 청소년복지는 가정이나 사회로부터 버려지거나 적응하지 못하는 청소년뿐만 아니라, 모든 청소년에게 복지서비스를 하는 것을 말한다. 청소년 복지서비스 활동은 청소년들의 기본적인 욕구를 충족시켜 주며, 정신적 · 정서적 · 신체적으로 발달단계에 따라서 청소년 자신들에게 직접적으로 또는 가정이나 사회를 통해 간접적으로 서비스를 제공하는 모든 사회제도적 · 전문적 복지서비스 활동을 말한다. 이 책의 내용은 청소년의 이해 부분에서 사춘기의 신체 · 생리적 발달과 청소년기의 인지적 · 정서 · 자아정체감 발달을 이해하여 청소년 복지서비스 활동을 적절히 할 수 있으며, 청소년기의 발달이론 등 기본적인 학문을 이해할 수 있도록 전개하였다. 그리고 청소년지도와 리더십을 배움으로써 청소년문제를 이해하고 예방과 대책을 세울 수 있게 정리하였다. 또한 청소년들의 인권을 학습하여 청소년에게 스스로 자립할 수 있는 기회를 줄 수 있게 하고 학교와 청소년복지, 비행청소년 복지, 장애청소년 복지, 다문화가족과 청소년복지, 탈북청소년 복지, 인권과 청소년복지, 대안학교와 청소년복지, 청소년복지의 전망과 과제의 순서로 청소년에 대한 복지서비스 활동에 필요한 내용들을 수록하였다. 아무쪼록 사회복지사, 청소년지도사, 청소년단체, 청소년에게 관심을 가지고 계시는 분들께 많은 참고와 도움이 되었으면 한다.

2023년 8월

저자 씀

차 례

청소년의 이해

1. 사춘기의 신체 · 생리적 발달
2. 청소년기의 인지적 발달
3. 청소년기의 정서 발달
4. 청소년기의 자아정체감 발달

| 제1장 | 청소년의 이해

1. 사춘기의 신체 · 생리적 발달

1) 사춘기의 의미와 특성

(1) 사춘기의 의미

사춘기(思春期)와 청소년기(靑少年期)라는 용어는 구분하여 사용하기도 하고 혼용해서 사용하기도 한다. 사춘기는 영어로 'puberty'라고 하며, 라틴어의 'pubertas', 즉 '성장하다', '발모(發毛)하다'에서 유래되었다. 이 말은 다분히 신체적 성장과 제2차 성징(性徵, sex character)의 출현으로 인한 생물학적 변화를 뜻한다. 청소년기라는 말의 'adolescence'도 라틴어의 'adol'과 'scent'에서 유래된 말로 '~로'라는 방향성과 '성장하다'라는 의미를 동시에 지니고 있는 합성어이다. 그러므로 청소년기와 사춘기는 '어른으로 성장하는 시기'라는 점에서 공통성을 지니고 있지만, 청소년기는 신체적 · 생리적 성장보다 더 포괄적인 의미에서의 성장, 즉 인지적 성장과 정의적 또는 사회적 성장까지를 포함한다고 볼 수 있다(한상철, 2004).

청소년기에 대한 규정은 시대와 지역에 따라 차이가 있지만, 오늘날 대부분의 발달심리학자는 청소년기가 생물학적으로 시작하여 사회 · 문화적으로 끝난다는 입장에 동의하고 있다. 즉, 어떤 개인이 성인과 유사한 크기의 신장이나 체격으로 발달하고 1, 2차 성징(性徵)의 생물학적인 변화가 나타나는 사춘기(puberty)에 접어들면 청소년기가 시작되었다고 보며, 특정 사회나 문화가 성인에게 부과하고 있는 사회적 책무성이나 자율적 의사결정, 경제적 독립성 등을 개인이 성취하게 될 때 성인기가 시작된 것과 동시에 청소년기가 종결된 것으로 판단한다(한상철, 2004).

다시 말해, 사춘기의 시작과 함께 청소년기가 시작되므로 청소년기의 시작은 객관적으로 확인할 수 있지만, 청소년기가 끝나는 시점은 그 사회가 지니고 있는 문화적 규준에 따라 차이가 있을 뿐만 아니라 개인의 주관적인 인식이 크게 작용한다. 청소년기에 대한 이러한 개념에서 알 수 있듯이 청소년기는 사춘기의 생물학적인 변화로부터 시작되며, 이것은 청소년 발달과 행동을 이해하는 데 매우 중요한 의미를 지닌다.

사춘기는 생물학적인 변화로 인해 한 개인이 생식능력을 갖게 되는 시기를 말한다. 그렇지만 보다 넓은 의미에서 사춘기는 한 개인이 아동기에서 성인기로 넘어가는 기간 동안 발생하는 모든 신체적 변화를 의미하기도 한다(한상철, 2004). 사춘기는 호르몬 수준의 증가에 따라 성적(性的) 성숙이 명백해지고, 이런 내적인 변화가 제2차 성징(性徵)의 발달과 성장급등으로 나타나는 시기이다(Conger, 1991).

사춘기의 대표적인 발달 특징은 성적(性的)인 성숙이 이루어진다는 것이며, 이에 따라 앞서거나 거의 동시에 신체적 성장의 급등이 일어나는 것이라 하겠다. 다양한 사춘기 변화(pubertal events)가 일어나는 순서에 있어서 다소 일정한 질서가 있다는 것은 발달적인 측면에서 일찍부터 받아들여져 왔다(Tanner, 1962).

마셜(Marshall, 1978)은 사춘기에 일어나는 신체 · 생리적 변화에 대해 다음과 같이 제시하였다. 첫째, 신장과 체중의 급격한 증가, 둘째, 남성의 고환과 여성의 난소와 같은 생식선(生殖腺, sexual gland) 또는 성선(性腺, sex gland)의 발달, 셋째, 지방질과 근육 같은 신체 구성요소의 변화, 넷째, 신체의 순환계통과 호흡기의 변화로 인한 운동능력의 증가이다(한상철 · 임영식, 2000).

사춘기의 변화는 누구에게나 일어나는 보편적인 현상이다. 그러나 이러한 사춘기 변화는 너무나 급속하고 개인차와 남녀차가 크기 때문에(Taylor, 1980), 사춘기의 신체 · 생리적 변화는 단순히 외형상의 변화만을 의미하지 않는다. 이것은 이 시기 청소년기의 모든 발달을 선도하며, 청소년의 정서와 성격, 인지능력, 사회관계 등 모든 측면에 중요한 영향을 미친다(한상철, 2004).

(2) 사춘기의 신체적 특성

아동이 자라서 성인으로 넘어가는 전환기를 사춘기라고 부른다. 학원세계대백과사전(1994)에서는 사춘기를 "아동기에서 성인기로 옮아가는 중간의 시기이며, 청년기와 거의 같은 뜻이다. 그러나 사춘기라고 할 때는 청년의 성적 성숙에 초점이 맞추어진다"라고 정의하고 있다. 사춘기의 영어단어인 puberty의 어원을 보면 "성인다운 연령, 모발의 성장, 음모의 발생" 등의 뜻을 지닌 라틴어 pubertas로부터 파생되었다(Muuss, 1981). 이처럼 사춘기는 성적인 성숙과 신체적 성장의 시기로 규정되는 개념으로 생물학적인 의미를 중심기반으로 하고 있다. 이러한 사춘기는 언제 시작해서 언제 끝나는지 정확히 말하기가 어렵지만 겉모습을 관찰하면 대체로 12~16세 사이에 사춘기의 변화가 진행된다(최윤미, 1998).

그러나 무엇이 이 시기에 사춘기의 작용을 일으키는지는 완전히 밝혀지지 않고 있다. 다만, 호르몬이라는 물질이 사춘기 변화의 주역이며, 우리 뇌와 내분비계에서 일어나는 복잡한 작용에 의해 사춘기의 생리적 발달이 이루어진다는 사실만은 분명하다. 사춘기 발달이 시작되면, 뇌 안의 여러 체계들이 제각기 고유의 역할을 수행하게 되는데, 이때 전체를 총괄하는 역할을 하는 곳이 뇌 안의 시상하부이다. 뇌하수체는 시상하부의 지휘에 따라 혈관 내부의 호르몬 수준을 조절하는 기능을 담당한다. 뇌하수체는 신체의 성장과 골격발달에 관계되어 있는 다른 호르몬도 분비하여 성장을 촉진하기도 한다. 이러한 호르몬의 영향으로 급격한 신체적 성장이 이루어진다. 이것을 사춘기의 성장급등이라고 한다. 평균적으로 여자의 경우 10~11세, 남자의 경우 12~13세에 성장급등현상이 나타난다. 미국의 경우, 여자의 성장급등은 대략 10.5세에 시작되어 2년 정도 지속되는데 이 기간 동안 한 해에 약 9㎝씩 신장이 자란다. 남자의 성장급등은 12.5세에 시작되고, 보통 한 해에 약 10㎝씩 신장이 자란다(Faust, 1977). 이 성장급등기 동안에 성인이 된 후 최종 신장의 98%가 형성되는 것으로 보고되고 있다(Tanner, 1978).

우리나라 교육부(2020)에서 학생들의 건강검사를 실시한 결과, 청소년의 신장은 남자 청소년의 경우 초등학교 6학년에서 중학교 1학년 사이인 11~12세에 8.1cm으로 가장 높은 성장률을 보였으며, 여자 청소년의 경우 초등학교 4학년에서 5학년

사이인 9~10세에 6.9cm로 가장 성장률이 높은 것으로 나타났다. 이 시기에는 신장뿐만 아니라 체중 또한 급격히 증가하는 것으로 나타났다.

〈표 1-1〉 우리나라 청소년의 신장과 체중 (단위 : cm, kg)

구 분		초등학생						중학생			고등학생		
		초1	초2	초3	초4	초5	초6	중1	중2	중3	고1	고2	고3
신장	남	122.2	128.2	134.1	139.8	145.3	152.1	160.2	166.7	170.5	172.8	173.4	174.0
	여	120.6	126.9	132.8	139.1	146.0	152.3	157.1	159.1	160.4	161.1	161.2	161.2
체중	남	25.5	29.2	33.5	38.2	43.1	48.8	54.8	61.0	65.3	68.2	70.2	71.5
	여	24.0	27.3	31.1	35.4	40.8	46.1	50.5	53.3	55.3	56.6	57.5	58.0

출처 : 교육부(2020). 학생 건강검사 표본통계.

우리나라 청소년의 신체발육상황은 지속적으로 향상되어 왔다. |그림 1-1|은 1972년도부터 2020년까지 지난 약 50년간 초등학교 4학년, 중학교 2학년, 고등학교 3학년의 평균 신장을 비교 · 분석한 것이다. 남학생의 경우, 초등학교 4학년은 1972년에 126.9cm이었던 것이 2020년에는 139.8cm으로 12.9cm가 커졌다. 여학생은 같은 기간 동안 125.9cm에서 139.1cm으로 13.2cm 커졌다. 중학교 2학년 남학생은 1972년과 2020년 사이에 150.1cm에서 166.7cm로 16.6cm 커졌고, 같은 학년 여학생은 149.2cm에서 159.1cm으로 9.9cm 커졌다. 고등학교 2학년 남학생은 1972년에 164.8cm에서 173.4cm로 8.6cm 커졌고, 같은 학년 여학생의 경우 156.9cm에서 161.2cm으로 4.3cm 커진 것으로 나타났다. |그림 1-2|에 따르면 같은 시기 청소년의 평균 체중도 상승한 것으로 나타났다.

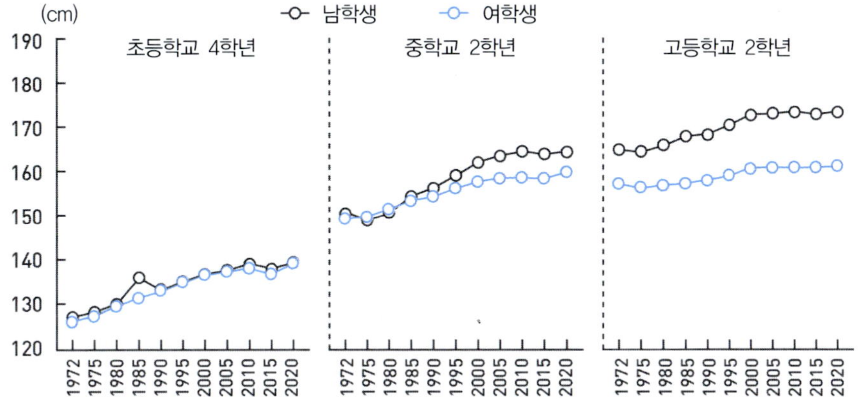

|그림 1-1| 초 · 중 · 고 학생의 성별 평균 키, 1972~2020

주 : 1) 연령 기준으로 집계된 표본조사 결과임
2) 초등학교 4학년생은 만 9세, 중학교 2학년생은 만 13세, 고등학교 2학년생은 만 16세를 기준으로 하였음

출처 : 교육부(각 연도). 교육통계연보.

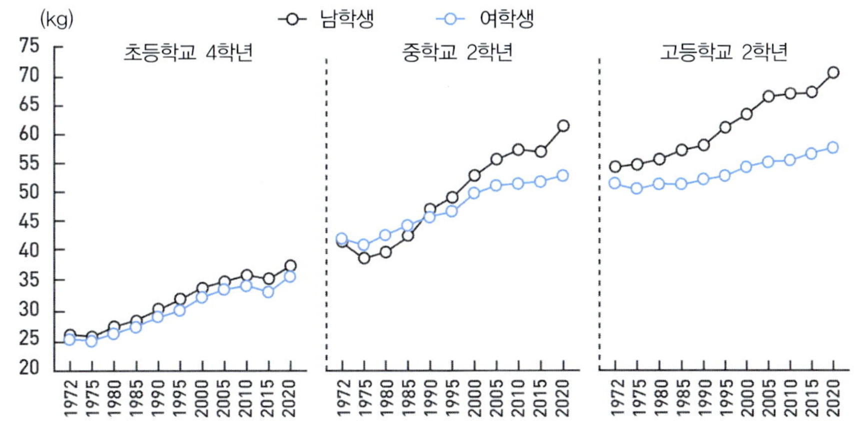

|그림 1-2| 초 · 중 · 고 학생의 성별 평균 체중, 1972~2020

주 : 1) 연령 기준으로 집계된 표본조사 결과임
2) 초등학교 4학년생은 만 9세, 중학교 2학년생은 만 13세, 고등학교 2학년생은 만 16세를 기준으로 하였음

출처 : 교육부(각 연도). 교육통계연보.

사춘기의 신체발달은 단순히 신장이나 체중의 증가에 그치는 것이 아니라 여성다운, 혹은 남성다운 신체 특성과 함께 성적인 기능이 획득된다는 점에서 중요한 의미를 가진다. 사춘기에 이루어지는 성적인 발달은 그 시기에 있어서는 개인마다 약간씩 차이가 있지만 변화가 일어나는 순서는 대체로 일정하다.

사춘기의 신체 · 생리적 발달에 가장 강력한 영향을 미치는 것은 뇌하수체 가운데서도 전엽이며 이것은 생식선의 활동을 자극한다(한상철 · 임영식, 2000). 뇌하수체는 다른 많은 내분비선의 활동을 자극하거나 억제하기 때문에 중요하며 전배엽, 중배엽, 후배엽으로 구성되어 있다. 이 가운데 뇌하수체 전배엽은 여섯 가지의 호르몬을 분비하는데, 그중 세 가지가 생식선의 활동을 자극한다. 이 생식선을 자극하는 세 가지 호르몬을 향생식선 호르몬(gonadotropic hormones)이라고 하고 나머지 세 가지를 부신피질을 자극한다고 하여 향부신피질 호르몬이라고 한다. 사춘기가 되면서 뇌하수체 전엽은 이런 중요한 자극호르몬을 분비하는데, 이것은 또한 시상하부(hypothalamus)의 자극 때문이다. 시상하부→뇌하수체→생식선의 관계는 사춘기 이전부터 작용하지만 사춘기가 되면서 이 체제가 더욱 활성화된다(Kaplan, 2004).

생식선(生殖腺) 또는 성선(性腺)은 향생식선 호르몬의 자극에 의해 자체 호르몬을 분비하기 시작하는데, 남성호르몬인 안드로겐(androgen)과 여성 호르몬인 에스트로겐군(the estrogen group)이 그것이다. 안드로겐은 음경의 발달, 전립선(prostate gland), 정낭(seminal vesicle), 2차 성 특징을 담당한다. 그리고 에스트로겐군은 자궁, 질(vagina), 나팔관, 유방, 여성의 2차 특징의 발달에 관여하며, 이 밖에도 월경주기와 정상적인 자궁수축, 그리고 유선조직의 성장을 통제한다.

사춘기의 여자의 성적 발달을 알려주는 대표적인 것은 난소의 성숙을 의미하는 월경이다. 우리나라 여학생들의 평균 초경연령의 변화를 살펴보면 다음과 같다. 1900년 초반부터 1980년대까지 여자 청소년의 평균 초경나이는 2세 정도 낮아졌다. 또한 1980~1984년 사이에 태어난 여자 청소년의 경우 평균 13.1세에 초경을 경험한 반면, 1990~1994년 사이에 태어난 여자 청소년은 평균 12.6세로 0.5세가량 낮아진 것으로 보고되었다(Ahn, Lim, Song, Seo, Lee & Kim, 2013). 초경이 성 발달의 가장 뚜렷한 징표가 되지만 그보다 앞선 10세 전후, 빠르면 8세 무렵부터 나타나는 젖가슴의 융기가 가장 먼저 나타나는 성적인 발달의 특성이라 할 수 있다. 그 시작 시기와 관계없이 4~5년 정도 지나면 유방의 발달은 완성된다. 두 번째로 나타나는 여자의 성 발달 징표는 음모이고 그 다음이 겨드랑이 털이다. 그 밖에 성기 주변의 외음부가 발달하면서 더 민감해진다. 이 무렵부터 여자들은 어깨 넓이보다 엉덩이 둘레가 더 커지게 된다.

여성의 내부 생식기인 난소와 나팔관, 자궁, 질 등은 청년기 동안 그 크기와 무게가 모두 증가한다. 질의 벽은 사춘기 초기에 변화하기 시작하여 젖가슴이나 음모보다 먼저 발달하는데, 다만 내부에 감추어져 있으므로 우리 눈에 띄지 않을 뿐이다. 그러나 난소는 출생 시에 이미 완전히 발달한 기관으로 갖추어져 있어서 여자가 평생 만들어 낼 난자를 모두 가지고 있다. 이들 난자는 사춘기를 지나면서 비로소 월경주기에 따라 성숙한다.

남자의 경우 성적인 발달이 일어나는 첫 신호는 음경과 고환이 커지면서 음낭이 더 붉은색을 띠고 주름이 많아진다. 이러한 변화는 평균 11세 또는 12세 무렵 나타나지만 그 시기에는 개인차가 있다. 고환은 여자의 난소와 비슷한 기능을 하는데 정자와 남성호르몬인 테스토스테론을 생산하여 뒤이어 나타나는 성적인 발달을 촉진한다. 고환이 커지고 나면 음모가 나타나는데 처음에는 곧은 모양이다가 나중에는 꼬불꼬불한 모양으로 나타난다. 곧은 음모가 나타날 즈음이면 음성이 약간 변하면서 자위 또는 몽정으로 인한 첫 번째 사정을 경험하게 된다. 그리고 겨드랑이에 털이 생기며 목소리가 더 확실하게 달라지면서 수염이 난다(Faust, 1977). 고환이 커지면서 내부 생식기관들 간의 복잡한 연결망이 만들어지고, 고환에서 만든 정자는 음경을 거쳐 사정을 함으로써 수송할 수 있는 체계를 갖추게 된다. 정액의 사정은 이러한 신체 내부와 외부의 사춘기 변화가 완료된 후에야 가능해진다.

사춘기 신체발육의 가속화 경향이 나타나는 것은 생활수준이 높아짐에 따라 건강, 영양, 심리적 보살핌 등에서 보다 좋은 환경적 요인이 작용하기 때문인 것으로 보인다. 어떤 연구자들은 신체발달에 직접 영향을 주는 요인들뿐만 아니라 사회적·심리적 현상도 신체발달의 가속화 현상에 기여한다고 주장한다(Muuss, 1970).

2. 청소년기의 인지적 발달

인지능력의 변화는 신체 · 생리적 변화와 더불어 모든 청소년들에게 나타나는 기본적인 변화 가운데 하나이다. 인지발달은 청소년의 심리적 발달과 사회적 관계에 많은 영향을 준다. 청소년기에 나타나는 인지능력의 변화는 아동기와는 질적으로 다른 양상을 보여준다. 이 시기에 나타나는 사고를 아동기의 사고보다 높은 수준에 있게 하는 중요한 요소는 '만약 ~이면'이라는 개념이다. 청소년들은 구체적인 상황에서 자신이 직접 보는 것에 의존하기보다 무엇이 더 옳을지도 모른다는 생각을 할 수 있다. 그들은 무한하게 다양한 가능성을 상상할 수 있기 때문에 가설적인 추론이 가능하다. 아동기의 자아중심적 사고의 흔적이 아직도 그들의 인지적 미숙함을 드러내기도 하지만, 청소년기에는 인지발달에 따른 도덕적 문제와 자신의 미래설계에 대하여 폭넓게 사고할 수 있게 된다(한상철, 2004).

청소년들은 신체적 성장의 급격한 변화와 더불어 인지적 발달과 특성의 중요한 변화를 경험한다. 여기서는 청소년기 사고의 질적 발달에 대하여 논의하고자 한다. 발달단계에 기초할 때, 청소년은 형식적 조작기에 해당되는 만큼 가설적 사고와 조합적 사고를 할 수 있으며, 상상과 추리를 통해 문제를 해결할 수 있게 된다. 따라서 청소년기의 사고발달과정을 보다 구체적으로 이해하기 위하여 먼저 피아제(Piaget)의 인지발달이론을 살펴보고자 한다.

1) 인지발달

인간의 타고난 능력 중 탁월한 것은 지식을 획득하는 것이다. 이러한 지식의 획득은 동시에 일어나는 것은 아니다. 지식을 알아가는 과정은 발달의 단계를 거치면서 이루어진다. 각 단계는 다음 단계를 촉진시키며, 두 단계가 겹쳐지면서 다음 단계로 옮아가게 된다. 피아제(Piaget)에 의하면, 인지란 알게 하고 정보를 창출하게 하는 등의 모든 정신적 과정, 즉 지각, 사고, 기억, 학습, 문제해결 등을 포함한 말이다. 따라서 피아제(Piaget)의 인지발달 단계이론은 인간의 사고발달을 설명하는 포괄적이고 체계적인 이론으로 받아들여지고 있다(황보경, 1999).

피아제(Piaget)는 60여 년 간의 오랜 연구와 방대한 저서를 통해 인지발달 분야에서 지배적인 역할을 해왔다. 그는 이전의 연구가 표준화된 검사방법을 통해 아동의 행동을 나열하는 정도에 그쳤던 것과는 달리, 임상적 면접방법을 통해 아동의 사고내용과 인지구조를 면밀히 파악하고자 하였다. 또한 이전에 다루지 않은 새로운 개념과 주제들을 발견하여 이론으로 체계화시켰다(유지영, 2008).

피아제(Piaget)는 종류가 다른 여러 가지의 조작을 습득하는 여러 단계를 거치면서 인지발달이 이루어진다고 보았는데, 이 단계에서 이루어지는 내적 기제는 동화, 조절, 평형이다. 동화는 새로운 지각적 · 운동적 · 개념적 사건들을 기존의 관념에 통합시키는 인지적 과정이다. 조절은 새로운 사건에 알맞게 기존의 관념을 변화시키는 경향이다. 평형은 동화와 조절 사이의 균형상태이다(황보경, 1997).

동화는 학습자가 현재 가지고 있는 인지구조에 따라 주어진 정보의 의미를 해석하거나 그 인지구조의 수준에 맞게 조정하는 과정을 말한다. 동화되는 정보는 본래의 의미를 잃고 새로운 의미의 정보로 변형되어 인지구조에 통합되므로, 동화는 도식과 인지구조의 양적인 변화를 가져다준다고 볼 수 있다(정옥분, 1998). 표나 그래프로 정리된 자료에 담겨진 의미를 해석하는 것, 에너지 본질을 아는 학생이 여러 형태의 에너지를 제시하는 것, 혈액의 기능을 이해하고 있는 학생이 혈구의 응집반응실험을 통해서 혈액형을 알아내는 것과 같이 주어진 정보를 개인들 각자가 독특한 형식으로 해석하고 새로운 의미를 형성하는 과정들이 동화과정의 좋은 예이다. 조절은 주어진 정보를 수용할 수 있도록 그 정보가 요구하는 인지적 수준과 범위에 맞게 인지구조가 변화되는 과정으로 도식이나 인지구조에 질적인 변화를 가져온다. 조절에 의한 인지구조의 변화는 지구를 평평한 것으로 믿었던 학생이 인공위성 사진을 보고 지구가 둥글다는 것을 깨닫게 될 때, 멘델의 법칙만을 알고 있었던 학생이 돌연변이나 연관유전현상을 이해할 때에 일어난다. 동화와 조절은 한 과정의 두 가지 측면으로 분명하게 구분하는 것은 불가능하다. 동화는 즉각적인 조절을 수반하며 조절은 다시 새로운 동화가 뒤따른다(박승재 · 조희형, 1994, 김미향, 1999 재인용).

이와 같이 동화와 조절이라고 하는 상호 보완적이면서 동시적 과정인 적응을 통해 기존의 인지구조에 비해 더 포괄적이고 안정적인 새로운 인지구조를 획득하게 되는 것이다. 이러한 일련의 사고과정으로 인지발달이 이루어지는데 이 전반적인 과정을 평형화라고 한다.

2) 피아제(Piaget)의 연구방법

피아제(Piaget)는 표준화된 검사방법(testing method)을 거부하고 일부 자연주의적 방법(naturalistic method)과 임상적 방법(clinical mehtod)을 채택하였다. 표준화된 검사방법은 일련의 질문들을 검사받는 사람들에게 동일한 방식으로 제시하는 것으로, 질문은 모든 아동에게 정확하게 같은 방식으로 주어져야 한다. 이 방법은 융통성이 없어, 아동이 흥미로운 답을 한다 해도 그것에 대하여 더 깊이 들어갈 수 없고, 아동이 질문을 이해하지 못한다고 해도 설명해 줄 수 없으며, 아동의 대답이 확신이 없는 순간적인 대답일 수도 있다는 단점이 있다.

자연주의적 방법은 피아제(Piaget)가 영아기와 언어를 연구할 때 사용한 방법으로 관찰을 통해 과학적 도구의 도움 없이 자연적인 주거환경에서 아동의 행동을 파악하는 방법이다. 조사자는 아동에게 먼저 질문을 제시하는 것이 아니라, 아동의 자발적인 질문에 대하여 반응한다. 이는 아동의 사고내용을 좀 더 명확하게 제공해 준다는 이점이 있으나, 관찰자가 원하는 질문을 기다리기까지 얼마나 많은 시간을 기다려야 할지 알 수 없으므로, 연구의 주요 도구로 사용되기는 어렵다. 그러므로 자연주의적 방법은 임상적 실험을 위한 질문을 시사해 주거나 임상적 결과를 확인하기 위하여 사용되는 경우가 많다.

임상적 방법은 표준화된 검사방법과 자연주의적 방법의 결함들을 보완하는 것으로, 아동에게 표준화된 형식이 아닌 질문하는 데 필요한 일반적인 틀만을 제공한다. 임상적 방법의 목적은 아동의 사고를 성인의 관점에 의해 변형시키지 않고 그대로 따라가는 것으로, 검사자가 아동의 언어를 사용하여 아동이 이해하기 쉽도록 질문의 수준을 조정하고 재구성할 수 있다. 그러나 임상적 면접은 표준화되지 않으므로 비판을 받기도 한다.

보완된 임상적 방법(revised clinic method)은 피아제(Piaget)의 초기 연구방법이 지나치게 언어에 의존한다는 것을 보완하기 위해 만들어졌다(김정민, 2008). 이 검사방법은 초기 임상적 방법과 같이 검사자의 질문이 유연하다는 공통점을 지니지만 몇 가지 다른 특징을 가진다. 검사자의 질문이 아동 앞에 주어진 구체적인 대상 또는 사건에 관한 것이어야 하며, 검사지는 아동이 언어뿐만 아니라 대상을 직접 조작함으로써 자신의 응답을 표현할 수 있도록 하였다. 또한 아동의 관점과 상반되는 반론을 제시하여 아동의 사고가 안정적이고 확실한 것인지 검증하였다.

3) 지능형성요인

피아제(Piaget)는 지능이 생물학적 요인들과 경험적 요인들 간의 복잡한 상호작용을 통해 형성된다고 보았다. 생물학적 요인은 크게 구체적 유전(specific heredity)과 일반적 유전(general heredity)으로 나누어 생각해 볼 수 있다. 구체적 유전은 신체적 구조의 유전 혹은 종의 유전으로 불리기도 하는데, 영아의 신체적 구조가 외부세계에 대한 기본적인 태도를 형성하여, 환경과의 상호작용을 통해 수정된다. 이러한 신체적 구조의 성숙은 다양한 심리적 활동의 발달을 가능하게 해준다.

일반적 유전은 모든 종이 조직화와 적응이라는 두 가지 기본 성향 또는 불변하는 기능들을 유전한다는 것이다(김정민, 2008). 조직화는 신체적 또는 심리적 과정의 각각의 구조들을 하나의 체계(또는 상위구조)로 통합하려는 성향을 말한다. 적응은 모든 유기체가 환경에 적응하려는 성향을 갖고 태어나는데, 이는 동화와 조절이라는 상호 보완적인 두 과정에 의해 일어난다. 조절은 개인이 환경의 요구에 대한 반응으로 변화하려는 성향을 말하며, 동화는 현재 구조들을 사용하여 환경적 요인을 다루는 보완적인 과정이다. 동화와 조절의 두 과정은 모든 행위에서 동시에 일어나며, 유기체는 새로운 사건을 구조에 동화시키고, 새로운 사건에 맞추어 구조를 조절하여 궁극적으로 기존의 구조와 환경의 요구 간의 균형을 이루는 평형에 도달한다.

4) 인지발달을 촉진하는 요소들

피아제(Piaget)는 이러한 인지발달을 촉진하는 요소, 즉 한 단계 더 높은 인지발달단계로의 전환을 가능하게 하는 전환기제를 네 가지 요인으로 설명한다. 성숙(maturation), 경험(experience), 사회적 전달(social transmission), 평형화(equilibration)가 그것이다. 피아제(Piaget)는 성숙(maturation)이 인지발달에 기여하는 것은 분명하지만, 유일한 요인은 아니라고 하였다. 구체적 유전으로 인해 인지발달에 영향을 미치는 다양한 신체구조들을 갖게 되며, 지능은 신체구조들의 성장에 간접적인 영향을 받는다. 그러나 유전에 의한 신체구조들은 인지성장의 커다란 테두리를 결정할 뿐, 그 내용을 결정하는 것은 아니다.

발달에 영향을 미치는 두 번째 요인은 환경과의 접촉, 즉 경험(experience)이다. 경험은 물리적 경험과 논리수학적 경험으로 나누어 생각해 볼 수 있다. 물리적 경험은 관찰할 수 있는 것들에 대한 지식으로, 사람이 지각하는 모양, 색, 크기 등과 같은 대상의 속성과 특징을 가리킨다. 이러한 물리적 지식은 발달에 중요한 영향을 미치며, 물리적 지식을 획득하는 과정은 이전의 논리수학적 경험에서 나온 인지도구들을 필요로 한다. 논리수학적 경험은 대상 자체가 아닌 자신의 행동에 대한 성찰로부터 얻는 지식으로서 개념적 도구들을 제공해 준다. 논리수학적 지식은 물리적 경험을 바탕으로 하며, 환경과의 상호작용을 통해 점차 객관적이 된다. 물리적 지식과 논리수학적 지식의 본질은 다르지만 이들은 발달 초기에 서로 밀접하게 얽혀있다.

인지발달에 영향을 미치는 세 번째 요인은 사회적 전달(social transmission)이다. 이는 문화가 아동의 사고에 미치는 영향을 일컫는 것으로, 부모가 아동에게 설명하는 것, 아동이 독서를 통해 얻게 되는 정보, 수업시간에 교사가 가르치는 것, 아동과 또래와의 토론, 아동이 모델을 모방하는 것 등을 의미한다. 문화는 축적된 지혜와 다른 사람들의 경험, 놀라운 인지도구들을 제공해 주며, 인지발달을 돕는다. 그러나 아동이 이를 받아들일 수 있는 인지구조를 가지고 있어야 하며, 인지성장을 완전히 결정하지는 못한다는 한계가 있다.

발달에 영향을 미치는 네 번째 요인은 평형화(equilibration)로 비평형상태에 있던 두 개 이상의 요인들 간의 균형 또는 조화의 상태를 의미하며, 다른 세 가지 요인들의 영향을 통합하는 역할을 한다. 인지적 평형은 변화 없이 체계의 안전성을 유지하려는 물리적 평형과는 달리 지식의 증가를 가져오는 안정성과 변화가 공존하는 평형이다.

이 네 가지 요인에 따른 발달은 아동이 외부사건에 단순히 반응하는 것이 아니라, 자신의 발달에 능동적인 역할을 담당하고 있다는 자기조절적인 발달과정을 잘 설명해 주고 있다.

5) 인지발달의 규칙성

피아제(Piaget)의 인지발달단계에 대한 세부사항을 알아보기 전에 인지발달의 중요한 규칙성을 짚고 넘어가야 한다.

첫째, 제시된 연령기준은 대략적인 것이다. 발달단계의 연령은 사회적 환경의 특성, 신체적 성숙 정도 등과 같은 많은 요인들의 작용에 의해 개인에 따라 달라질 수 있다.

둘째, 피아제(Piaget) 발달단계의 순서는 변하지 않는다. 행동의 순서는 문화의 다양성과 관계없이 불변한다. 단계의 순서가 뒤바뀌거나 순서를 건너뛸 수 없다. 단, 모든 사람이 피아제의 발달단계의 가장 높은 수준까지 도달하는 것은 아니며, 한 사람이 다양한 영역에서 모두 같은 발달단계에 있는 것도 아니다.

셋째, 영아의 발달이 점진적이며 연속적인 과정이다. 변화는 긴 기간에 걸쳐 서서히 일어나며, 두 단계들 사이에 여러 형태의 중간행동들이 나타나는 것이지, 갑자기 단계가 바뀌는 것이 아니다.

넷째, 각 단계의 특징적 행동, 능력은 다음 단계에 도달하여도 사라지지 않는다. 새로운 능력을 습득하여도 이전의 능력을 보유하고 있다.

6) 피아제(Piaget)의 인지발달단계

피아제(Piaget)의 인지발달에 대한 견해는 청소년의 환경에 대한 상호작용을 특징적으로 조화시키는 네 개의 구별되는 지적 성장의 기간들을 가정하며 모든 청소년들에게 적용된다. 피아제(Piaget)의 발달단계의 특징을 보면, 첫째, 각 단계는 똑같은 문제에 대하여 생각하고, 그 해결책을 구하는 데 분명히 그리고 질적으로 다른 차이점을 암시해 주고 있다. 둘째, 단계는 불변하는 계열(系列)을 이룬다. 즉, 어떠한 단계로 뛰어넘을 수가 없는 것이다. 문화적 요소는 지연 · 정지시킬 수 있으나 발달단계의 계열은 변화시킬 수 없다. 셋째, 각 발달단계는 구조적 전체를 이룬다. 즉, 그것은 창문과 비슷하여 인간은 그것을 통하여 자기의 경험을 해석하고 세계에 대한 접근을 결정하게 된다. 넷째, 발달은 위계(位階)적이다. 각 단계는 독특하며 분리된 전 단계를 토대로 구성되며, 또한 의존되어 있다. 성장의 방향은 불변하며 불가역적이다(최미경, 1997 재인용). 발달단계는 전체적으로 감각운동기, 전조작기, 구체적 조작기, 형식적 조작기로 이루어진다.

감각운동기	전조작기 단계	구조적 조작단계	형식적 조작단계
0~2세 새로운 정보를 얻기 위해 자신의 감각을 사용하고, 새로운 경험을 찾기 위해 운동능력을 사용하고자 애쓰는 시기이다.	2~7세 개념적 · 상징적 양식으로 기능을 수행할 수 있는 사람으로 발달하는 시기, 즉 이 단계의 유아는 감각운동적 사고에서 개념적 사고로 바뀌어 가는 전환기라 할 수 있다.	8~11세 자아중심적 사고에서 벗어나 보존개념을 획득하는 시기이다.	11~15세 논리적 조작에 필요한 모든 종류의 문제를 해결할 수 있는 시기. 인지적 구조는 성숙의 수준에 이른다.

|그림 1-3| 피아제(Piaget)의 발달단계

(1) 감각운동기(the sensory motor period)

감각운동기는 출생에서 약 2세까지의 시기를 말하며, 6단계로 세분하여 살펴볼 수 있다.

1단계에서 신생아는 환경과의 상호작용을 위해 유전적 기제인 반사에 의존한다. 빨기 및 다른 종류의 반사는 태어날 때부터 가지게 되는 유전적 능력으로, 외부자극에 의해서뿐만 아니라 자발적으로 나타난다는 데에 의미가 있다. 또한 반사 도식은 경험을 통해 능동적으로 수정되며, 이후 발달의 기초가 된다.

2단계에서 영아는 자신의 신체와 관련된 새로운 습관들을 습득하게 되는데, 이를 '1차적 순환반응'이라 한다. 우연한 행동이 영아의 신체와 관련된 만족스러운 결과를 가져오게 되면 영아는 그 행동을 반복하게 되고, 마침내 조직화된 일련의 동작들, 즉 새로운 도식이 형성된다.

3단계에서 영아의 행동과 관심은 자신의 신체를 벗어나 확장된다. 영아의 행동이 주변 환경에서 우연히 흥미로운 사건을 발생시키면, 영아는 자신의 행동이 이 사건과 관련이 있음을 지각하고 이 결과를 반복하고 싶어 한다. 영아가 외부환경에 관심을 갖고 목적을 이루기 위한 수단으로 특정 행동들을 행하는 것이기 때문에 '2차적 순환반응'이라고 한다.

4단계에서 영아의 행동은 더욱 체계적이고 조직적이 된다. 영아는 우연이 아닌 목적을 가지고 대상을 지각하며, 목적을 이루기 위해 행동한다. 목적을 달성하지 못하도록 하는 방해물이 생기면 영아는 다른 접근을 시도하거나, 사용하고 있던 도식과는 다른 도식을 사용한다.

5단계는 감각운동의 절정기라 할 수 있다. 영아는 적극적으로 새로운 행동과 사건을 시도하며, 대상의 본질에 관해 모든 것을 학습하기를 원하기 때문에 '3차적 순환반응'이라 한다. 아동은 흥미로운 사건을 단순히 반복하는 대신, 사건 자체에 변화를 가져오는 행동을 시작하며, 체계적인 방법으로 자신의 동작을 통제한다.

6단계는 상징적 사고단계로 가는 과도기이다. 영아는 문제에 대하여 사고하려고 시도하는데, 눈 앞에 없는 대상들에 대한 정신적 표상을 형성하고 재구성할 수 있다.

이러한 발달의 과정은 행동의 탈중심화를 의미한다. 처음 영아의 삶은 자기 자신과 환경이 일치되어 있으며, 자기 자신에게 초점이 맞추어져 있다. 그러나 발달 과정을 통해 자기 자신과 환경이 점차 분화되며, 사물과 자신이 분리되어 있음을 알게 되는 것이다(김정민, 2006).

(2) 전조작기(the preoperational period)

전조작기는 약 2세에서 7세까지의 시기를 말하며, 유아는 사물이나 사건을 나타내는 정신적 표상을 형성할 수 있는 능력을 갖게 된다. 유아는 사물이 눈 앞에 있지 않아도 그것을 대체하는 정신적 표상을 만들 수 있으며, 직접 조작하지 않아도 그것의 대체물(정신적 표상)을 다룰 수 있게 된다. 감각운동기에서의 모방이 전조작기에서 정신적 상징을 형성하는 데 기초가 되며, 정신적 상징은 시각적 · 청각적 심상을 표현하는 매우 포괄적인 형태이다. 유아는 상징놀이를 통해 대상의 정신적 상징을 다른 도식에 동화시켜 현실세계에 적응하게 되고, 점점 시간과 공간의 제약에서 자유로워진다.

그러나 이 시기의 유아는 물활론(物活論 : 인간이 살아있는 것처럼 자연적 사건들이 살아있다고 여기는 성향)적 사고와 인공론(어떤 행위자—사람 또는 신—가 자연적 사건들을 만들었다고 믿는 성향)적 사고를 하며, 인간의 행위와 자연적 과정들이 상호작용하며 서로 연관성을 가진다는 모호한 관계의 개념을 가지게 된다.

또한 유아는 제한된 정보에만 초점을 맞추고 여러 측면들을 동시에 고려하지 못한다는 사고의 특징을 가진다. 한 가지 사건에서 자신의 관점 외에 다른 사람의 관점을 이해하지 못한다거나, 사건의 동적인 변화보다는 정적인 상태에 초점을 맞추는 것, 가역적 사고를 하지 못하는 것이 그 예이다. 아동은 규칙에 대하여 바꿀 수 없는 절대적인 것이라고 생각하면서도 실제 규칙을 잘 따르지 않으며, 도덕적 관념은 사실주의적인 경향(의도가 아닌 초래된 손해의 정도에 따라 잘못된 책임이 결정된다고 믿는 경향)을 띤다.

언어사용 측면에서 전조작기 유아의 초기 단어는 자신의 욕구와 밀접한 관계가 있으며, 점점 눈앞에 있지 않은 사물이나 사건을 가리키기 위해 단어를 사용하게 된다. 그러나 이 단어는 성인이 사용하는 단어의 의미와는 다르며, 자기의 정신적 구조에 맞추어 언어를 왜곡시키는 자기중심적 성향을 보인다. 피아제(Piaget)는 언어가 유아의 사고를 형성하는 데 나름대로 중요한 역할을 하지만 모든 정신적 활동을 형성하는 것은 아니라고 주장한다.

이 모든 것은 어린 아동이 한 상황의 여러 측면들을 동시에 다룰 수 없다는 것을 보여주는 다양한 예이며, 아동의 연령이 증가하고 상반된 관점들과 다양한 사회제도들을 접하게 되면서 그들의 사고는 탈중심화 과정을 거치게 된다.

(3) 구체적 조작기(the concrete operational period)

구체적 조작기는 약 7세부터 11세까지의 시기를 말하며, 사고의 탈중심화가 그 특징이다. 이제 아동은 한 문제의 여러 측면들을 동시에 고려할 수 있으며, 정신적 조작을 통해 결론에 이를 수 있게 된다. 물활론, 인공론, 모호한 관계에 대한 개념이 사라지고, 조작을 역으로 하여 처음 출발점으로 돌아가는 가역적 사고가 발달한다.

또한 동일한 사건들 사이의 차이점과 유사점을 모두 고려할 수 있게 되며, 전체와 부분을 동시에 사고할 수 있는 유목화가 가능해져 위계적 배열을 구성, 조작할 수 있다. 일어난 변화에 대해 정확한 심상을 형성하여 수, 양, 물질, 무게, 부피 등의 보존개념을 순차적으로 이해하게 된다. 그러나 이러한 사고는 눈 앞에 있는 대상들에 한정된 구체적인 것이라는 한계를 가진다.

구체적 조작기의 아동은 도덕적 사실주의에서 벗어나 주관적인 접근을 하게 된다. 행동의 결과와 의도를 모두 고려하게 되고, 손해의 크기가 아니라 동기에 초점을 맞추어 옳고 그름을 판단한다. 게임을 할 때에도 자신의 이익뿐만 아니라 다른 사람의 이익도 고려하게 되며, 다른 아동과 협력하며 경쟁한다. 게임을 완벽하게 이해하지는 못하지만 규칙을 이해하고 잘 따르며, 규칙을 수정하는 데 참여하는 초기 협력단계의 도덕적 행동단계에 이른다.

언어의 경우 아동은 자신이 표현하기 원하는 것과 듣는 사람의 필요를 모두 고려하고, 의사소통에 점차 숙달된다. 피아제(Piaget)는 아동이 사회적 압력 때문에 점차 나은 의사소통방법을 받아들여 자신을 표현하고, 자기주장을 합리화하기 위해 다른 사람들의 관점을 고려하는 것을 배우게 된다고 말한다.

(4) 형식적 조작기(the formal operational period)

형식적 조작기는 약 11세부터 15세까지의 단계로 청소년기에 해당한다. 이 시기의 청소년은 상황에 대한 다양한 가능성을 고려할 수 있게 되며, 정신적 조작체계가 높은 수준의 평형상태에 도달하게 된다. 형식적 조작기의 청소년은 주어진 문제를 해결하기 위해, 문제를 분석하고 가설을 세우며 실험을 설계하고 그 결과를 명확하게 관찰하여 결론을 이끌어 낼 수 있게 된다. 그들은 실제보다 가능성을 우선하여 고려하기 때문에, 실제의 현상은 여러 가능성 중 하나일 수 있다는 것을 중요하게 생각하게 된다. 자신의 추론을 검증하기 위해 여러 가능성을 고려하는 가설연역적 사고가 가능해지며, 가역적 사고를 위한 다양한 방법들을 사용하기도 한다.

청소년의 인지구조는 다양한 문제들에 대해 효과적으로 적응하는 수준까지 발달한다. 형식적 조작기의 인지구조는 안정적이어서 다양한 종류의 새로운 상황들을 쉽게 동화시킬 수 있다. 또한 사고가 유연하기 때문에, 문제를 해결하기 위해 다양한 인지적 조작들을 수행할 수 있고, 거의 모든 가능성을 미리 고려해 보기 때문에 예상치 못한 결과로 당황하는 경우가 없다. 청소년들은 추상적 사고가 가능하다는 것을 발견하고 그것을 자유롭게 사용하며 즐기게 된다.

형식적 조작기의 청소년들은 규칙을 완전히 습득하게 된다. 규칙에 대한 의견의 차이를 해결하고 새로운 규칙들을 만들며 규칙들을 설명하는 것을 즐기는 순수협력단계에 이르게 된다. 일어날 수 있는 모든 경우들까지 예측하려고 노력하며, 규칙이 정해지면 그 안에서 이기려고 노력한다.

그러나 피아제(Piaget)는 이러한 형식적 조작도 환경으로 인해 늦게 나타나거나 아예 발달하지 못하는 경우가 있다고 말한다. 그는 청소년과 성인 모두 자신이 흥미를 가지는 상황에서만 형식적 사고를 할 수 있다고 주장하여 교육에 시사하는 바가 크다 할 수 있다.

3. 청소년기의 정서 발달

청소년기는 아동에서 성인기로 전환되는 과도기로 생리적인 성장, 인지적인 발달, 사회적 발달이 동시에 일어나는 시기이다. 청소년기는 제2의 반항기, 부정기, 제2의 탄생기, 질풍노도의 시기 등으로 표현할 수 있다. 청소년기에 이르면 심리적으로는 부모로부터 독립하고 자아정체감을 형성하려는 과정에서 극단적인 정서 경험을 하게 된다. 사회적으로는 부모로부터 독립을 추구하는 과정에서 부모의 권위에 도전하며 갈등을 일으키는 '제2의 반항기'이지만 아동도 성인도 아닌 '주변인'적인 특성을 보인다. 이런 특징으로 인해 청소년기는 부모와 가정, 사회에 적응하지 못하고 주위의 부정적 환경의 영향으로 비행 등 사회부적응의 모습을 보이기 쉬운 시기이다.

1) 청소년기 정서 발달의 특징

정서란 어떤 자극에 의하여 개인의 내부에서 일어나는 감정 가운데서 강하고 통합된 감정적 경험을 말하며, 의식적으로는 강한 감정이 중심이 되고 신체, 생리적으로는 내재적 생활기능의 변화와 운동적 표현을 수반한 신체적 동요, 혼란의 상태를 말한다. 정서는 자아체험으로, 특히 각종 생활감정이 발달하는 청소년기에 있어서 그 중요성은 더욱 커진다. 청소년기는 다른 어떤 시기보다 그들의 감정적 기복이 강하고, 불안정한 정서적 변화를 경험하는 것으로 이해되고 있다. 즉, 청소년기의 정서는 불안정하고, 기분적이고, 수줍어하고, 민감하고, 열중하는 특징이 있다. 청소년은 인생의 과정에 있어서 정신적으로 볼 때 아동기를 지나 성인에 접한 시기이므로 모든 행동에 있어서 더욱 정서의 문제가 심각하게 대두된다(박은미, 1996).

임영식 · 한상철(2004)은 청소년기의 정서적 변화의 단계를 초기, 중기, 후기로 구분하여 제시하였다.

(1) 초기

청소년기 초기 또는 사춘기의 정서적 특징으로서 지적인 바탕 위에 성적 충동을 강하게 경험하게 되므로 정서는 성적인 색채를 띠게 된다. 급격한 신체적 성숙과 더불어 성에 대한 의식과 이성에 대한 관심이 높아지지만, 수치심을 강하게 보이고 이성에 반발하며 주위 사람들에게 허세적인 반항을 하는 등의 이중적 정서를 표출한다. 민감한 정서로 인하여 외계를 지각함에 있어서도 너무 세부적인 것까지의식하게 되며, 결국 스스로 어떻게 할 수 없는 불안과 초조에 사로잡히기도 한다. 대부분의 청소년들은 이러한 정서적 문제를 자발적으로 해결하지만, 일부는 부적응 행동을 불러일으킨다.

(2) 중기

청소년기 중기의 정서는 초기보다 더욱 강렬해지지만, 직접적인 표출을 억제하는 경향이 높다. 자아의식이 더욱 높아지면서 독선적이고 우월을 과시하고 현실을 부정하고 혐오하는 경향이 짙게 나타난다. 기성세대와 기존의 사회구조를 부정적으로 인식함과 동시에 자신의 인생을 낭만적이고 화려하게 계획함으로써 이상과 현실의 부조화를 보여주고 있다. 또한 높은 이상을 가지며 이성에 대해서도 낭만적이고 감상적인 생각을 갖기도 한다. 청소년들의 이러한 사고와 사회에 대한 태도는 그들의 정서 발달과 밀접한 관련성을 갖는다.

(3) 후기

청소년기 후기에 접어들면서 사회적으로 안정을 나타낸다. 이상을 추구하지만 현실에 대한 적응을 위해 노력하며, 자신을 합리적으로 통제한다. 이 시기의 청소년들은 주관과 객관의 결합, 자기와 사회의 타협, 현실과 이상의 조화를 발전시키면서 완성된 자아의식을 갖게 된다.

청소년기의 정서 발달에 대한 이상의 내용을 요약하면, 청소년기의 정서는 강렬한 일관성이 결여되어 있으며, 불안정한 상태에 있다고 말할 수 있다. 기쁨, 슬픔, 노여움 등에 민감하고, 무서움은 아동기와 질적으로 다르며, 죽음, 운명, 시험, 실언, 위약 등 추상적인 위기를 더 많이 생각한다. 청소년기에는 정서표출을 억제하여 내면화하거나 다른 방식으로 표출하려는 경향이 높다.

청소년기에는 자아개념이 발달하게 된다(허혜경 · 김혜수, 2002). 자아개념은 사람 속에 존재하는 실제가 아니라 자아에 대한 여러 가지 인지적인 신념의 집합체이다. 구체적으로 말하면, 자신의 신체적 특징, 개인적 능력, 특성, 가치관, 역할, 흥미, 사회적 지위 등을 포함한 '나'는 누구인가에 대한 지각과 판단을 의미한다는 것이다. 자아개념은 유아기부터 지속적으로 발달하며, 청소년들은 연령이 증가함에 따라 자아개념이 점점 더 정교하게 세분화되는 동시에 보다 일관성 있게 전체적으로 통합하게 된다. 청년기의 자아개념상 특징을 보면, 청소년들은 구체적 상황에 국한시키거나 전체적인 특성으로 자신을 간단히 기술하는 아동기적 방식에서 탈피하게 된다. 청소년기에 이르면 아동기에 비해 비교적 논리적이고 객관적으로 자신을 평가하여 좀 더 현실적인 자아개념을 가지게 된다.

청소년의 긍정적 자아개념 형성은 교사의 인정과 높은 학업성취도와 더불어 부모를 비롯한 주변사람들과의 원만한 대인관계 속에서 결정된다고 할 수 있다. 긍정적인 자아개념을 지닌 청소년들의 정서는 안정되기 마련이고 자신감을 가지고 건강한 생활을 할 수 있다.

2) 정서 발달 행동 특성의 하위구성요소

(1) 흥미

일반적으로 흥미란 어떤 종류의 활동에 대해서 개인이 가지고 있는 쾌 · 불쾌, 수락 · 불수락의 경향성을 말한다. 심리학적 요인으로서의 흥미는 여러 인간행동을 결정하는 데 중요한 역할을 한다. 교육에서 흥미가 중요하다는 것을 처음 인식한 사람은 헤르바르트(J. F. Herbart)이며, 이것을 학습의 목적과 수단으로 교육에 도입한 사람은 존 듀이(J. Dewey)라고 할 수 있다. 인간행동을 이해하는 데 흥미의 중요성에 대해서는 학자마다의 논란이 있다. 어떤 연구에서는 흥미란 변하기 쉽고 신뢰성이 없기 때문에 별로 주의할 가치가 없다고 말하고 있는가 하면, 어떤 연구에서는 교육의 기초를 제공할 정도로 충분한 안정성이 있다고 주장하고 있다. 또 어떤 연구에서는 흥미를 모든 분야에서의 성공의 결정요인이며, 지능 다음으로 중요한 변인이라고 말하고 있는 반면, 어떤 연구에서는 그렇지 않다고 주장하고 있다.

게첼즈(J. W. Getzels, 1966)는 흥미란 "한 개인이 특정한 대상, 활동, 이해, 기술, 또는 주의집중이나 획득을 위한 목적을 탐색하려는 충동으로 경험을 통해 조직된 성향"이라고 정의하였다. 그러므로 흥미란 밀도가 높은 정서적 특성으로서 사람으로 하여금 어떤 일을 추진시키는 원동력이 된다. 결국 흥미는 높은 밀도를 가진 감정으로서 감정과 표적 사이의 관계는 학습되는 것으로 이해할 수 있다. 이러한 정의를 체계화시키면 흥미란, 첫째, 개인의 주의와 관심이 어느 일정한 활동에 향하고, 둘째, 그 활동들에 대해 쾌·불쾌의 정서적 반응이 일어나며, 셋째, 쾌의 반응이 일어나는 활동들에 대해서는 그것에 집착해 버리는 행동경향이라고 정의할 수 있다. 흥미는 감정적 색조뿐 아니라 인지적 인식도 함께 포함하고 있다는 점을 이해할 필요가 있다.

흥미의 형태는 발달과 더불어 변화한다. 어릴 때의 흥미는 구체적, 미분화, 수동적, 단편적, 비항상성적이란 말로 특정 지을 수 있다면, 차츰 성장함에 따라 구체적인 것이 상상적인 것으로, 미분화가 분화로, 수동적인 것이 능동적으로, 단편적인 것이 체계적이고 종합적인 것으로, 비항상성적인 것이 일관성 있는 형태로 변한다(김지연, 2000).

(2) 태도

태도(attitude)는 직접 관찰할 수 없는 심리적인 가설적 변인, 잠재적 변인이다. 태도는 개인의 어떤 특수한 행위나 반응을 말하는 것이 아니고 여러 가지 관련된 행위 및 반응에서 나오는 추상적인 개념이다. 토마스와 즈나니에키(Thomas & Zanieki, 1918)는 태도를 사회적 가치에 대한 개인적 대안으로 봄으로써 사회심리학적으로 사회적 세계에 대한 개인심리학과 관련하여 태도를 설명하였다. 현재 태도는 심리학, 교육학 분야뿐만 아니라 사회학, 문화인류학, 정치학, 경제학 등 여러 분야에서 중심과제의 하나로 다루어지고 있다.

태도의 개념에 대한 정의는 여러 가지로 내려지고 있는데 몇 가지 대표적인 것을 살펴보자. 길포드(Guilford, 1959)는 "태도는 한 개인이 어떤 형태의 사회적 사물이나 사회적 행위에 대하여 갖는 찬동 혹은 불찬동의 경향이다"라고 했다.

사회적 사물(social object)이라는 것은 교회, 학교, 결혼, 정부, 종족, 계급과 같은 것을 말하며, 사회적 행위(social actions)란 도박, 전쟁, 세금지불, 사형, 민주주의,

공산주의 등과 같은 것을 뜻한다. 태도는 그 속에 감정과 함께 신념도 포함하고 있으며, 이것이 바로 태도와 흥미의 차이점이기도 하다.

레머스와 게이지(Remmers & Gage, 1955)는 "태도란 심리적 대상에 대해 긍정적으로나 혹은 부정적으로 반응하려는 경험을 통해 형성된 정서화된 경향"이라 하였다. 정서화된 경향(emotionalized tendency)이라는 말 속에는 태도를 인지적(cognitive) 정신작용과 구별하는 의미가 내포되어 있다(김지연, 2000 : 13-14).

정범모(1955)는 태도에 대해 다음의 네 가지 심리적 의미로 설명하고 있다. 첫째, 태도는 한 대상—사물, 현상, 개념, 사상 등에 대한 승인 · 배척에 따르는 감정적 색조를 포함한다. 둘째, 태도는 어떤 현상, 가치, 제도, 사상 등에 대한 체계적인 신념이나 의견의 구성을 포함한다. 셋째, 태도는 실제행동이 어떻게 나오느냐의 내적 경향을 포함한다. 넷째, 태도는 조회체제(frame of reference)를 구성한다.

이러한 정의들이 공통적으로 지적하고 있는 대표적인 특징을 보면, 태도는 본질적인 경향성으로 어떤 대상에 대한 호 · 불호, 긍정 · 부정으로 반응하려는 감정적 색조가 항상 동반하며, 경험의 결과, 학습의 결과이며, 인간, 상황, 제도, 사상, 가치, 현상 등과 같은 심리적 대상에 대해 방향이 결정되는 감정색조이며 지속적이다.

태도의 개념에 대한 정의는 아직까지도 잠정적이다. 그러나 인간행동의 일반적 경향을 설명하고 예측하기 위한 단위로서 중개변인으로서 중요한 의미를 갖는다는 것이다.

(3) 자아개념

자아개념은 개인의 자신에 대한 지각인데 이러한 지각은 환경에서의 경험을 통해서 형성되며, 특히 환경적인 강화와 중요한 타인에 의해서 영향을 받는다. 자아개념은 살아가는 동안 성공이나 실패의 경험을 통하여 형성되기 때문에 성공 여부에 따라 긍정적이거나 부정적으로 형성되어 간다. 긍정적인 자아개념은 자기 자신을 의미있는 존재로 인식하고 자신감을 갖게 되고 부정적 자아개념은 자신을 보잘 것없는 존재로 인식하고 대인관계도 부정적이다. 자신을 다른 사람과 비교해서 우월하거나 열등하다고 느끼지 않고 자신의 모습을 있는 그대로 보면서 받아들이는 것은 건강한 사람의 지표이다.

자아개념은 정서적 특성의 일반적 요소이다. 자아개념이란 개인의 자신에 대한 지각인데 이러한 지각은 환경에서의 경험을 통해서 형성되며, 특히 환경적인 강화와 중요한 타인에 의해서 영향을 받는다(R. T. Shavelsonet et al., 1976). 미드(Mead)는 자아를 사회적 상호작용의 산물로 인식하고 타인이 자기에게 반응해 오는 것과 같이 자신도 자기에게 반응해 온다는 것을 강조하였으며, 자아구조는 타인에 의하여 자기에게 향해진 반응과 태도로부터 대부분 형성된다고 하였다. 토르센(Torshen, 1969)은 일반적 자아개념 중에서 학업적인 요소에 의해 쉽게 영향받는 자아개념의 측면을 학업적 자아개념, 학업과 관련되지 않는 자아개념의 측면을 비학업적 자아개념이라고 하면서 학업적 자아개념은 학생의 정신능력, 교사와의 학교관계, 학습습관, 학과목에 대한 태도 등에 의해서 형성되는 반면, 비학업적 자아개념은 그의 신체적 능력, 사회적 관계, 용모 등에 의해서 형성된다고 보았다(김지연, 2000).

청소년의 자아개념은 학문적 자아개념(능력, 성취 자아개념), 사회적 자아개념(친구, 가족관계 등), 정서적 자아개념(성격), 신체적 자아개념(능력, 외모)으로 구성되어 있고, 혹시 한두 가지에 문제를 갖고 있더라도 다른 영역에서 자신감을 갖고 자기 자신에 대해 긍정적인 생각을 하도록 돕는 것이 필요하다. 성장함에 따라 자아개념을 형성하는 데 부모에서 교사 그리고 친구로 그 평가기준이 바뀐다.

(4) 감성

감성이란 용어는 본래 정신질환의 유무를 지칭하기 위한 정신병리적인 개념에서 출발하였으나 현재는 정상적인 개인의 정신상태를 나타내기 위해 다각적 측면에서 보편적인 용어로 그 개념을 정의하고 있다(최길성, 1984).

야호다(Jahoda,1963)는 감성개념에 두 가지 흐름이 있다고 보았는데, 첫째는 의학적인 의미로 정신병이 없는 상태의 감성의 의미로 이해하는 것과 둘째는 주로 교육학자나 심리학자들 사이에서 사용되는 감성으로 어떤 심리학적 특징의 긍정적인 한 부분으로서 이해하는 것이다. 감성의 정의도 두 가지로 하였다. 첫째는 성격의 일반적인 특징과 인내의 기능이다. 생활 속의 긴장과 관련된 행동이나 감정에 있어서 뚜렷한 차이를 나타내 준다는 것으로, 여기에 대한 요소로 자신에 대한 태도, 자아실현을 위한 노력, 성격의 통합을 들고 있다. 둘째로는 성격과 상황의 순간적인 기능이다. 이것은 인간의 행동에 대한 건강상태를 판단하는 것으로 개인의 자율성, 현실 환경에 대한 지각능력, 환경의 지배능력 등을 지적하였다. 이것은 곧 감성의 개념을 개인과 그를 둘러싸고 있는 환경과의 관계에서 경험적 상황에 부딪치게 되는 문제를 중요시한 것이라고 할 수 있다.

감성은 자신과 타인을 존중하는 마음이며, 자신과 타인의 한계나 모든 행동의 인과관계를 이해하고 자아실현에의 욕구를 지니며, 계속해서 어떤 성취감이나 목표를 향해 노력하는 것을 의미하며, 환경에 대한 적응성, 생활의 만족감, 균형 잡힌 통합된 성격체 등을 포함한다. 또한 감성이란 개인 자신의 물리적 · 사회적 · 심리적 환경을 처리하는 데 있어서의 개인의 성격의 탄력성, 원상회복의 능력이라고 할 수 있다. 이는 곧 개인이 생각하고 행동하고 인생에서 부딪치는 여러 가지 제약, 긴장을 다룰 때 여러 가지 선택가능한 행동 중에서 그것을 선택할 수 있는 자유의 폭을 말하는 것이다. 즉, 정신적으로 건전한 사람은 인생에 대해 건설적인 지향성을 갖고 있으며, 실패를 쉽게 극복하고 새로운 용기와 이해가치를 발견하는 것이라고 하였으며, 이러한 감성개념을 발전시켜 현대적인 감성에 대한 개념을 포함시켜 설명하고 있다. 이는 감성을 자아과정의 발달과 관련시켜서 정의하고 있는데, 성격과정(personal process)은 환경에서 받은 정보를 조직하고 개인이 적절히 이용할 수 있게 하는 능력이며, 이때 가장 핵심적인 것이 자아과정이라고 한다. 이 과정에서 변별력 · 확장성 · 통합성을 내포한다.

황정규(1991)는 자아과정에 기초로 감성의 개념을 첫째, 정서적 발달에 미치는 인지적 능력의 영향, 둘째, 성격의 정서적 측면에 그것을 통합하는 것, 셋째, 사고하고 행동하는 자아능력 등이라고 하였다. 특히 그의 감성개념 중 가장 핵심적인 것은 정서적 강인성을 강조하는 입장이다. 즉, 사회에 반항하거나 사회 속이나 밖에서 숨어버리지 않고 생활에서 부딪히는 긴장을 견디어 내는 능력을 감성이라고 보고 있다. 그러므로 감성은 자아를 확인하고 더욱 발전시키며 보다 나은 적응을 하는 상태라고 말할 수 있으며, 현실적 곤란에 직면하여도 이를 받아들이는 능력의 소유자를 말한다(김지연, 2000 : 16-17).

미드(Mead)는 감성이란 실제로 개인이 강화하는 정서적 · 사회적 · 심리적 힘, 즉 그가 생활하면서 경험한 사건들, 오늘날 겪고 있는 압력들, 사회가 그에 대하여 수립한 기대들을 포함한 비율의 총체로서 결정되는 것이라 하였다.

임규혁과 김칠용(1984)은 감성의 개념을 개인의 정신내적 균형, 정신적 구조의 외부환경에의 적합 및 사회적 기능을 함축한다고 보았다. 이것은 개인의 정서상태, 그가 수렴한 다른 사람과의 관계, 사회문화적 관계를 포함하는 정신과 신체적 건강 이상의 의미를 갖는 건강이라는 낱말을 합친 데서 이해될 수 있다고 하였다. 양친, 편모와 함께 사는 학생보다 편부와 함께 사는 학생의 감성상태가 가장 나빴으며, 부모의 이별이 강박증, 신체화, 예민성, 우울, 불안, 적대감, 정신병 등의 척도치를 높이는 데 영향을 준다고 하였다.

4. 청소년기의 자아정체감 발달

1) 자아정체감 형성

청소년기 후기에는 자신의 본질적인 인격에 대한 의문에 사로잡히게 된다. 에릭슨(Erikson, 1968)은 청소년기의 주요 발달과업이 자아정체감 형성이라고 지적하였다. 자아정체감(ego identity)은 자신의 독특성에 대한 비교적 안정된 느낌을 갖는 것으로, 행동이나 사고 혹은 정서의 변화에도 불구하고 변화하지 않는 부분이 무엇이며 자신이 누구인가를 아는 것이다. 이러한 개인의 자아정체감은 네 가지 차원(인간성 차원, 성별 차원, 개별성 차원, 계속성 차원)으로 구성된 것으로 본다. 첫째, 인간성 차원은 각 개인은 인간이라는 느낌, 둘째, 성별 차원은 남성 혹은 여성이라는 느낌, 셋째, 개별성 차원은 각 개인은 독특하다는 느낌, 넷째, 계속성 차원은 시간의 경과에도 동일한 사람이라는 인식이다. 안정된 정체감을 형성하기 위해서는 신체적 · 성적 성숙과 추상적 사고능력의 발달, 정서적 안정이 선행되어야 하고, 동시에 또래 집단이나 부모의 영향으로부터 어느 정도 자유로울 수 있어야 한다(이철수, 2009).

자아정체감의 형성은 아동기의 동일시 경험에서 시작된다고 볼 수 있다. 즉, 부모나 선생님, 친구들의 감정, 태도, 가치관 행동을 자신의 것으로 받아들여 그것을 자기만의 독특한 총체로 통합함에 따라 정체감이 형성되어 간다. 그러므로 정체감 형성은 부분적으로 어린 시절의 부모에 대한 의존으로부터의 정서적인 분리를 포함한다. 청소년들은 자기의 행동에 대해 자주적인 선택을 하기 위하여 부모의 가치와 규범을 점점 더 나름대로 재평가하게 된다. 따라서 정체감 형성의 과정은 아동기에 그 뿌리를 두고 청소년기를 거쳐 성인기까지 지속되지만, 특히 청소년기 후기에 가장 중요한 이슈로 등장하게 된다. 자아정체감을 형성한 사람은 신념, 가치관, 정치적 견해, 직업 등에서 스스로 의사결정을 할 수 있다.

청소년들이 안정된 자아정체감을 형성하기 위해서는 신체적 성숙과 성적 성숙, 추상적 사고능력의 발달, 정서적 안정성의 확보 그리고 부모나 또래집단으로부터의 자율성을 확보할 수 있어야 한다. 그리고 다양한 역할실험을 통하여 자신의 특성을 인정하고 타인의 견해를 이해하며, 세계에 대한 지식을 습득하는 과정이 필요하다.

자아정체감은 에릭슨(Erikson)이 처음 사용한 용어로서 인간의 전 생애에 걸쳐 반드시 획득해야만 할 발달과업임과 동시에 청소년기의 중심적인 과업이다. 자아정체감은 인간이 반드시 획득해야만 할 과제이며, 생애교육의 내용으로서 이러한 과제 또는 교육내용을 습득하는 데 결정적인 시기가 청소년기이다. 확고한 자아정체감을 지닌 사람은 개별성, 총체성, 계속성을 경험하게 된다. 개별성은 가치나 동기 또는 관심을 얼마쯤 타인과 공유했다 하더라도 자신은 타인과 다르다는 것, 즉 자신은 독특하고 특별하다는 인식이다. 총체성은 자신의 욕구, 태도, 동기, 행동양식 등이 전체적으로 통합되어 있다는 느낌이다. 그리고 계속성은 시간이 경과하여도 자신은 동일한 사람이라는 인식, 즉 '어제와 오늘의 나는 같은 사람이다'라는 인식이다.

자아정체감은 일반적으로 '나와 무엇 무엇과는 동일하다'는 의미를 가진다. 예를 들면, '나는 한국인이다', '나는 어머니이다'와 같은 것이 있을 수 있다. 자아정체감을 보다 구체적으로 이해하기 위해서는 다음과 같은 네 가지를 고려해 볼 수 있다. 첫째, '~로서의 나' 사이의 통합감, 둘째, 과거의 나, 현재의 나와 그리고 미래의 나 사이의 연속감, 셋째, 주체적 자아와 객체적 자아 사이의 조화감, 넷째, '나는 나다'라는 실존의식이다(조아미, 2005).

에릭슨(Erikson)은 자아정체감을 청소년기의 발달과업으로 제시했다. 대부분의 경우 청소년 초기에 이르면 자신의 존재에 대해 심각한 의구심과 고민에 빠져들게 된다. 이 시기에는 내적 충동이 급격히 변화되고, 인지능력이 발달되며, 사회적 압력이 증가되고, 동일시 대상이 변화되는 등 다양한 요인이 그들의 정체감 위기를 가중시킨다. 또한 자신의 존재에 대한 질문과 존재에 대한 회의감이 특징이다. 질문에 스스로 답을 추구하는 과정에서 극심한 혼돈을 경험하고, 방황하고, 갈등하며, 심지어 반항적이고 반사회적인 행동을 보이기도 한다. 이와 같은 정체감 위기를 스스로의 관여에 의해 극복했을 때, "나는 누구로부터의 나가 아닌 오직 나이다"라는 실감, "언제 어디서 무엇을 하든 오직 일관된 색깔과 향기를 지닌 나이다"라고 하는 일관성, "나 자신의 다양한 지위와 역할들을 통합하고 조정했을 때의 본질적인 나이다"라고 하는 조화성 또는 통합성을 확인할 수 있다. 이것이 곧 자아정체감인 것이다. 청소년기에 자아정체감이 확립된 청소년들은 이 시기에 심리적 안정감과 사회적 융통성, 높은 성취의욕, 원만한 대인관계, 매너와 자신감 등을 나타낼 뿐만 아니라 언제, 어디서, 무엇을 하든 일관되고 자신감 넘치는 멋진 청소년으로 성장할 수 있다. 한편 이들은 그들의 성인기 전체의 삶을 확실하게 보장받게 될 것이다(조아미, 2005).

엘킨드(Elkind, 1996)는 청소년들이 자아에 대해 오해하는 세 가지를 제시했다.

첫째, "모든 사람이 나를 주시하고 있다"는 것이다. 지나치게 자의식적인 청소년들은 자신의 가장 지독한 적이 되며, 점차 자기중심적이 되어 여드름과 유행 등에 민감하게 된다는 것이다. 엘킨드(Elkind)는 이를 '가상의 청중'이라고 불렀다. 청소년들은 자신들이 무대에 서있으며 온 세계가 자신들을 지켜보고 있다고 생각한다.

청소년들은 끊임없이 자신들을 조연이 아니라 주연배우로 생각한다는 것이다.

둘째, "나는 유일한 자이다"라는 것이다. 자의식의 확대된 결과로 청소년들은 극도로 이기주의적인 경향이 있는데, 전문용어로 '자아중심주의'라고 한다. 모든 상황을 자기중심적으로 이해하는 것이다. 예컨대 청소년 지도자가 자기만을 좋아한다고 생각한다든가, 자기가 처한 상황은 이 세상에 유일할 것이라는 생각을 한다. 엘킨드(D. Elkind)는 이를 '개인적 우화'라고 불렀다. 청소년은 자기 자신을 세상에서 하나뿐인 '매우 특별한' 존재로 보고 있다는 것이다.

셋째, "나는 내 역할을 다했다"는 것으로 이는 자기성취의 특징을 말한다. 청소년들은 처음에는 어떠한 계획과 비전에 매우 열정적으로 생각하고 이러한 열정은 대부분 매우 단기적이다. 청소년들이 가지고 있는 열정이 현실과 부딪쳤을 때 그들은 처음에는 도전을 하나 시간이 가면 그들의 역할을 다했다고 생각하여 종결하곤 한다. 이러한 상황을 볼 때마다 지도자들이나 부모들은 그들의 단기적이거나 짧은 인내심에 실망하곤 한다. 이러한 오해들이 자아정체감을 형성하는 시기에 있는 청소년들에게 흔히 일어나며, 이러한 오해들로 인하여 청소년들이 때에 따라서는 낮은 자존감을 갖게 되기도 한다(김희자, 2004).

청소년기 자아정체감은 그들의 정서적 발달에 핵심 키워드라 할 수 있겠다. 청소년들이 어떻게 하면 건강한 자아정체감을 형성할 수 있을지에 대한 끊임없는 연구가 청소년들에게 건강한 복지를 제시할 수 있는 기반이 될 수 있을 것이다.

참고문헌

교육부(2020). 학생 건강검사 표본통계.

김정민(2006). 청소년의 사회불안 감소를 위한 인재행동 집단상담 프로그램의 효과. **상담학연구**, 7(2).

김정민 · 최영숙(2008). 비합리적 신념과 사회적 지지가 청소년의 사회불안에 미치는 영향. **한국가정관리학회지**, 26(2).

김지연(2000). Elchoness의 Enrichment 프로그램 효과 연구 : 청소년 자아존중감 향상을 중심으로. 이화여자대학교 대학원 석사학위논문.

김희자(2004). 복지국가의 청소년실업정책 : 스웨덴, 영국, 미국. **오늘의 청소년**, 19(6).

노 혁(2012). **청소년복지론**. 교육과학사.

박승재 · 조희형(1994). **과학론과 과학교육**. 교육과학사.

박은미(1996). 대중음악이 청소년의 인격형성에 미치는 영향 : 중등학교 학생을 중심으로. 계명대학교 대학원 석사학위논문.

박정란 · 서홍란 · 장수한(2012). **청소년복지론**. 양서원.

변세권(2001). 기독청소년의 자아정체감 형성에 관한 연구. 연세대학교 대학원 석사학위논문.

유지영(2010). 청소년기 우울증상의 성차에 대한 신체불만족의 매개효과. 숙명여자대학교 대학원 석사학위논문.

이용교(2012). **한국청소년복지론**. 정민사.

이철수(2009). **사회복지학사전**. 블루피쉬출판사.

임규혁 · 김칠용(1984). 정의적 투입행동을 중심으로 한 학습부진아의 유형분석. **교육논총**, 15.

정범모(1975). 청소년 육성을 위한 국민운동의 방안. **경찰고시**, 127.

정옥분(1998). 우리나라 고등학생의 학교폭력 경험과 자아정체감과의 관계. **한국가정과교육학회지**, 11(1).

정인석(1992). 중학교 수학학습 부진아를 위한 효율적인 지도연구. 전남대학교 대학원 석사학위논문.

조아미(2005). 청소년의 소비생활 실태와 문제, 그리고 시사점. **여성 · 가족생활연구**, 9.

천정웅(2012). **청소년복지론-발전적 관점**. 양서원.

천정웅 · 김 민 · 김진호 · 박선영(2011). **차세대청소년학총론**. 양서원.

최미경(1997). 어머니의 양육행동 및 또래경험과 아동의 자아존중감 간의 관계. **아동학회지, 19**(2).

최원석 · 고경은 · 선필호 · 김동주(2012). **청소년복지론**. 정민사.

최윤미(1998). 현대 청년심리학. **간호학탐구, 6**(2).

한국청소년개발원(2007). **청소년문제론**. 교육과학사.

______________(2011). **청소년복지론**. 교육과학사.

한국청소년정책연구원(2010). **청소년학개론**. 교육과학사.

한상철(2004). **청소년학(청소년 이해와 지도)**. 학지사.

한상철 · 임영식(2000). **청소년 심리의 이해**. 학문사.

한상철 · 조아미 · 박성희(2001). **청소년심리학**. 양서원.

허혜경 · 김혜수(2002). **청년발달심리학**. 학지사.

황보경(1999). 인지양식 및 인지발달단계가 수학적 의사소통능력에 미치는 효과. 이화여자대학교 대학원 석사학위논문.

황정규(1991). 한국인의 청소년기 사회화과정 연구. **한국청소년연구, 1-1-1**.

홍봉선 · 남미애(2004). **청소년복지론**. 양서원.

____________(2006). **청소년복지론**. 양서원.

____________(2012). **청소년복지론**. 공동체.

홍봉선 외(2010). **청소년문제론**. 공동체.

Ahn JH, Lim SW, Song BS, Seo J, Lee JA, Kim DH, & Lim JS(2013). Age at menarche in the Korean female : secular trends and relationship to adulthood body mass index. *Ann Pediatr Endocrinol Metab, 18*(2), 60-64.

https://moe.go.kr/boardCnts/view.do?boardID=294&lev=0&statusYN=W&s=moe&m=0204&opType=N&boardSeq=81310

02 CHAPTER

청소년복지의 개념

1. 청소년의 개념
2. 청소년복지의 개념
3. 청소년복지의 영역

| 제 2 장 | 청소년복지의 개념

1. 청소년의 개념

청소년이라는 용어는 영어로 adolescence, youth, teenager, young person 등으로 표기되는데 청소년을 나타내는 의도에 따라 다르게 사용된다. 그중 대표적인 것이 adolescence와 youth이다. adolescence는 신체적 성장과 성숙에 초점을 맞춘 사춘기에 대한 접근으로 사용되는 용어이고, youth는 좀 더 사회적인 개념의 청소년을 표현할 때 사용되는 용어라 할 수 있다.

세계적으로 청소년의 연령은 15~24세(UN), 10~24세(세계보건기구, WHO), 24세 이하(미국, 연방 청소년정책 조정에 관한 법률 2008), 18세 미만(영국, 아동 및 청소년법) 등 국가별로 상이할 뿐 아니라 각 국가 내 청소년 관련 법에 따라 다르게 정의하고 있다. 우리나라도 청소년 관련 법의 목적에 따라 다양하게 적용되고 있다.

〈표 2-1〉에서 보는 바와 같이 청소년기본법은 9세부터 24세까지를 청소년의 범주에 넣어 청소년 육성정책에 따라 혜택을 부여하는 근거로 활용되고 있다. 법률을 위반한 행동에 대한 책임을 묻는 형법에서는 14세부터 죄를 지었을 때 벌할 수 있다. 소년법에서는 19세 미만인 자를 소년으로 정의하고 있다. 이에 14세 이상 19세 미만인 청소년에게 형사처벌 및 보호처분을 할 수 있다. 청소년보호법에서는 만 19세 미만(당해 연도 1월 1일에 해당하는 자는 제외함)을 청소년으로 정의함으로써 우리 사회가 보호해야 하는 대상을 정하고 있다. 식품위생법에서는 청소년보호법을 기준으로 청소년의 유해업소 출입을 제한하고 있다. 또한 근로기준법에서는 18세 미만의 자에 대한 근로를 보호하고 있다(법제처, 2020).

최근 청소년의 연령을 18세 미만으로 하향하고 형사미성년자의 연령을 13세로 낮추려는 움직임이 나타나고 있는데, 이는 청소년의 조숙화와 대학 및 사회진출 연령이 낮아지는 데 따른 사회적 · 경제적 참여를 반영한 것이다(김윤나 · 문성호, 2007).

〈표 2-1〉 청소년의 연령기준

구 분		조 항	연 령	규정내용	적용기관
일반법상	청소년기본법	제3조 제1항	9~24세	청소년 육성정책에 관한 기본적인 규정(혜택의 부여)	국가청소년 위원회
	민법	제4조	19세 미만	19세로 성년이 된다.	법무부
	형법	제9조	14세 미만	14세가 되지 아니한 자의 행위는 벌하지 않는다.	법무부
	소년법	제2조	19세 미만	소년의 정의	법무부
특별법상	청소년보호법	제2조 제1항	만 19세 미만	청소년이라 함은 만 19세 미만의 자를 말한다. 단, 당해 연도 1월 1일에 해당하는 자는 제외한다.	여성가족부
	식품위생법	제44조	상동	유흥접객원 고용금지, 단란주점 · 유흥주점 영업소 출입금지	복지부
	근로기준법	제64조	18세 미만	도덕상 · 보건상 유해 · 위험한 사업에 사용하지 못한다.	노동부

출처 : 법제처.

2. 청소년복지의 개념

청소년복지는 청소년을 대상으로 하는 사회복지의 한 분야이다. 사회복지는 영어로 'social welfare'로 여기서 'welfare'란 안녕, 행복이라는 의미와 도움이 필요한 사람에게 금전적 혹은 필요한 것을 제공하는 것이라는 의미를 가진다. 이에 따라 사회복지를 사회 구성원의 행복을 추구하기 위한 실천적 활동으로 정의할 때, 청소년복지는 청소년의 행복을 추구하기 위한 실천적 활동이라 할 수 있다(정규석 · 김영미 · 김지연, 2017).

1970년 사회복지사업법이 제정되면서 사회복지에 대한 법제적 기반을 가지게 되었던 반면, 당시 청소년복지에 대한 부분은 개념화되지 않았었다. 1987년 청소년육성법이 제정되면서 청소년육성에 대한 부분이 법으로 규정되었지만 이때까지만 해도 청소년복지에 대한 개념은 명확하지 않았다. 청소년복지에 대한 사회적 책임을 강조하게 된 것은 한참 후의 일이다. 청소년복지는 사회복지 영역과 청소년육성의 중간에 위치하면서 그 개념정의가 쉽지 않았다. 특히 아동복지와 혼용되면서 청소년복지정책사업은 아동복지의 연장선으로 간주되어 아동 관련 법이나 제도에 의존하여 제공되어 왔다. 그러나 청소년은 아동과는 다른 발달단계를 거치면서 청소년기만의 신체적 · 심리적 특성을 가지고 있기 때문에 청소년이 당면한 문제와 발달과업에도 차이를 나타내고 있다. 특히 사춘기의 시작이 저연령화되고 교육기간이 길어짐에 따라 가정을 떠나 경제적 자립을 하는 독립적 시기가 지연되고 결혼 연령이 늦춰지는 등 청소년기가 확장되면서 청소년기는 아동기와 확연히 구분될 필요가 있다. 청소년기는 아동기보다는 적극적이고 사회와 경제적 자립을 준비하는 시기로서 이 시기의 발달욕구나 필요로 하는 사회적 서비스도 아동과는 차이가 나타날 수밖에 없다.

아동과 청소년은 복지지원에 있어서도 차이가 있다. 청소년은 아동과 다르게 세상에 대해 이해하고 경험하기 때문에 아동을 대상으로 하는 복지적 실천방법으로 청소년에게 접근하는 것은 한계가 있다(Thomas, 2005). 아동은 가족을 기반으로 보호에 초점을 두고, 친사회적 적응을 위한 기반을 마련하고 아동기 발달과제를 이해하는 데 역점을 두고 복지지원을 해야 한다. 반면 청소년은 아동기의 연장에서 가정을 바탕으로 한 보호와 더불어 독립된 인격체로 살아가기 위한 준비의 측면에서 사회적 참여의 기회가 확장되어야 한다. 또한 후기 청소년기에 직면하게 될 생애과정에서 경제 · 사회적 자립에 중점을 둔 복지지원이 실천되어야 한다.

〈표 2-2〉 아동과 청소년을 위한 복지지원의 차이

명 칭	아 동	청소년
사회적 지원	보호	보호와 참여
서비스주체의 활동	적응	자립
복지역량적 관점	발달과업 이수	발달과업 이수 및 개발

출처 : 김선애(2010).

3. 청소년복지의 영역

청소년기는 발달 특성상 정서적으로 불안하고 부모, 성인으로부터 독립성을 추구하며, 기존의 가치관을 재구성하는 시기이기 때문에 다른 시기에 비해 여러 가지 문제행동을 나타내기 쉬운 시기이다.

청소년기에 나타나는 문제행동은 심리적으로 안정되지 못하여 나타나는 위축, 신체증상, 우울, 불안 등의 내재화 문제행동과 다른 사람에게 신체적인 해를 주거나 사회적 규범을 무시하는 비행, 공격적 행동과 같은 외현화 문제행동을 포함한다(Achenbach, 1991).

송병순(1998)은 청소년들이 신체적 · 정신적 변화와 더불어 경험하는 사회 · 문화적 환경의 상호작용과정에서 느끼게 되는 갈등과 문제점들을 다음과 같이 정리하였다(임영식 · 한상철, 2001 재인용).

첫째, 청소년기는 자기정체(self-identity)의식이 뚜렷하지 않은 과도기적 상태에 있기 때문에 때로는 기성세대에 대해 반항하기도 하고 스스로 심한 좌절감을 맛보기도 한다. 또한 사회에서의 자기 위치와 역할이 분명하지 않기 때문에 자칫 소외감에 젖기도 한다.

둘째, 청소년기는 전통적 가치관에 대한 저항의식을 가지고 있다. 오늘날의 청소년들은 급격한 사회변화와 물질문명, 개인주의적 사회구조의 발달로 전통적인 인간관계의 질서는 물론 부모에 대한 태도마저 달리하고 있다.

셋째, 청소년기는 규범의 갈등으로 시달림을 받고 있다. 규범갈등이 심하면, 아노미(anomie) 상태에 빠지기 쉽다. 다시 말하면, 규범이란 행동의 지침인데 지켜야 할 것이 너무 많거나 자주 바뀌어 일정하지 못하면 자연히 무규범 상태에 빠지게 된다. 규범을 지키기 어려울 때는 소속감을 잃게 되고, 그래서 무능력해지며 어떤 일에도 관심을 집중하기 어렵게 된다.

넷째, 청소년기는 진취적이고 능동적이지 못하고 이기적이고 의존적인 경향을 나타낸다. 부모의 지나친 보호와 학교의 암기 위주의 틀에 박힌 교육과 사회구조 등에도 상당한 원인이 있겠지만, 일반적으로 청소년들은 인생을 쉽게 살아가려는 경향이 있다.

마지막으로, 청소년들의 욕구수준의 상승을 들 수 있다. 청소년은 대중매체의 발달과 소비문화의 발달로 자신의 능력 이상의 꿈을 상승시키고 있다. 따라서 이룰 수 없는 욕구 때문에 쉽게 좌절을 맛보게 되고, 좌절감은 때로 무방향적 행동과 극단주의에 빠지게 된다.

이와 같이 청소년들은 자신의 청소년기 발달과업을 성취하는 과정에서 경험하게 되는 갈등과 문제점을 순조롭게 해결하지 못하는 경우 사리판단을 잘못하여 비행을 저지르거나 경우에 따라서는 극단적인 행동을 저지르기도 한다.

물론 청소년들은 그들 자신만의 독특한 문화를 통하여 갈등을 해소하기도 하고, 심리적 욕구를 충족하기도 하며 외적 행동과 내적 행동을 통하여 그들의 문제를 해결하고자 노력하기도 한다(송병순, 1998). 하지만 청소년은 신체적 · 정서적 · 사회적 모든 면에서 과도기적 단계에 있기 때문에 그들 스스로의 해결책이 체계적이지 못할 수 있고, 자칫 잘못된 방향에서 해결책을 찾을 수 있다. 따라서 청소년기 발달에 따른 문제에 대한 부모, 교사의 적극적인 도움이 필요하며, 문제해결을 위한 청소년복지적 접근이 필요하다.

각종 사회지표개발 관련연구와 사회지표를 참고로 분석한 청소년복지 증진을 위해 필요한 청소년복지의 영역은 다음과 같이 정리해 볼 수 있다.

1) 가 정

모든 인간은 가정에서 태어나고 가정에서 자라나며 가정생활에서 가장 큰 영향을 받으면서 성장한다. 그러므로 가정은 인간이 태어나서 최초로 인간관계를 맺는 가장 기본적인 공동체이며, 인간 성장의 요람으로 문화의 가치와 습관을 체득하는 사회적 활동의 기초가 된다고 할 것이다. 따라서 가정은 사랑과 이해, 애정과 존경, 신뢰와 격려를 바탕으로 상호 협력하며 살아가는 혈연적 집단이라고 할 수 있다.

가정은 청소년의 성장에 중요한 영향을 주는 곳으로 가정생활의 안정은 감수성이 예민한 청소년의 인격형성에 바람직한 기초를 마련해 준다. 따라서 부모의 가치관, 교육적 식견, 가족구성원, 부부관계, 자녀의 이해 정도, 교육에 대한 열의, 가정교육의 방침, 양육방식, 가정환경, 가정 분위기 등은 청소년의 성장에 중요한 역할을 하게 된다. 그러므로 가정이 건전하게 육성되어야 하고, 가정에서 청소년의 인격이 존중되고 신뢰를 받으면 청소년이 올바르게 성장할 수 있을 것이다. 그러나 가정이 불행하면 청소년은 정서적으로 문제를 지닌 비행청소년이 될 수 있으며, 성격은 성인까지 지속되어 일생의 사생활을 지배하게 될 것이다.

가정문제는 전통적인 가족제도의 붕괴, 결손가정, 빈곤가정, 부도덕가정, 애정결핍가정, 부재가정, 갈등가정 등을 들 수 있다. 가정의 붕괴로 인해 가정의 빈곤으로 인한 교육기회의 상실, 불충분한 영양공급, 불량한 주거환경 등이 비행이나 범죄로 연결되고 사회의 문제화가 되는 요인이 된다고 할 수 있다.

따라서 자녀들로 하여금 가정은 따뜻한 인간관계의 집합체라는 것을 인식시켜 가정을 소중히 생각하는 가풍을 길러주어야 할 것이다. 이러한 가정의 기틀을 살리기 위해서는 부모들로부터 교육의 기회를 자주 가져 자녀를 교육시키는 방법과 지식을 연마하게 하여 올바른 조언자가 되도록 하여야 할 것이다. 또 가족이 가지고 있는 문제들의 해결을 위한 상담지도, 결손가정을 위한 보완, 보호 등에 대한 다양한 복지서비스를 개발해서 사랑을 실천해야 할 것이다.

또한 청소년은 자립시기에 도달하지 못한 시기이므로 이들의 복지를 위해서는 최저한도의 물질적인 욕구가 충족되어야 한다. 따라서 최저생활의 보장, 공적 부조제도의 확장, 고용기회의 확대, 장학기금 수혜 확대 등을 통해 청소년에게 경제적인 혜택과 가정의 안정된 삶이 보장될 수 있는 복지서비스가 전개되어야 할 것이다.

2) 교 육

청소년의 대다수가 학교 등을 통한 교육현장 속에서 생활하며 성장하고 있다는 점에서 교육현장에서의 사회복지서비스의 중요성은 절대적이라 할 수 있다. 청소년은 각자가 희망하는 학교에 진학하여 양질의 내·외적인 여건에서 수학할 수 있는 교육기회가 제공되어야 할 것이다. 청소년에게 좋은 공간에서 학업할 수 있는 교육환경의 제공은 물론 그들의 능력과 적성에 적합한 교육이나 여가활동이 이루어지도록 배려되어야 할 것이다.

학교는 가정으로부터 교육기능의 전담을 부여받은 유일하게 형식화된 것으로서 청소년은 학교생활을 통해서 자신의 장래를 설계하고 진로를 결정하게 된다. 그리고 수면시간을 제외한 하루 중 거의 대부분의 시간을 학교에서 보내고 있다. 그만큼 청소년에게 학교가 차지하는 비중은 매우 크며 많은 영향을 미치고 있다고 할 수 있다.

학교는 교육이라는 수단을 통해서 사회의 전통과 관습을 주입시킴으로써 문화의 수준을 영속화하고 개인의 잠재 가능성을 개발하며 사고력의 양성, 원만한 대인관계능력 배양, 기술연마, 사회생활에서의 지위와 권리의식 등을 통하여 사회구성원으로서의 능력을 갖추게 함으로써 인류, 문화, 문명, 사회에 공헌하게 하는 기능을 지니고 있다고 할 수 있다. 특히 청소년기에 있어서의 학교는 청소년의 인격을 증대시켜 주고, 그들의 개성에 따라 능력을 배양해 주며, 가정과 사회에 잘 적응하도록 도와주는 역할을 한다고 할 수 있다.

학교생활은 학생인 청소년에게 소중한 시기로 맑고 밝은 분위기 속에 가치관, 의지력, 지적 능력 등을 형성하는 교육과정이 되어야 할 것이다. 그러나 실상은 입시 위주의 수업과 심각한 학교폭력, 집단따돌림 등 오히려 학교사회가 청소년에게 정신적인 상처를 주거나 원만한 활동에 장애요인으로 등장하고 있다. 이러한 학교 기능의 상실이 지속될 경우, 건전한 시민으로의 성장을 기대할 수 없고 반사회적이고 반항적인 불량교우 집단화의 문제를 야기하게 된다. 따라서 청소년문제는 교육의 양적 팽창으로 인한 질적 저하, 유해한 학교 주변환경, 최고 위주의 학습 강요, 인격과 가치관의 부재 등 학교문제와 연관하여 해결되어야 하는 과제로 이를 위한 학교사회복지 측면의 지원체계가 요구된다고 할 수 있다.

또한 교육시설의 확충과 교육기회의 확대, 교육내용과 기술의 충실화를 통해 보다 많은 청소년이 양질의 교육을 받을 수 있도록 하고 정서와 취미활동, 문예활동, 클럽활동, 체육활동, 상담활동 등 다양한 복지서비스가 제공되어야 할 것이다. 학교진학을 못한 청소년을 위해서는 앞의 사항 이외에도 직업교육, 야학 등 사회·교육적 차원의 각종 교육서비스가 전개되어야 할 것이다.

최근 학교는 더 이상 학생의 교육적 기능만을 전담하는 사회제도가 아니라 이들의 기본적 삶과 복지를 향상시키는 사회복지적 기능을 도입해야 한다는 주장이 대두되고 있다. 학교가 추구하는 전인교육의 교육목적을 달성하기 위해서는 학업향상과 진로지도의 교육적 기능만으로는 학생들의 잠재력과 능력을 개발시키는 데에 한계가 있기 때문에 학생들의 기본적 교육권을 보장해 주지 못하게 된다. 학생의 기본적 교육권을 정리하면 다음과 같다. 첫째, 학교에서 수업을 받을 수 있는 학습의 권리, 둘째, 학교와 집을 오갈 수 있는 통학의 권리, 셋째, 학습에 필요한 준비들을 보장받을 수 있는 권리, 넷째, 학교에서 생활하는 동안 점심에 제공받는 급식의 권리, 다섯째, 자신의 능력과 장애에 따라 개별화된 교육을 받을 수 있는 특수교육의 권리 등을 들 수 있다. 따라서 학생 개인이나 가정이 교육의 권리를 보장받지 못할 때 지역사회와 국가는 학교의 사회복지적 기능을 강화하여 학생의 교육권을 보장해 주도록 노력해야 할 것이다. 이를 위한 방안으로 학교에 사회복지적 기능을 수행하는 학교사회복지가 신속히 도입되어야 할 것이다.

3) 보 건

보건은 인간의 생물학적 요소와 관련한 복지요소로 사회구성원의 모든 활동을 직간접적으로 규정하는 요인이라고 할 수 있다. 청소년복지에서도 청소년과 관련되어 영양과 체격, 건강상태, 건강관리로 분류할 수 있을 것이다.

영양은 청소년에게 생존과 관계된 것으로 기본적인 영양공급이 없다면 청소년의 생존이 위협받기 때문에 영양부문은 청소년복지의 정도에 영향을 미치는 가장 직접적이면서도 1차적인 요인이라고 할 수 있다. 체격의 경우도 빠른 발달 중에 있는 청소년의 신장과 체중은 청소년의 영양상태를 반영하는 것이라 할 수 있다.

사회변화로 청소년의 신체적 건강뿐만 아니라 정신적 건강도 매우 중요하게 여겨지고 있다. 청소년문제 가운데 가장 심각한 문제로 부각되고 있는 청소년의 자살은 환경의 영향을 보다 더 많이 받고 있다. 현대사회 청소년의 자살 증가는 그들의 가정, 학교, 사회 전반의 정신건강을 반영한 것이라 할 수 있다. 직접적인 환경요인 이외에 청소년은 부모의 과잉기대와 지나치게 경쟁적인 학교 분위기에서 스트레스를 받게 되면, 우울장애, 불안장애, 정신병, 품행장애, 파괴적인 행동, 성격장애, 약물오남용 등의 장애를 갖게 되므로 치료와 예방 측면에서도 중요하다.

청소년기의 문제행동과 정신병리는 청소년뿐만 아니라 주위 사람에게도 어려움을 주게 된다. 또한 그대로 방치할 경우 이후 심각한 비행에 관한 서비스를 받을 필요가 늘어나거나 성인기에도 문제행동과 정신병리가 지속되어 사회의 안전과 다음 세대의 건강과 행복도 해치게 될 수 있다. 따라서 최적의 시기에 전문적인 도움을 받을 수 있도록 해야 한다.

4) 사회참여

현대사회 청소년은 사회복지의 공동체에서 공익에 대한 연대책임, 공동체의식, 사회연대감을 갖고 활동하며 살아가게 하는 것이 중요하다. 급변하는 사회현실 속에서 여러 가지 다양하고 복잡한 관계가 발생하게 되는데, 이것을 해소하고 진취적이고 선진화된 높은 생활수준으로 발전시켜야 한다. 이를 위해 청소년이 각종

사회적인 조직활동, 사회봉사활동과 사회복지교육 등에 참여하는 것이 필요하다. 이 중 청소년이 참가할 수 있는 사회복지활동으로서는 불우이웃돕기운동, 의식개혁운동, 자매결연운동, 새마음갖기운동, 자연환경보호운동, 저축운동, 절약절제운동, 농어촌봉사활동, 헌혈운동, 복지시설봉사활동 등을 들 수 있다. 청소년기의 이러한 활동 경험은 성인기 사회복지활동으로 이어지게 됨으로써 청소년이 건강한 시민으로 성장하는 데 긍정적 영향을 미치게 된다.

5) 유해환경

청소년문제의 원인 중 하나는 유해하고 열악한 사회환경이다. 1990년대 우리 사회의 경제적 발전의 이면에는 청소년유해업소 증가 및 청소년성매매 등 청소년에 대한 유해행위가 성행하는 결과가 있었다. 성인들의 유흥을 위한 유해한 사회환경은 청소년들을 자극하게 되었고 청소년의 불량화 · 비행화의 유발요인이 되었다.

현대사회 환경은 청소년에게 부적절한 위험 요소를 많이 담고 있다. 청소년의 유해한 환경으로는 성인 유흥식품접객업소, 숙박업소, 무도장의 퇴폐풍조, 성착취물, 연극과 방송 프로그램 속에 예술이라는 이름으로 여과 없이 드러나는 과잉노출, 호화사치성, 자극적인 자태, 비속어, 은어와 조어, 공연장의 미설비와 퇴폐분위기, 청소년의 지능개발과 정서함양 및 신체발육에 유해한 완구, 성매매업소 등이 있다. 또한 청소년이 유해업소에 출입하는 것을 묵인하는 행위, 흡연, 음주나 흡연을 할 것을 알면서 술과 담배를 판매하는 행위, 불건전한 이성교제의 숙박행위, 유해 · 위험한 환경에서 일을 하게 하는 행위, 혹사 · 학대와 배후에서 중간착취하거나 금품을 갈취하는 행위 등을 들 수 있다. 특히 2000년대 이후에 인터넷의 급속한 발달과 스마트폰의 보급은 청소년의 위험한 환경으로의 노출을 가속화하고 있다.

이에 정부는 1990년대 말에 청소년보호법과 「청소년성보호에 관한 법률」 등 청소년을 보호하기 위한 법을 제정하고 청소년보호대책을 수립하였지만 그 이후에도 청소년에게 유해한 환경은 근절되지 못하고 있다. 앞으로 정부와 사회는 청소년에게 유해한 환경을 정화하기 위하여 보다 적극적이고 철저한 대책을 수립해야 할 것이다.

현대사회를 살아가는 청소년이 유해환경에 노출되는 것을 막을 수는 없다. 청소년은 이러한 사회환경 속에서 자신의 안전을 지킬 수 있는 힘이 요구된다. 이를 위해서는 교육적 차원의 접근이 필요하고, 이러한 접근은 학교뿐만 아니라 가정과 사회의 역할이 반드시 병행되어야 한다.

6) 청소년 근로

세계적으로 산업혁명 이후 저렴한 임금으로 노동자를 고용할 수 있다는 이유로 청소년의 노동력은 중요하게 여겨지게 되었다. 우리나라의 경우 산업화를 거치면서 많은 청소년들이 학교보다 공장에서 일하면서 사회적으로 근로청소년에 대한 관심이 생겨났다. 사회가 발달하면서 이전처럼 전업으로 근로를 하는 근로청소년의 수는 급격히 줄었다.

청소년기 근로 경험은 개인에게 긍정적인 영향을 미칠 수 있다. 근로는 청소년의 미래 직업 결정에 도움을 주고 독립성과 책임성, 자율성 증가, 근로를 통한 자기효능감 증진을 경험할 수 있다. 또한 성인과의 접촉기회를 통해 청소년의 사회화에 긍정적 영향을 미칠 수 있고, 돈과 노동의 의미를 이해하는 기회가 될 수 있다.

반면 청소년기 근로 경험이 청소년에게 부정적인 영향을 미치기도 한다. 근로하는 청소년은 일에 대한 큰 부담으로 스트레스를 겪게 되고 특히 근로 현장에서 부당한 경험을 당한 경우 심리·정서적 발달에 부정적 영향을 미쳐 대인기피증과 우울증을 일으킬 수도 있다. 또한 근로현장에서 성인을 자주 만남으로써 성인문화를 일찍 경험함으로써 청소년의 행동양식에 벗어난 행동을 할 수 있다. 청소년기 과도한 근로는 학업이나 또래관계에도 지장을 초래할 수 있고, 학교 부적응의 원인이 될 수도 있다.

OECD 평균 청소년 고용률(15~24세)이 42.2%인 반면 우리나라 청소년 고용률은

26.2%에 그치고 있다. 그중에서도 15~19세 청소년의 경제활동 참가율은 7.6%에 불과하다. 또한 십대 청소년들은 아르바이트 형식으로 근로에 참여하고 있으며, 이들의 50% 정도가 음식점에서 일하고 있다. 또한 10대 청소년들에게 최저임금을 보장하도록 법에서 정하고 있지만 성인에 비해 낮은 임금을 받는 것으로 나타나고 있다(여성가족부, 2019; 통계청, 2020).

이에 근로기준법에 청소년의 근로를 보호하기 위한 조항을 두고 있다. 근로기준법상 15세 미만의 청소년(학교에 재학중일 경우 18세 미만)의 근로에 대해 제한을 하고 있다. 이들이 근로하기 위해서는 취직인허증이 있어야 하며 18세 미만인 경우 가족관계증명서와 친권자(혹은 후견인)의 동의서가 있어야 한다. 18세 미만의 청소년은 본인이 직접 근로계약서를 작성해야 하며, 15세 이상 18세 미만 청소년은 1일 7시간, 1주 35시간을 초과하여 근무하지 못하도록 정하고 있다(단, 본인 합의에 따라 1일 1시간, 주당 5시간 연장 가능). 또한 청소년은 오후 10시부터 오전 6시까지 근로할 수 없다. 또한 청소년도 성인과 동일하게 최저시급을 보장받아야 한다.

이러한 법적 기준을 두고 있음에도 불구하고 실제 근로현장에서 청소년은 성인에 비해 열등한 위치에 있으면서 차별과 착취를 당하는 일이 많이 발생하고 있다. 청소년들이 아르바이트를 하면서 받은 부당한 대우로는 어리다는 이유의 차별대우가 가장 많았고, 그 다음으로 급여 지연 및 미지급, 초과업무, 노동계약서 미작성 및 추후 급여 삭감이었다. 또한 폭언과 폭행에 노출되는 문제도 발생하고 있다. 이는 우리 사회에 만연한 청소년근로에 대한 부정적 시각에서 기인한다. 우리나라의 경우 90% 이상의 청소년이 학생의 신분을 갖고 있기 때문에 청소년이 근로를 한다고 하면 학교부적응, 문제아로 낙인찍는 등 사회적으로 부정적 인식이 만연해 있다. 특히 학교 밖 청소년이 근로를 할 경우 부정적 시선은 더해진다. 이를 개선하기 위해서는 청소년 근로에 대한 사회적 인식을 바꾸기 위한 노력이 선행되어야겠다.

청소년기는 부모로부터 독립을 시도하는 시기이다. 그렇기 때문에 청소년들은 아르바이트에 관심을 두고 자신의 경제적 독립을 시도하고자 하는 욕구를 갖는다. 하지만 청소년의 근로환경이 개선되지 않는 한 우리나라 청소년의 근로비율은 높아지지 않을 것이다. 청소년에게 안전한 근로환경을 제공하고, 이를 통해 청소년이 건강한 시민으로 성장하는 데 도움을 주기 위해서는 청소년복지적 측면에서도 적극적으로 다가가야 한다.

7) 청소년 상담

청소년기에는 생물학적, 인지적, 정서적 변화로 인해 개인적인 측면뿐 아니라 가족, 친구, 이성 등과의 사회적인 문제와 더불어 막연한 미래에 대한 불안으로 진로문제를 겪게 된다. 이러한 문제는 청소년기에 흔히 경험하는 것이지만 자아중심성이 강한 청소년들에게는 자신만이 겪는 문제로 인식되곤 한다. 이러한 문제를 해결하는 데 도움을 줄 수 있는 방법 중 하나는 상담이다. 청소년들에게 집단상담을 통해 자신이 겪는 문제에 대한 보편성을 알아가게 함으로써 정서적 안정을 줄 수 있고, 개인상담과 가족상담을 통해 깊이 있는 문제 해결에 도움을 줄 수 있다.

우리나라에서는 청소년복지지원법을 근거로 전국 시 · 군 · 구 단위에 청소년상담복지센터 238개소를 설치 · 운영하고 있다(여성가족부, 2021). 청소년상담복지센터에서는 '청소년전화 1388' 운영, 지역사회 청소년통합지원체계(청소년안전망) 운영, 찾아가는 상담 전문가인 청소년동반자 운영, 긴급구조 및 일시보호사업, 청소년 인터넷 중독 예방 · 해소사업 등을 추진하고 있으며, 그밖에도 심리상담 및 놀이치료, 또래상담사업, 학부모상담자원봉사회 운영, 청소년상담 관련 심리교육, 지도자 양성, 학부모의 청소년 문제에 대한 정보제공과 자문 등을 실시하고 있다.

청소년상담복지센터에서 진행하는 청소년상담은 성인을 대상으로 하는 일반상담의 형식과 달리 찾아가는 상담, 활동적인 집단 프로그램 형식으로도 진행되고 있으며, 전화상담, 사이버상담으로도 이루어지고 있어 24시간 청소년들에게 도움을 줄 수 있도록 노력하고 있다.

참고문헌

강인언(1994). Piaget 이론 입문. 학지사.

김경희(1999). 비행청소년의 사회적 문제해결능력과 사회적 지지와의 관계 : 서울보호관찰소를 중심으로. 가톨릭대학교 대학원 석사학위논문.

김선애(2010). 청소년복지의 실천적 정립을 위한 고찰 -아동복지실천과의 비교를 통한 청소년의 개발적 복지접근을 중심으로-. 청소년복지연구, 12(4). 279-299.

김성수(1993). 청소년 성의식 실태에 관한 연구. 한국농업교육학회지, 25(2).

김애순(2005). 청년기 갈등과 자기이해. 시그마프레스.

김윤나・문성호(2007). 청소년 선거권 관련 문제의 원인 분석 및 실천방안 모색. 청소년시설환경. 한국청소년시설환경학회논문집, 5(2).

김청송(2003). 청소년 동통반응의 측정기법 연구. 미래청소년학회지, 창간호.

나은영(1995). 미디어 폭력이 청소년에게 미치는 심리적 효과. 방송학연구, 6.

노용오(2005). 청소년지도사가 쓴 청소년 심리. 구상.

노 혁(2012). 청소년복지론. 교육과학사.

민영순(1984). 교육심리학. 문음사.

박정란・서홍란・장수한(2012). 청소년복지론. 양서원.

방희정(2000). 청소년 문화 이해 및 대처방안. 학생생활연구, 17.

변영계(2003). 수업설계. 학지사.

여성가족부(2019). 청소년백서.

오치선(2000). 청소년지도방법론. 학지사.

이용교(2012). 한국청소년복지론. 정민사.

손종국(2000). 청소년교육. 예루살렘.

송병순(1998). 현대사회와 교육. 문음사.

송은미(2005). 청소년 문화축제 참여가 자아정체성과 사회공존지수에 미치는 영향. 조선대학교 대학원 박사학위논문.

장수한(2010). 학교와 청소년문화복지론. 공동체.

장휘숙(1995). 가족심리학 : 가족관계의 발달. 박영사.

정희영(2008). 우리나라 기독교학교교육의 연구동행 분석 : 1990년부터 2007년까지를 중심으로. 총신대논총, 28.
천정웅(2012). 청소년복지론-발전적 관점. 양서원.
천정웅 · 김 민 · 김진호 · 박선영(2011). 차세대청소년학총론. 양서원.
최원석 · 고경은 · 선필호 · 김동주(2012). 청소년복지론. 정민사.
한국청소년개발원(2007). 청소년문제론. 교육과학사.
______________(2011). 청소년복지론. 교육과학사.
한국청소년정책연구원(2010). 청소년학개론. 교육과학사.
한상철(2004). 청소년학(청소년 이해와 지도). 학지사.
한상철 · 조아미 · 박성희(2001). 청소년심리학. 양서원.
허혜경 · 김혜수(2002). 청년발달심리학. 학지사.
홍봉선 · 남미애(2004). 청소년복지론. 양서원.
_____________(2006). 청소년복지론. 양서원.
_____________(2012). 청소년복지론. 공동체.
홍봉선 외(2010). 청소년문제론. 공동체.

국가법령센터. https://www.law.go.kr

03
CHAPTER

청소년복지의 필요성

1. 청소년에 대한 인식변화의 측면
2. 가정적 측면
3. 청소년문제의 측면
4. 사회적 측면

| 제 3 장 | 청소년복지의 필요성

한국 사회의 사회 · 경제적 변동은 사회의 가치관이나 인식의 변화를 가져왔으며, 생활방식이나 문화 전반에도 변화를 가져왔다. 이러한 거시적인 변화들은 전통적으로 청소년의 보호와 양육을 담당해 오던 가정에도 영향을 미치며, 가족의 구조와 기능, 역할의 변화를 이끌었다. 이러한 변화 가운데 청소년은 새로운 욕구와 문제에 직면하게 되었고, 해소되지 않은 욕구와 해결되지 않은 문제들은 다시 사회문제로 이어지며 악순환으로 연결되었다. 따라서 사회환경과 가정의 변화 안에서 청소년의 혼란을 줄이고 적응력을 높이기 위한 대처방안으로 청소년 복지의 필요성이 크게 대두되었다.

이 책에서는 청소년복지의 필요성을 청소년에 대한 인식변화의 측면, 가정적 측면, 청소년문제의 측면, 사회적 측면으로 나누어 살펴보고자 한다.

1. 청소년에 대한 인식변화의 측면

청소년은 그동안 아동에 포함되어 설명되거나 아동의 연장선상에서 이해되었다. 그러나 최근 청소년을 바라보는 시각은 청소년을 아동이나 성인에 포함되지 못하는 주변인으로서가 아닌, 아동과는 구별되는 특성을 갖고 있으며, 그 자체로 의미가 있는 대상으로 인식이 전환되었다.

청소년의 건전한 성장과 발달은 청소년 개인과 그 가족을 넘어서 국가의 성장과 미래에도 연결되어 있다는 사실 역시 새롭게 인식되었다. 현 시점의 청소년의 모습은 미래사회의 모습을 예측할 수 있는 중요한 기준이 되며, 세계화 속에서 국가의 경쟁력을 강화하기 위한 측면에서도 청소년에 대한 관심이 지속되었다. 이런 점에서 우리 사회는 올바른 교육과 건전한 사회규범을 익히는 사회화과정을 통해 사회의 생산적인 활동과 폭넓은 목표들을 수행할 수 있는 고도의 자질을 갖춘 준비된 인적 자원으로 청소년을 개발할 필요가 있다(홍봉선 · 남미애, 2005). 청소년의 보호와 육성은 더 이상 가족 안에서 양육자만이 책임져야 할 사안이 아니며, 사회의 관심 안에서 국가의 적극적인 지원과 책임이 더욱 강조되고 있다.

청소년에 대한 인식 변화는 아동과 구별된 존재로서의 청소년에 대한 학문적 · 실천적 관심과 연구로 이어지고 있다. 이를 통해 청소년 육성과 성장에 대한 국가의 책임과 의무를 강조함과 동시에 청소년의 잠재력을 증대시킬 수 있는 복지적 개입의 필요성을 가지게 되었다.

2. 가정적 측면

가정은 청소년이 만나게 되는 최초의 환경으로 청소년의 성장 과정에서 다양한 역할과 기능을 담당하며 청소년의 삶에 직접적인 영향을 미치는 환경이다. 오랜 기간 청소년의 양육과 보호의 역할은 가정에서 담당했지만 산업화 이후 사회적 · 문화적 환경의 변화에 따라 가족의 구조와 기능에서도 변화가 나타났다. 현대사회의 핵가족화, 취업여성의 증가, 이혼율의 증가현상과 함께 나타난 가족 양육기능의 약화와 조손가정, 한부모가정, 재혼가정, 새터민가정을 포함한 다문화가족 등 다양한 형태의 가정의 등장은 새로운 가족문제와 욕구를 가져왔다.

현대사회에서는 전통적으로 가사와 양육을 전담하던 여성의 취업률 증가로 맞벌이 가정이 늘어났고 핵가족화 경향으로 가정 안에서 자녀의 양육과 보호는 쉽지 않은 상황이 되었다. 또한 이혼율이 증가함에 따라 한부모 가정, 조손가정 등 구조적 결손도 증가하고 있다. 이러한 물리적 형태의 가족결손은 가정 안의 기능적 결손으로도 이어질 가능성이 크다. 이혼이나 별거 등 가족해체를 경험하는 가정은 심리적 고통과 경제적인 어려움에 직면하게 되며, 특히 해체가정 청소년의 경우 정서 및 행동상의 문제나 부적응 문제를 경험할 수 있다. 이에 사회복지적 차원에서 가족해체의 원인이나 유형, 새롭게 등장한 가족형태에 따른 가족 및 청소년의 욕구와 문제를 파악하여 그에 따른 적절한 지원과 대책을 마련해야 한다.

또한 가정의 해체로 인해 가정 내부에서 성장하기 어려운 청소년의 경우에는 부모를 대신해서 위탁가정 등 새로운 가정형태나 양육시설에서 교육받고 보호받을 수 있도록 국가와 사회의 복지적 개입이 요청되고 있다.

3. 청소년문제의 측면

현대사회 청소년들은 급격한 신체의 변화, 자아정체감의 혼란, 성적중심의 획일화된 가치관을 주입시키는 학교, 경쟁 위주의 교육환경, 공동체가 붕괴된 지역사회, 무분별한 정보가 범람하는 미디어 환경 등의 다양한 어려움에 직면해 있다. 청소년들의 문제는 가족문제, 학업 및 성적고민, 진로고민, 동성 및 이성 친구문제, 따돌림, 학교폭력, 성격문제, 성문제 등에 이르기까지 다양하다.

과거 청소년문제의 원인은 비교적 단순한 편으로, 해결방안이나 접근방법 역시 개별적인 접근이 중심이 되었지만, 오늘날 가정과 사회의 변화에 따라 청소년문제의 범위는 그만큼 다양해지고 특수한 욕구를 가진 청소년이 지속적으로 증가하고 있어 이를 해결하기 위한 다각적인 개입이 요청되고 있다(김성이 외, 2010).

인터넷 환경 안에서 새롭게 등장한 게임중독, 성폭력, 성착취, 음란사이트 접근 등의 문제들은 보다 전문적인 치료와 개입을 요청하고 있으며, 학교에서의 따돌림, 학교폭력, 자살 등의 문제들은 이제 학교 내부에서 자정적으로 해결되기를 기대할 수 없는 상황이다. 청소년 비행은 저연령화의 경향을 보이며, 비행의 정도가 갈수록 심각한 수준으로 나타나고 있고 재범률 역시 높아지고 있다.

이러한 상황에서 청소년문제는 더 이상 개별적으로 해결해야 할 가정만의 책임이 아니며, 국가적 차원에서 청소년 대상의 욕구 및 문제유형에 따라 적극적이며 전문적인 정책 및 복지실천개입이 필요하다. 특히 청소년문제에 대한 접근방식은 문제발생 후 개입을 통한 해결도 중요하지만 문제발생 이전에 예방적 차원에서의 접근 역시 중요하다. 이를 위해서는 어려움을 겪고 있거나 문제에 취약한 요보호 청소년뿐 아니라 모든 청소년을 대상으로 예방적 차원과 건강한 성장·발달을 위해 폭넓게 접근해야 한다.

4. 사회적 측면

사회적 측면에서 청소년복지의 필요성을 생각해 보면 다음과 같다.

첫째, 사회·경제적 위기상황에서 청소년복지의 필요성이 요구되었다. 한국사회는 1997년 이후 외환위기와 국제통화기금 관리체계로 인해 경제적·사회적 위기를 경험하였다. 대량실업, 절대 빈곤층과 차상위 계층의 증가, 가정해체 등 다양한 사회문제가 유발되었다. 이후 뚜렷한 경제성장 없이 청년의 취업률은 낮아지고 실업률은 높아지면서 고용불안정은 전체 사회의 불안정으로 이어져 오고 있다. 이러한 사회의 위기는 곧 가정의 위기와 연결되었고, 청소년들에게도 직·간접적으로 영향을 미치게 되면서 청소년복지의 욕구가 증가하게 되었다(김성이 외, 2010).

둘째, 유해환경으로부터 청소년을 보호하고 유익한 환경을 조성하기 위한 청소년복지의 필요성을 설명할 수 있다. 유해환경은 청소년의 건강한 성장과 발달에 장애요소로 작용하는 환경을 의미하는 것으로 물리적 환경뿐만 아니라 사이버상의 유해한 환경까지 포함된다. 청소년 유해환경으로는 유해업소, 음란하고 폭력적인 매체, 유해한 약물, 청소년 성의 상품화를 강조하는 문화 등이 있다.

특히 도덕적 가치관이 변화되는 상황에서 폭력적이고 상업주의적인 대중매체의 영향은 청소년들의 건전한 성장을 방해하고 있다. 가치와 규범의 부재 안에서 청소년들은 혼란을 겪으며, 폭력과 각종 범죄에 노출되고 있다. 선정적인 대중매체와 인터넷 음란물의 영향으로 성에 대한 왜곡된 가치관은 성윤리에 대한 부재로 인한 다양한 형태의 청소년 성폭력, 성매매, 미혼모 증가 등의 성문제와 연결되고 있다. 각종 유해환경에서 청소년을 보호하고 건전한 성장을 도모하기 위해 유해환경에 대한 모니터링과 함께 철저한 규제가 필요하다.

또한 청소년복지 측면에서 유해환경을 규제하는 것에서 더 나아가 청소년이 건전하게 이용할 수 있는 유익한 환경의 조성이 필요하다. 청소년이 이용하는 문화 및 복지시설은 청소년의 접근성이 용이하며, 청소년이 흥미와 동기를 가지고 참여할 수 있도록 다양하고 전문적인 프로그램의 개발과 제공이 요청된다.

셋째, 가치관의 혼란을 경험하는 상황 안에서 청소년복지의 필요성을 설명할 수 있다. 급변하는 사회환경은 우리 사회의 가치관과 생활환경에도 영향을 미치게 되며, 이는 곧 청소년의 문제와 욕구에도 영향을 미친다. 그동안 한국 사회는 경제성장을 중심으로 가치의 초점은 황금만능주의, 성과주의, 경쟁주의를 중심으로 움직였고, 청소년 역시 입시 위주의 교육과 경쟁의 가치 안에서 혼란을 겪고 있다. 기존 교육제도에 대한 거부감은 대안학교 및 대안교육의 욕구 증가로 나타나고 있으며, 학교부적응 학생의 경우에도 동등한 교육의 수혜자로서의 권리를 주장하고 균등교육 기회권에 대한 요구가 점차 증가하고 있다(김성이 외, 2010). 학업교육의 장이며 동시에 생활교육의 장으로서의 제 기능을 담당하지 못하는 학교에 대한 불신, 학교 안의 역기능 문제, 다양한 학교교육 형태에 대한 욕구, 교육권에 대한 인식 등은 청소년복지의 필요성을 더욱 확대시켰다.

이상과 같이 청소년복지의 필요성에 대해 청소년에 대한 인식변화의 측면, 가정적 측면, 청소년문제의 측면, 사회적 측면으로 나누어서 살펴보았다. 요컨대 청소년에 대한 이해를 바탕으로 청소년의 성장과 미래는 곧 국가의 성장과 연결되어 있음을 인식하고, 사회환경과 가족의 변화 안에서 나타나는 청소년의 욕구와 문제에 민감하게 대응하여 청소년들이 행복하고 건강한 사회구성원으로 성장하도록 청소년복지 차원에서 적극적인 개입과 지원이 요구된다.

참고문헌

노 혁(2012). 청소년복지론. 교육과학사.

박정란 · 서홍란 · 장수한(2012). 청소년복지론. 양서원.

이용교(2001). 복지는 생활이다. 인간과복지.

______(2012). 한국청소년복지론. 정민사.

장수한(2010). 학교와 청소년문화복지론. 공동체.

천정웅(2012). 청소년복지론-발전적 관점. 양서원.

천정웅 · 김 민 · 김진호 · 박선영(2011). 차세대청소년학총론. 양서원.

최원석 · 고경은 · 선필호 · 김동주(2012). 청소년복지론. 정민사.

한국청소년개발원(2007). 청소년문제론. 교육과학사.

______________(2011). 청소년복지론. 교육과학사.

한국청소년정책연구원(2010). 청소년학개론. 교육과학사.

한상철 · 조아미 · 박성희(2001). 청소년심리학. 양서원.

한상철(2004). 청소년학(청소년 이해와 지도). 학지사.

홍봉선 · 남미애(2005). 청소년복지론. 양서원.

____________(2006). 청소년복지론. 양서원.

____________(2012). 청소년복지론. 공동체.

홍봉선 외(2010). 청소년문제론. 공동체.

04
CHAPTER

청소년복지의 발달

| 제 4 장 | 청소년복지의 발달

1. 청소년복지의 변천

청소년복지는 역사적 · 문화적 산물이다. 청소년복지는 산업화와 밀접한 관계가 있다. 산업화의 진전에 따라 개별 기업은 연소노동자를 혹사시켰는데, 국가는 총 노동력을 보존하기 위해서 아동보호를 위한 공장입법을 제정하였다. 또한 산업기술의 발전은 질적인 노동력을 키우기 위해서 아동과 청소년에 대한 공교육 기간을 늘려왔다.

청소년에 대한 변화된 역할과 새로운 기대는 역사적 시기, 청소년의 성별, 계층, 그리고 문화에 따라 다르게 나타나지만, 대체로 산업화가 진전된 시대와 나라일수록 청소년의 교육기간은 늘어나고, 같은 시기와 지역에서는 부유한 가정의 남자청소년들에게 더 나은 조건이 제공되었다.

전통적으로 아동과 청소년을 양육하는 것은 가정의 역할로 인식되었기 때문에 국가개입이 있는 경우에도 처음에는 매우 한정적으로 개입하였다. 현대사회에서는 아동과 청소년은 부모의 부속물이라는 시각을 벗어나 청소년의 요구와 이익은 부모와 다를 수 있다는 것을 인식하게 되었음에도 불구하고, 아직도 가족이 아동과 청소년 보호를 적절하게 하지 못할 때만 복지가 필요하다는 생각을 가진 정책입안자들이 적지 않다(Frost & Stein, 1989).

예컨대 영국의 경우, 1948년에 아동법이 통과된 후에야 아동부가 생기고 독립적인 아동서비스를 실시할 수 있었다. 아동부의 주된 임무는 대리가정을 지도 · 감독하고 예방사업으로 개별사회사업을 하는 것이었다. 그러나 1970년대 오일쇼크로 복지비의 지출이 삭감되고 대처(Thatcher) 행정부의 보수주의자들은 복지서비스가 가족, 법과 질서, 그리고 국가권위를 잠식한다고 비판하였다.

한국에서도 아동과 청소년복지는 1차적으로 가족의 영역으로 인식되어 왔다. 아동복리법이 제정된 1961년에 아동복지의 대상은 요보호아동이었다. 즉, 아동이 그 보호자로부터 유실, 유기 또는 이탈된 경우, 그 보호자가 아동을 양육하기에 부적당하거나 양육할 능력이 없는 경우, 또는 기타의 경우에 이 법에 의하여 보호를 받을 아동만이 법적 보호대상이었다. 복지의 대상이 전체 아동으로 확대된 것은 1981년 아동복지법이 제정된 이후이지만 여전히 아동복지의 주된 대상은 기아나 미아, 가출아 등 요보호아동이었고, 이들을 수용 · 보호하는 것이 주된 사업이었다.

아동과 별도로 청소년을 복지의 대상으로 한 정책은 1987년 청소년육성법의 제정에서 찾을 수 있다. 이 법은 청소년육성에 대한 국민적 관심을 반영하여 청소년 건전육성에 대한 정부의 책임과 의무를 강화하고, 청소년 전담 행정부서를 두게 되었다는 점에서 의의가 있다. 그러나 청소년의 소득, 보건, 교육, 직업, 주거, 여가 등의 다양한 욕구를 충족시키기에는 크게 미흡했다.

정부는 청소년정책에 대한 장기계획으로 청소년 기본 계획을 세우고 이를 효과적으로 수행하기 위해서 1991년에 청소년기본법을 제정하였다. 그런데 청소년 기본 계획은 3대 사업의 하나로 청소년복지를 제시하고 있지만, 청소년활동에 대한 의욕적인 정책과 비교할 때 청소년복지는 기존의 복지사업과 크게 다른 점이 없었다(김영모, 1993).

이후 2004년에는 청소년의 인권보장 및 자치권 확대, 청소년의 우대 및 청소년증 발급, 청소년의 건강증진, 특별지원청소년의 지원, 청소년의 교육적 선도 등을 내용으로 하는 청소년복지지원법이 새로 제정되었다. 청소년복지지원법을 통해 위기청소년에 대한 지원과 청소년복지증진에 힘쓸 수 있는 기반이 마련되어 현재까지 이어져 오고 있다.

2. 한국 청소년복지의 발달

전통적으로 우리나라에서의 아동과 청소년복지는 1차적으로 가족의 영역으로 인식되었고, 국가의 개입은 최소한에 그쳤다. 전통사회는 씨족문화를 바탕으로 마련되었기 때문에 요보호 아동이나 청소년이 발생할 경우 혈연관계 속에서 보호하는 것을 당연시했다. 그런데 광복 이후 지난 50년 동안 6.25 전쟁과 1960년대 이후 산업화와 도시화 과정을 거치면서 청소년의 생활환경이 급격히 변화되었고, 청소년의 욕구와 문제에 대한 정부의 대응도 달라졌다. 역사적으로 볼 때 한국 청소년복지는 해방 후 상당 기간까지 아동복지의 연장선에서 다루어지다가 미성년보호법의 제정(1961)과 중앙청소년보호대책위원회의 설치(1964)로 아동과 다른 '청소년영역'이 설정되고 세계청소년의 해(1985)를 계기로 하여 청소년육성법이 제정(1987)되면서 청소년영역이 확립되었다.

이용교(2001)는 우리나라 청소년복지의 복지를 3단계로 구분하고 있다. 즉, 해방 전후 아동복리법이 제정된 1961년까지는 청소년복지가 아동복지와 그 영역이 분화되지 않은 청소년복지의 태동기이고, 1962년부터 청소년육성법이 제정된 1987년까지는 청소년복지의 도입기이며, 1988년부터 현재까지는 청소년복지의 전개기라는 것이다. 이를 토대로 청소년복지의 발달을 태동기, 도입기, 전개기, 성장기로 총 네 단계로 구분하고자 한다.

1) 청소년복지의 태동기(해방 전후~1960년)

해방 전후 아동복리법과 미성년자보호법이 제정된 1961년 이전까지는 청소년복지가 조선구호령(1944)과 몇 개의 미군정 법령 및 그 처무준칙에 따라서 실시되었다. 이 시기에는 청소년복지가 아동복지와 그 영역이 구분되지도 않았을 뿐만 아니라 아동복지도 다른 사회복지의 영역과 별 구분 없이 긴급구호를 하는 수준이었다. 그러나 요보호아동의 보호와 연소노동자 보호, 그리고 비행소년의 보호에서 우리나라 청소년복지의 태동을 찾을 수 있다.

(1) 요보호아동의 보호

이 시기의 공공구호 대상은 65세 이상의 무의탁노인, 6세 이하의 아동을 부양하는 여자(모)와 13세 이하의 아동, 불치병으로 신음하는 사람, 요보호임산부, 심신장애인 등이고, 청소년은 배제되어 있었음을 알 수 있다. 물론 일부 나이 어린 청소년도 포함되었지만 청소년은 아동의 연장선에서 최소한의 보호만을 했다.

(2) 아동시설의 인가제와 유형

이 시기에 사회복지시설이 그 서비스의 대상에 따라 구분되어서 아동시설이 정체성을 갖게 되고, 정부의 지원과 감독이 강화된 것은 의미 있는 일이다. 1950년에는 정부가 '후생시설 설치기준'을 공포하면서 아동시설을 '인가시설'로 규정한 근거가 마련되었으며, 이는 1952년 '후생시설 운영요령'을 토대로 아동시설의 인허가제를 강화하게 되었다. 이 밖에도 후생시설에는 모자원, 정신치료 감화원, 불구자수용원, 맹아원, 직업보도원, 양로원 등이 있었다.

(3) 아동노동의 보호

우리나라 최초로 청소년을 보호의 대상으로 인식한 것은 1946년 '아동노동법규'에서 찾아볼 수 있다. 미군정 시기에는 '아동노동법규'를 통해 아동의 노동을 보호하기 위하여 상공업체 고용금지(14세 미만), 중공업체 또는 유해업체 종사금지(16세 미만), 위험직종 또는 유해직종 종사금지(18세 미만), 그리고 일일노동시간의 제한(16세 미만 8시간 이내)을 규정하였다. 이 법규가 비록 '아동'이라는 용어를 사용하고 있음에도 불구하고 18세 미만 '근로청소년'을 보호하기 위한 최초의 규정이란 점에서 청소년복지적 의미가 있다. 아동노동법규는 이후 '미성년자 노동보호법'(1947)과 '근로기준법'(1953)으로 이어졌다.

(4) 비행소년의 보호

비행아동에 대한 시설보호는 일제하에서 시작되어 영흥학원, 목포학원 등이 설치 · 운영되었다. 이에 대한 법으로 소년령(1942)이 제정되고, 경성소년재판소(1942)라는 소년법원이 설치되었다. 반사회적 성향을 가진 20세 미만 소년의 생활환경 조성과 성행교정을 위해 보호처분을 행하고, 형사처분에 있어 특별조치를 취하기 위한 소년법(1958)이 제정되었다.

이 시기의 보호대상은 1차적으로 요보호아동이었지만, 그 대상에 따라 연령이 약간씩 차이가 있음을 알 수 있다. 시설보호의 대상은 13세 이하로 제한하고 있지만 근로아동은 18세 미만, 비행소년은 20세 미만으로 대상에 따른 연령에 차이를 두었다. 생계욕구에 대한 복지서비스의 대상은 '아동'에 한정시켰지만 노동과 인권의 옹호에서는 '소년'까지 확장시킨 것이다. 그러나 당시의 보호수준은 매우 열악한 것이었고, 서비스의 질에 대한 국가책임의 한계도 명확하지 않은 한계가 있었다.

2) 청소년복지의 도입기(1961~1986년)

한국에서 청소년복지가 도입되기 시작한 것은 1961년 미성년자보호법과 아동복리법의 제정에서 찾아볼 수 있다. 아동복리법의 제정 이전에도 「보호시설에 있는 고아의 후견집무에 관한 법률」(1961), 입양특례법(1961)이 제정되었지만 그 이름에서 알 수 있는 바와 같이 극히 일부인 '고아'에 대한 보호가 입법목적이었다. 또한 청소년복지의 시각에서 볼 때 미성년자보호법(1961)이 제정되어 청소년의 보호와 선도를 위한 법적 장치가 마련되었다.

이후 아동복리법의 체제가 전면 개편되어 아동복지법(1981)이 제정되면서 보호의 대상이 요보호아동에서 전체 아동으로 크게 바뀌었다. 이는 아동복지의 대상을 일부로 인식하지 않고 전체로 본다는 점에서 큰 변화였다. 이 법에서는 '아동'이라는 용어를 사용하고 있지만 사회통념상 '청소년'이 포함되어 있다. 하지만 실제 청소년의 특성에 맞는 복지를 시행했다고 보기에는 어렵다.

청소년복지의 도입기에는 비행의 우려가 있는 미성년자의 보호와 근로청소년의 복지, 그리고 장애청소년의 복지에 초점이 맞춰졌다. 이 시기에는 일반 청소년에 대한 복지도 포괄적인 욕구의 충족과 문제의 해결보다는 선도와 보호에 한정되었다.

(1) 요보호아동의 보호

아동복리법은 요호보아동의 연령을 기존의 13세 이하에서 '18세 미만'으로 상향시키고, 아동복지에 대한 국가의 책임을 규정했다는 점에서 그 의미가 크다. 보호대상을 18세 미만의 아동으로 확장시킨 것은 비록 '아동'이라는 용어를 사용하고 있지만 그 대상을 '청소년'까지 포함한 것으로 볼 수 있다. 또한 보호의 대상인 '요보호아동'에 대한 정의를 명확히 하고, 이들에 대한 국가의 책임을 명시하였다. 즉, 아동이 그 보호자로부터 유실, 유기 또는 이탈되었을 경우, 아동의 건전한 출생을 기할 수 없는 경우, 그리고 기타의 경우에 아동이 건전하고 행복하게 육성될 수 있도록 하였다.

(2) 아동복리시설의 세분화

아동복리법은 아동복리시설을 아동상담소, 보육시설, 조산시설, 정신박약아시설, 맹아양호시설, 신체허약아 보호시설, 아동휴양시설, 교호시설, 부랑아 보호시설, 소년직업 보도시설, 지체부자유아 보호시설, 모자보호시설 등 13개 종류로 규정하였다. 아동복리시설은 후생시설 운영요령의 시설유형과 비교하여 볼 때 그 종류가 세분화되었고, 특히 장애아동을 위한 시설을 성인시설과 구분하였다. 반면 전문화된 복지서비스는 대상자의 분류와 욕구에 따라서 제공되어야 하는데, 이때까지 청소년복지는 아동복지와 별도로 인식되지 않았고 아동복지의 연장선에서 다루어졌다.

'아동상담소'는 기존의 아동복리시설과는 다른 기능들을 수행하였다. 이전 시기의 시설들은 요보호아동을 긴급구호하는 차원에서 수용보호가 핵심이었고, 아동의 연령과 장애 유무로 분리수용하는 정도였다. 그러나 아동상담소는 가정에서 보호자로부터 유실, 유기되는 이탈된 아동을 상담하고 귀가조치하거나 수용시설로 이송하는 기능을 수행하였다. 따라서 이 상담소는 가정과 수용시설의 중간지점에 있으면서 요보호아동을 보호하였는데, 특히 가출 · 부랑아동과 학대받은 아동을 상담하는 기능을 수행하였다. 아동복리시설에 아동휴양시설을 포함시킨 것은 장차 청소년육성법에서 '청소년 이용시설'을 포함시킬 수 있는 선례가 되었다.

(3) 장애청소년에 대한 복지사업

장애청소년에 대한 복지는 장애아동 혹은 전체 장애인에 대한 복지와 분화되지 않은 상태에서 이루어졌지만 뚜렷한 진전을 보였다. 특수교육진흥법(1977)은 장애인에 대한 특수교육을 증진하여 그들에게 필요한 생활지식과 기능을 전수함으로써 일반 사회생활에 참여하게 함을 목적으로 하였다. 장애인에는 시각장애, 청각장애, 정신지체, 정서장애, 언어장애, 기타 심신장애인 등이 포함되었다. 이들은 국·공립 특수교육기관에 취학하거나 사립교육기관 중 의무교육과정에 취학할 경우 무상교육을 받을 수 있도록 하였는데, 1차적인 수혜자는 장애아동과 청소년이었다.

장애인복지에 대한 관심은 1981년 '세계 장애인의 해'를 계기로 증대되어서 심신장애인복지법이 제정되고 보건사회부에 전담부서인 재활과가 설치되었다. 이 법은 장애인복지에 대한 국가와 지방자치단체의 책임이 미약하고 장애발생의 예방과 장애인의 고용촉진에서 한계가 있다는 비판도 받았지만, 이후 장애인복지법(1989)으로 전문개정될 때까지 장애인 복지사업의 근거법이 되었다.

(4) 미성년자의 보호와 선도

이 시기 청소년에 대한 복지는 생계, 보건, 교육, 주거 등 인간의 기본적 욕구에서 아동과 차별화된 것이 아니라 풍속이나 여가에서 구분하는 데 그쳤다. 당시 청소년을 대상으로 한 대표적인 법인 미성년자보호법(1961)은 미성년자(만 20세 미만)의 흡연, 음주, 기타 선량한 풍속을 해하는 행위를 금지하고, 미성년자의 보호에 필요한 사항을 규정함으로써 미성년자의 건강보호와 선도를 도모하고자 하였다. 하지만 실제로는 미성년자를 규제하는 행위의 대부분의 경우 성인은 아무런 죄의식 없이 하는 행위임에도 불구하고 미성년자라는 '지위' 때문에 '비행'으로 낙인찍게 되었다.

(5) 근로청소년을 위한 복지사업

정부가 청소년에게 구체적으로 복지서비스를 한 것은 근로청소년에 대한 교육과 여가사업에서 찾아볼 수 있다. 이 시기는 산업화가 이루어지면서 많은 청소년들이 학교가 아닌 산업전선에 나가 일을 하는 사회였다. 이에 정부는 일반학교에 부설된 야간 특별학급과 산업체 부설학교의 개설(1977)은 중·고등학교에 취학할 기회를 박탈당한 근로청소년에게 중등교육 기회를 제공하였다. 이 사업은 산업체에는 고용안정을 주고 근로청소년에게는 일하면서 공부할 수 있는 기회를 준 이중적 목적을 가졌다. 근로청소년의 학력과 연령이 높아지면서 이 사업은 점차 축소되었지만, 당시로서는 드물게 아동이 아닌 청소년에게 직접적인 혜택을 주는 사업이라는 것에 의미를 찾을 수 있다. 또한 근로청소년의 건전한 여가생활을 도모하기 위해 1981년에 주요 공단지역에 '근로청소년회관'을 건립하기 시작하였고, 미혼 여성 근로자의 주거욕구를 충족시키기 위해서 1981년 '근로청소년 임대아파트'를 건립하였다.

(6) 청소년 보호대책의 실천

이 시기에 정부가 명시적으로 청소년을 정책의 대상으로 설정한 것은 1964년 '중앙청소년보호대책위원회'의 설치였다. 이 위원회의 설치와 운영은 이 시기 청소년 복지의 위상을 가름할 수 있다. 즉, 청소년은 보호의 대상으로 인식되고, 국가의 책임은 행정적인 대책을 세우는 것이며, 그 책임은 위원회로 분산되었다는 점이다. 매년 청소년보호대책위원회가 열렸지만 청소년복지의 제도화 등 획기적인 정책은 수립되지 않았다. 이 위원회는 후에 청소년대책위원회(1997)로 개칭되고 위원장의 위상이 내무부장관에서 국무총리로 바뀌었지만 그 역할은 크게 달라지지 않았다.

3) 청소년복지의 전개기(1987~2003년)

우리나라에서 청소년복지가 아동복지와 구분되는 하나의 독립된 영역이 될 수 있었던 것은 1987년 청소년육성법의 제정에서 찾을 수 있다. 그런데 이 법의 어느 조항에서도 '청소년복지' 혹은 '복지'라는 낱말은 없다. 다만, 이 법은 "청소년의 인격형성을 도모하고 청소년의 보호·육성·선도 및 지원에 관한 사업을 효율적으로 추진함으로써 청소년이 국가·사회발전에 이바지할 수 있는 건실하고 유능한

국민으로 성장하도록 함"(청소년육성법 제1조)을 목적으로 제정된 것에 비추어 볼 때, 청소년복지의 수행을 위한 근거법이 될 수 있었다. 이후 청소년육성법의 대체법으로 제정된 청소년기본법(1991)에서는 "청소년의 복지증진"(동법 제3조)을 법의 목적으로 규정하였다. 또한 청소년헌장의 제정(1990)과 개정(1998) 이후 청소년보호법 제정(1997) 등을 통하여 청소년복지가 전개되었다.

(1) 청소년정책의 영역설정

청소년육성법의 제정이 청소년복지에 미친 영향은 청소년정책을 설정하고 이를 담당할 수 있는 행정체계를 확립시켰다는 점이다. 정부는 체육부에 청소년국을 설치하고(1988), 시 · 도에 가정복지국 청소년과를 설치하였으며, 매년 청소년의 육성 등을 위한 가정 · 학교 · 사회 각 영역에 걸친 종합계획으로 '한국청소년 10개년 기본계획'(1992)을 수립 · 시행하도록 하였다.

이 종합계획의 주요 내용은 청소년 건전활동 지원, 가정의 교육기능 강화, 학교의 선도기능 강화, 청소년 유해환경 정비, 취약계층 청소년 보호선도, 청소년 육성 추진 기반조성 등으로 편성되어서 청소년복지는 취약계층 청소년 보호선도에서 다루었다. 그런데 취약계층 청소년 보호선도의 내용은 근로청소년, 농 · 어촌 청소년, 무직 · 미진학 청소년, 요보호청소년, 비행청소년 등 주요 대상별로 추진사업을 열거하고 있을 뿐이었다. 이러한 사업의 수준이 국제적인 기준에서 볼 때 어떠하며, 그 사업이 청소년의 욕구와 문제를 얼마나 충족시켜 주고 있는지를 알려주지 못하고 있다. 이후 청소년기본법에서 청소년육성은 청소년복지의 증진을 통해서 이루어진다는 것을 명시하고는 있지만, 청소년복지의 정의, 청소년 복지시설의 종류, 그리고 청소년복지에 대한 정부의 책임을 구체적으로 명시하지 않았다는 한계가 있었다.

(2) 교육보호의 제도화

이 시기에 빈곤청소년에게 가장 도움을 준 복지는 생활보호법의 개정과 그 후속조치에서 찾을 수 있다. 1982년 생활보호법이 개정되면서 보호의 종류를 기존의 네 가지 보호(생계보호, 의료보호, 해산보호, 장제보호)에 교육보호와 자활보호를 추가하여 청소년복지에 획기적으로 기여하게 되었다. 특히 교육보호는 그 보호대상자가 중 · 고등학생이기 때문에 생활보호를 받는 빈곤청소년들이 실질적인 혜택을 받았다. 1987년에 처음 실시될 때에는 보호대상자가 생활보호대상자의 일부로 제한되었지만, 점차 저소득층 자녀에게 중학교와 고등학교의 입학금과 수업료를 면제해 주었다. 청소년기의 가장 큰 욕구가 교육욕구라고 할 때 이 교육보호는 빈곤청소년을 위해 가장 필요한 복지사업의 하나라는 것에 의미가 있다.

(3) 청소년시설의 제도화

청소년육성법은 청소년단체의 지원과 청소년시설의 설치 · 운영을 핵심적인 내용으로 담고 있는데, 그중 청소년시설은 청소년 전용시설과 이용시설로 구분되었다(청소년육성법 시행령). 이후 청소년시설의 정의는 청소년기본법에서 '청소년 수련시설'로 바뀌면서 생활권 수련시설, 자연권 수련시설, 유스호스텔로 정리되고, 수련시설이 아닌 전용시설과 이용시설은 법적 지원과 감독의 대상에서 제외되었다. 이처럼 청소년육성법은 청소년시설에 "학교시설 외에 청소년의 심신단련과 정서계발을 목적으로 설치된 시설"(청소년육성법 제2조)을 모두 포괄한 반면 청소년기본법은 체육청소년부가 관장할 수 있는 시설만을 수련시설로 분류하였다.

양 법에서 청소년 복지시설은 매우 소홀히 다루어졌고, 특히 요보호청소년은 일시적 · 장기적으로 수용 · 보호하고 치료하는 청소년쉼터, 가출청소년 보호시설, 학대받는 아동일시보호시설, 약물 오남용 치료시설, 청소년 중간의 집 등의 설치 · 운영 및 이러한 복지시설에 대한 정부지원 등에 관한 규정을 전혀 담고 있지 않았다.

(4) 청소년상담사업의 확대

정부는 전체 청소년의 건전한 육성과 더불어, 특히 요보호계층 청소년의 고민상담, 취업과 진로, 여가문제들을 지원할 수 있는 '청소년종합지원센터'를 1990년도에 대구와 광주에 설치하였다. 이후 전문적인 청소년 상담사업을 전개하기 위하여

1991년도부터 '청소년 상담실'로 개칭하고 전국 시 · 도로 확대되었다.

청소년 상담실은 일반 청소년을 위한 복지기관이 거의 없는 상태에서 청소년의 고민을 상담할 수 있는 통로가 되었고, 운영비를 중앙정부와 시 · 도가 공동으로 분담하는 재원조달방식을 제시하였다. 또 청소년상담실은 기존의 '근로청소년회관'과 달리 행정공무원이 운영하지 않고, 청소년단체 등 청소년 관련기관이 시 · 도로부터 위탁받아 운영하면서 사회복지사 등 전문가를 채용하였다는 점에서 청소년복지사업의 전문성을 제고시켰다.

(5) 사회복지사업과 낮은 연계

당시 청소년 복지사업의 가장 큰 문제점은 사회복지사업과 연계성 없이 이루어졌다는 것이다. 사회복지사업의 수행에 기본이 되는 사회복지사업법(1970년 제정, 1997년 개정)은 사회복지사업의 관계법령으로 청소년기본법과 청소년보호법을 포함시키지 않고 있다. 이 때문에 청소년복지의 수행을 위해서 불가피하게 필요한 사회복지법인의 등록, 사회복지사의 채용, 사회복지시설에 대한 국가의 책임 등이 모두 배제되고 있는 셈이다. 청소년사업의 하나로 청소년복지가 논의되었지만, 이를 보호할 수 있는 구체적인 틀이 없었기 때문에 당시 한국 청소년 복지사업은 대부분 법적 보호를 받지 못했다.

4) 청소년복지의 성장기(2004년~현재)

2004년 청소년복지지원법이 제정되면서 청소년복지는 명확한 법적 근거를 두고 실천할 수 있게 되었다. 청소년복지지원법은 청소년의 복지 향상에 대한 가정 · 사회 및 국가의 책임과 의무를 정하고 이를 실천하기 위하여 필요한 사항을 정함으로써 미래사회의 주역이 될 청소년들의 삶의 질 향상과 최적의 성장 · 발달을 도모하기 위하여 제정되었다. 이후 2012년 전부개정을 통해 지역사회 청소년통합지원체계 구축 및 운영, 청소년복지지원기관 및 청소년복지시설 설치 · 운영 등 다양한 청소년 복지가 실천되고 있다.

(1) 지역사회 청소년통합지원체계

청소년복지지원법이 제정되면서 국가와 지방자치단체의 장은 위기청소년을 조기에 발견하여 보호하고, 청소년복지 및 청소년보호를 효율적으로 수행하기 위하여 지역사회청소년통합지원체계(청소년안전망 사업, CYS-Net)를 운영하게 되었다. 이를 위해 청소년전화 1388을 운영하면서 위기 청소년들이 24시간 도움을 청할 수 있는 원스톱(One-Stop) 시스템을 구축하였다.

(2) 위기청소년 지원

청소년복지지원법이 시행되면서 위기청소년에게 필요한 사회적 경제적 지원을 할 수 있게 되었다. 특별지원을 통해 위기청소년에게 생활지원, 학업지원, 의료지원, 직업훈련지원, 청소년활동지원 등을 할 수 있게 되었다.

(3) 청소년복지지원기관

청소년복지지원기관으로 한국청소년상담복지개발원, 청소년상담복지센터, 이주배경청소년지원센터를 두었다. 한국청소년상담복지개발원은 여성가족부 산하 기관으로 청소년 상담 및 복지와 관련된 정책의 연구, 청소년 상담 · 복지 사업의 개발 및 운영 · 지원, 청소년 상담기법의 개발 및 상담자료의 제작 · 보급, 청소년 상담 · 복지 인력의 양성 및 교육, 청소년 상담 · 복지 관련 기관 간의 연계 및 지원, 지방자치단체 청소년복지지원기관의 청소년 상담 · 복지 관련 사항에 대한 지도 및 지원을 실시한다.

청소년상담복지센터는 청소년에 대한 상담 · 긴급구조 · 자활 · 의료지원 등의 업무를 수행하기 위해 전국 주요 시 · 도 및 시 · 군 · 구에 위치하고 있다. 또한 다양한 이주배경청소년 지원을 위한 이주배경청소년지원센터를 설치 · 운영하고 있다.

(4) 청소년복지시설

청소년복지지원법을 근거로 다양한 청소년복지시설이 설치 · 운영되고 있다. 청소년복지시설에는 청소년쉼터, 청소년자립지원관, 청소년치료재활센터, 청소년회복지원시설이 있다. 청소년쉼터는 가출청소년에 대하여 가정 · 학교 · 사회로 복귀하여 생활할 수 있도록 일정 기간 보호하면서 상담 · 주거 · 학업 · 자립 등을 지원하는 시설을 말한다. 청소년자립지원관은 일정 기간 청소년쉼터 또는 청소년회복지원시설의 지원을 받았는데도 가정 · 학교 · 사회로 복귀하여 생활할 수 없는 청소년에게 자립하여 생활할 수 있는 능력과 여건을 갖추도록 지원하는 시설이다. 청소년치료재활센터는 학습 · 정서 · 행동상의 장애를 가진 청소년을 대상으로 정상적인 성장과 생활을 할 수 있도록 해당 청소년에게 적합한 치료 · 교육 및 재활을 종합적으로 지원하는 거주형 시설이다. 청소년회복지원시설은 소년법에 따른 감호 위탁 처분을 받은 청소년에 대하여 보호자를 대신하여 그 청소년을 보호할 수 있는 자가 상담 · 주거 · 학업 · 자립 등 서비스를 제공하는 시설이다.

참고문헌

김성이 외(2010). 청소년복지학. 양서원.
김영모(1993). 교과전담제 운영의 내실화 방안. 경기교육, 118.
노 혁(2012). 청소년복지론. 교육과학사.
박정란 · 서홍란 · 장수한(2012). 청소년복지론. 양서원.
이용교(2012). 한국청소년복지론. 정민사.
장수한(2010). 학교와 청소년문화복지론. 공동체.
천정웅(2012). 청소년복지론-발전적 관점. 양서원.
천정웅 · 김 민 · 김진호 · 박선영(2011). 차세대청소년학총론. 양서원.
최원석 · 고경은 · 선필호 · 김동주(2012). 청소년복지론. 정민사.
한국청소년개발원(2007). 청소년문제론. 교육과학사.
_______________(2011). 청소년복지론. 교육과학사.
한국청소년정책연구원(2010). 청소년학개론. 교육과학사.
한상철(2004). 청소년학(청소년 이해와 지도). 학지사.
한상철 · 조아미 · 박성희(2001). 청소년심리학. 양서원.
홍봉선 · 남미애(2004). 청소년복지론. 양서원.
_____________(2006). 청소년복지론. 양서원.
_____________(2012). 청소년복지론. 공동체.
홍봉선 외(2010). 청소년문제론. 공동체.

05
CHAPTER

청소년복지의 실천

1. 청소년복지 실천에 대한 관점
2. 전문적 접근방법

| 제 5 장 | 청소년복지의 실천

1. 청소년복지 실천에 대한 관점

청소년복지는 사회복지 영역 중에서도 세부적인 전문영역이다. 청소년복지 현장 전문가가 복지 현장에서 만나는 청소년과 청소년복지에 대해 어떤 관점을 가지고 접근하느냐는 매우 중요한 부분이다. 전문가로서 접근방법에 따라 청소년이 당면한 문제 해결방식이 달라질 수 있기 때문이다. 청소년 클라이언트의 문제 해결을 위해서는 청소년에 대한 이해와 더불어 청소년복지에 대한 다양한 관점이 있다는 것을 인지하고 클라이언트의 문제를 파악하여 그에 맞는 청소년복지 실천방법을 선택할 수 있어야 한다. 사회복지에 대한 실천적 접근방식에 대한 관점은 다양하다. 그중에서도 이 장에서는 청소년복지 실천을 위해 생태체계 관점과 임파워먼트 관점에 대해 살펴보고자 한다.

1) 생태체계 관점

인간은 그 주위에 인접한 환경을 중심으로 구조적으로 체계화된 생태계 속에서 발달하기 때문에(Bronfenbrenner, 1979) 개인의 행동을 이해하기 위해서는 생태체계적 관점에서 바라볼 필요가 있다. 이때 인간은 백지상태가 아니라 끊임없이 성장하는 역동적 실체로서 인간은 점진적으로 자기가 생활하는 환경 속에서 그 환경을 재구성하는 존재이다. 생태체계학적 이론에서는 인간의 환경을 미시체계(microsystem), 중간체계(mesosystem), 외체계(exosystem), 거시체계(macrosystem), 시간체계(chronosystem)로 구분한다. 미시체계는 가족이나 또래집단, 학교 등이 해당된다. 미시체계는 청소년 개인에게 직접 영향을 미치는 상호작용적 관계이다. 중간 체계는 두 개 이상의 미시체계 간의 상호관계를 의미한다. 외체계는 가족의 친구, 이웃, 부모의 직장 동료, 부모의 취업 조건 등 청소년에게 간접적으로 영향을 미치는 맥락을 말한다. 예를 들어, 부모의 직장이 주말근무를 하지 않는 경우 그렇지 않은 가정보다 청소년이 부모와 여유 있는 주말을 가질 수 있는 환경이 조성될 수 있다. 거시체계는 사회의 가치관이나 법률, 사회정책, 제도 등이 해당된다. 이는 청소년이 속해 있는 사회의 큰 맥락으로, 예를 들어 청소년복지정책이 잘 되어 있는 사회에 사는 청소년의 경우 바람직한 발달이 촉진될 수 있는 것을 말한다. 시간체계는 삶에서 일어나는 중요한 사건을 말한다. 청소년이 발달과정에서 부모의 이혼을 경험할 경우 그러한 사건은 부정적 영향을 미치게 된다.

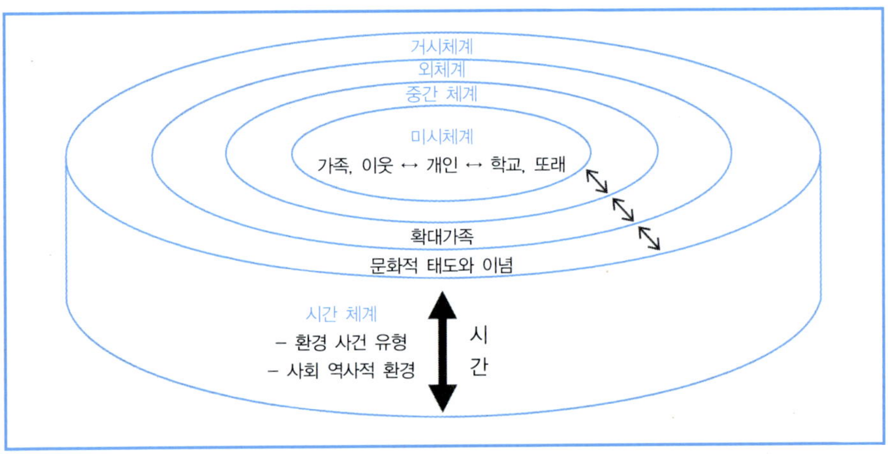

|그림 5-1| 브론펜브레너의 생태체계

정규석 외(2017)에 따르면 생태체계적 관점에서 청소년복지 실천을 접근했을 때 다음과 같은 이점을 가진다. 첫째, 생태체계적 접근은 청소년의 욕구와 문제를 다룰 때 개인에게 집중하기보다는 다양한 환경체계와의 상호작용 속에서 통합적이고 포괄적으로 사정하고 개입할 수 있도록 유용한 틀을 제공한다. 생태체계적 접근으로 청소년문제를 바라보게 되면 청소년의 개인적 특성뿐 아니라 가족, 또래집단, 지역사회 환경, 학교환경, 매체환경 등 미시체계부터 거시체계 등 다양한 환경

체계와의 관계 속에서 청소년의 욕구와 역할, 영향력, 강점 및 취약점을 사정하고 개입과정에 활용할 수 있다.

둘째, 생태체계적 접근에서는 2개의 미시체계(microsystem) 간의 공유접점인 중간체계(mesosystem)의 개념을 강조하기 때문에 청소년에게 개입할 때 그 방법과 문제 사정에 보다 정교한 관점을 제시한다. 청소년복지에서 공유접점이 되는 중간체계로는 '부모와 또래집단과의 관계', '부모와 학교와의 관계' 등이 해당된다. 청소년복지실천 현장에서는 이러한 공유접점에서의 다양한 영향력과 스트레스원, 자원들을 사정하고 활용할 수 있다.

셋째, 생태체계적 관점은 인간을 내적 동기와 잠재력, 강점을 가진 창의적이고 능동적인 존재로 이해하며, 실천과정에서 클라이언트와의 파트너십을 강조한다. 생태체계적 관점에서 청소년복지에 접근할 경우, 청소년이 가지고 있는 내적 동기와 다양성을 인정하고 개입과정에서 그들의 잠재력과 역량을 향상시키는 데 초점을 둘 수 있다.

2) 임파워먼트 관점

임파워먼트(empowerment)의 개념은 1970년대 솔로몬(B. B. Solomon)에 의해 시작되었다. 파워(power)란 사람이나 사물을 통제하는 힘이나 권력을 말한다. 임파워먼트는 '주다'라는 의미의 'em'과 'power'의 합성어로 일반적으로 리더가 업무수행에 필요한 책임과 권한, 자원에 대한 통제력을 조직원에게 배분 또는 공유하는 과정을 말한다. 임파워먼트는 적용되는 분야의 범위와 수준에 따라 다르게 정의될 수 있지만, 청소년복지에서는 클라이언트 체계가 자신과 환경에 대한 통제력과 힘을 회복해서 스스로 문제를 해결하고 선택할 수 있는 능력을 갖는 과정이다(Guiterrez, Parsons, & Cox, 1998; 정규석 외, 2017 재인용).

임파워먼트 관점은 클라이언트가 잠재력이 있는 존엄한 인간이자 자원이며 자신의 삶을 통제할 수 있는 역량이 있다고 보고 접근하는 관점이다. 이 모델은 생태체계적 관점과 강점관점에 근거하여 발생한 접근방식이다. 생태체계적 관점에서는 클라이언트가 가진 어떤 문제도 개인과 환경 간의 상호작용에 의한 산물이지 이것이 클라이언트 개인의 책임은 아니라고 보며, 개인의 부적응적 행동은 환경 안에서 자원을 조정하면 얼마든지 바꿀 수 있다고 본다. 강점관점에서는 클라이언트를 강점과 재능, 자원이 있는 독특한 존재로 본다. 클라이언트의 다양성을 존중하면서 클라이언트에게 발생한 문제를 도전 혹은 전환점, 성장을 위한 기회로 보고 접근한다.

임파워먼트 관점은 개인적, 사회적 요인으로 무력감을 경험하고 권리를 상실한 사람들에게 개인과 집단, 지역사회 수준에서 개입하여 클라이언트로 하여금 자신과 환경에 대한 내적, 외적 통제력을 획득하도록 돕는 것이다. 이때 클라이언트를 경험과 역량을 가진 파트너로 보고 클라이언트의 강점에 초점을 두며 클라이언트의 참여와 자기결정권을 중시하게 된다. 이 과정에서 클라이언트가 자신의 삶과 상황에 대해 좀 더 많은 통제력을 가질 수 있도록 하기 위해 의미와 가치 있는 선택을 할 수 있는 데 초점을 두고 있다.

임파워먼트는 관계적 임파워먼트와 심리적 임파워먼트로 구분할 수 있다. 관계적 임파워먼트는 '사람이나 집단에게 특정 상황에 힘과 권한, 의사결정력을 부여하는 과정'으로서의 임파워먼트로서 조직 경영이나 관리 측면에서 중요 요인으로 제시된다. 심리적 임파워먼트는 역량강화의 측면에서 개인의 능력을 향상시키기 위해 다양한 경험과 기회를 제공하는 것을 말한다. 이에 따라 개인이 자신의 삶에 영향을 미치는 문제를 이해하고, 그것을 해결하기 위해 보다 적극적으로 참여하고자 하는 개인 내부의 힘과 동기를 갖게 되는 것을 임파워먼트로 본다. 청소년기 임파워먼트는 관계적 임파워먼트와 심리적 임파워먼트를 모두 고려해야 한다. 청소년은 개인 내적인 경험과 가족, 또래, 학교, 지역사회에서 다양한 타인과의 관계를 통한 경험을 통해 다양한 역량을 갖춤으로써 독립된 사회구성원으로 이행해 가게 된다.

임파워먼트 관점에서 개입할 때는 청소년(클라이언트)을 경험과 역량을 가진 파트너로 보고 그의 강점에 초점을 두면서 청소년의 참여와 자기결정권을 중시하게 된다. 또한 청소년이 자신의 삶과 상황에 대해 좀 더 많은 통제력을 가질 수 있도록 하기 위해 가치 있는 선택을 할 수 있도록 돕게 된다. 개인적 수준에서 임파워먼트를 형성하여 내부의 힘을 찾아 동기를 보강하게 되면 심리적인 안정감과 자아존중감을 유지시켜 개인이 변화를 일으킬 수 있게 되고, 이 변화는 문제해결과 자기방향성을 증진시키는 대인관계나 환경과의 상호작용 능력을 발전시켜 결국 개인에게 영향을 주는 사회구조의 변화를 가져올 수 있게 된다. 임파워먼트 발휘를 위해서는 자기효능감 향상, 집단의식 개발, 자기비난 경감으로 변화를 통해 개인적 책임을 인식하는 등 심리적 변화가 매우 중요한 요인이 된다. 청소년은 경험이 부족하고 성인에 비해 성숙도가 떨어지기 때문에 자신의 욕구에 맞는 자원을 찾기 어려운 경우가 많아 개입과정에서 무기력하기 쉽기 때문에 이 부분에 유의하여야 한다. 청소년이 임파워먼트를 갖게 되면 내면의 힘이 강화되어 자기효능감을 향상시킴으로써 청소년기 발달과정에 긍정적 영향을 미치게 되고 사회적응능력을 발전시켜 외부의 상황에 적절하게 대처할 수 있게 됨으로써 사회 적응력을 높이게 된다.

2. 전문적 접근방법

전문적 접근방법은 청소년문제를 하나의 전문적 영역에서 다루고자 하는 것이다. 즉, 사회문제의 예방이나 치료를 통해 인간의 만족과 보람을 증진시키고자 하는 사회복지에 대해 전문적인 학문의 영역과 실제적인 분야를 가진 고유의 기술과 학으로 정립시키고자 하는 입장이다.

각 개인이나 가족 및 지역사회가 부적응, 욕구불만 또는 문제적 상황에 처할 수 있다는 사실에 주목하여 개인이 거주하고 있는 제반환경을 개선함으로써 그가 사회생활에 잘 적응할 수 있도록 정신적 혹은 심리적으로 인간을 변화시키는 구체적인 기술이다. 이러한 전문적 접근방법은 개별사회사업, 집단사회사업, 지역사회조직, 학교사회사업, 사례관리 등이 있다.

1) 개별사회사업

개별사회사업은 개인과의 일대일 기반으로 한 실천방법으로 사회복지실천 중에서 가장 오래된 방법이다. 19세기 말 빈민층을 일대일로 원조하기 위해서 설치된 자선조직협회는 자원봉사보다는 케이스워커로 불리는 직원에 의해서 운영되었다. 이러한 개별사회사업에서 발달된 사회복지사의 실천기술은 집단사회사업이나 지역사회조직에서도 바탕이 된다.

개별사회사업의 개척자인 리치먼드(Richmond)는 "개별사회사업이란 인간과 그를 둘러싸고 있는 사회환경의 개별적이고 의식적인 조정을 통하여 그의 인격을 발달시키는 여러 과정으로 이루어지는 것"이라고 하여 인간의 인격발달의 측면을 강조하였다(Richmond, 1922 : 98-99). 그리고 펄만(Perlman)은 "개별사회사업이란 사람들이 사회적 기능을 수행함에 있어서 그들의 문제를 보다 효과적으로 처리해 나가도록 돕는 사회복지기관에서 사용되는 한 과정"이라고 하였다(Perlman, 1974 : 4).

이처럼 청소년복지의 개별사회사업은 전문적인 대인관계의 기반 위에서 청소년이 직면하고 있는 문제상황을 분석하고 검토하여 모든 사회자원을 활용하면서 청소년의 생활상의 욕구를 충족시켜 나가는 전문적인 방법이다.

청소년복지의 실천에서 개별사회사업은 청소년을 위한 개별상담에서 가장 많이 활용되고 있는 방법으로 모든 사회복지 실천사례에서 접수상담, 사례관리 등은 흔히 개별사회사업을 통해서 이루어진다(이용교, 2004; 이종복 외, 2001).

(1) 개별사회사업의 전문적 원리

청소년이 당면하고 있는 문제를 해결하기 위해서 개별적 방법을 적용할 때 전문가가 지켜야 하는 제 원칙들 가운데 비에스텍(Biestek, 1978)이 제시한 원칙들을 중심으로 살펴보면 다음과 같다.

① 개별화(individualization)

개별화는 사람은 누구나 개별적인 특성을 가지고 있는 독특한 개인으로 취급되어야 한다는 인간의 권리에 기초한다. 따라서 개별화는 복지대상자의 특수한 성질을 인정하고 이해하는 것으로 개인의 권리이며 욕구이다. 청소년이 처한 가치, 문화, 생활경험을 각 개인의 환경과 특성을 고려하여 개별적으로 문제해결을 돕는 것을 의미한다.

② 의도적인 감정표현(purposeful expression)

의도적인 감정표현은 서비스 대상자로 하여금 자신의 감정을 자유롭게 표현하도록 하는 것, 특히 자신이 비판받게 될지도 모르는 감정들을 자유롭게 표현하는 것이다. 청소년의 경우 타인에 대해 주정적인 경우가 많다. 따라서 보다 나은 문제해결을 위해 이들이 자기감정을 스스럼없이 표현할 수 있도록 의도적으로 자극하거나 격려함을 의미한다.

③ 통제된 정서적 관여(controlled emotional involvement)

통제된 정서적 관여는 서비스 대상자의 감정에 대한 민감성과 그가 의미하는 것에 대한 감정이입적 이해, 그리고 그의 감정에 대한 의도적이고 적절한 반응기술을 말한다. 상담자는 청소년의 감정에 대하여 민감해야 하며, 감정의 의미를 이해하고 청소년의 감정에 목적을 가지고 적절히 반응하여야 한다.

④ 수용(acceptance)

수용은 여러 약점을 가진 개인을 존재하는 그대로 편견 없이 받아들이는 것이다. 사회복지실천에서 수용적 태도는 정중함, 인내심, 그리고 경청하려는 의지로서 복지대상자가 불평을 하고 부당한 요청을 하는 등 자기 자신을 어떠한 모양으로 표현하든 그것을 비판하지 않는 것이다. 이는 부모나 청소년이 가지고 있거나 표현하려는 감정을 일단 그대로 이해하고 받아들여야 함을 의미하는 것이다. 상담자는 청소년의 타고난 존엄성과 개인적 가치에 대한 관념을 유지하면서 청소년의 장점과 단점, 호감적 · 비호감적 성질, 긍정적 · 부정적 감정, 건설적 · 파괴적 태도와 행동을 포함하여 현재 있는 그대로의 청소년을 지각하고 이해해야 한다.

⑤ 비심판적 태도(nonjudgemental attitude)

비심판적 태도는 복지서비스의 대상자를 돕는 과정에서 문제의 원인이 서비스 대상자의 인성과 같은 개인 내적인 요소에 의한 것이든, 그들의 외부환경에 의한 것이든 그 문제의 책임이 복지대상자에게 있다는 것을 언어 혹은 비언어적인 것으로 표현하지 않는 것이다. 수용의 원칙과 관련된 것으로 도움을 받게 되는 청소년과 부모는 대개 열등감과 소외감에 빠져 있는 경우가 많고 방어적인 태도를 취하기 쉽다. 그러므로 상담자는 이들에게 비판적인 태도를 금해야 함을 의미한다.

⑥ 자기결정(self-determination)

복지대상자의 자기결정은 사회복지실천의 전 과정에서 복지대상자 개인의 권리와 욕구를 실현하기 위하여 그가 모든 의사결정과정에 참여하여 스스로 선택하고 결정하는 자유를 갖도록 하는 것이다. 문제해결과정에서 상담자는 청소년과 부모가 처한 상황을 고려하여 사회에서 용인될 수 있는 적절한 결정을 스스로가 내릴 수 있도록 도와주어야 함을 의미한다.

⑦ 비밀보장(confidentiality)

비밀보장은 복지대상자의 기본적인 권리에 기초하는 것으로서 전문적인 관계를 통해 밝혀지는 복지대상자에 관한 정보를 누출시키지 않는 것이다. 이는 사회복지사의 윤리적인 의무인 동시에 성공적인 사회복지실천 관계유지를 위해 반드시 필요한 것이다. 청소년과 부모로부터 입수한 모든 정보에 대해 비밀을 지켜주어야 함을 의미한다. 비밀보장은 청소년의 기본적 권리에 기초를 두고 있다.

(2) 개별사회사업의 절차

청소년문제를 효과적으로 해결하기 위해 최소한으로 거쳐야 할 개별사회사업의 절차로는 일반적으로 접수(intake), 조사(case study), 진단(diagnosis), 그리고 치료(treatment)의 과정이 있다.

① 접수과정(intake)

접수는 청소년이 전문기관에 문제해결의 도움을 요청하기 위해서 찾아왔을 때, 그의 욕구가 무엇이며 그 기관에서 문제해결이 가능한지를 결정하는 전반적인 단계이다.

먼저 청소년의 욕구나 당면한 문제의 성격을 명확하게 파악하고, 청소년 자신의 욕구충족과 문제해결을 위하여 지금까지 시도해 온 방법들을 탐색한다. 다음으로 현재 청소년이나 가족 및 관련자들이 이 기관에 기대하고 있는 점이 무엇인가를 파악하고, 마지막으로 기관이 청소년의 욕구와 문제해결을 위해 제공해 줄 도움을 설명하고 적절한 도움을 줄 수 없는 경우에는 다른 기관을 알선해 준다.

② 조사과정(case study)

문제해결의 초기단계로서 청소년이 호소하는 문제점을 효율적으로 치료하기 위해 그들에게 보다 나은 이해를 구하는 데 목적을 둔다. 접수된 사례에 대해 문제해결을 효과적이며 효율적으로 진행하기 위해 청소년의 욕구와 문제가 발생하게 된 근원을 깊이 탐색한다. 따라서 청소년의 과거는 물론 현재의 상황 및 이러한 청소년의 생활에 영향을 미친 주변환경인 가족, 학교 그리고 지역사회 등의 전반적인 배경을 알아보는 단계이다.

이 단계에서 가장 중요한 자료원은 청소년이므로 조사 시에 청소년 자신을 참가시킬 뿐만 아니라 외부자료를 수집하는 과정에서 청소년의 의사를 최대한으로 존중해야 한다.

③ 진단과정(diagnosis)

진단과정은 사례조사에서 획득한 제반자료의 분석을 통해 문제의 원인이나 특성에 대하여 종합적인 해석을 내리고 그 문제해결을 위한 계획을 수립하는 단계이다. 진단의 성격에 따라 치료계획은 청소년 자신을 중심으로 한 직접적인 방법과 주변의 인위적 환경을 대상으로 한 간접적인 방법이 있다.

④ 치료과정(treatment)

치료과정은 문제를 정확히 파악하여 생활상황을 변화시키는 최종단계이다. 치료란 어떤 구체적인 방법이나 특정한 기술의 적용을 통하여 적절한 변화를 일으키고자 하는 것이다. 개별사회사업가는 청소년의 진단결과를 평가하여 치료계획을 설정할 수 있다. 치료계획을 실행하는 데 있어서는 서비스를 행하는 시설의 사업 방침, 서비스의 내용, 지역사회에 있어서 사회자원의 상태, 시간적 여유의 유무, 담당하는 개별사회사업가의 능력 등과 같은 조건에 의하여 좌우될 수 있다.

일반적으로 개별사회사업의 방법으로는 심리요법과 환경조정법을 들 수 있다. 그리고 심리요법에는 지원요법과 자기이해법이 있다. 전자는 청소년의 불안감이나 의타심을 없애주기 위하여 개별사회사업가가 관심을 가지면서 충고와 격려, 지도와 기대를 행하여 주는 방법이고, 후자는 청소년의 사상과 감정을 정화시키고 자기를 객관화함으로써 현실적 자기평가를 통하여 자기통제를 하도록 하는 치료법으로서, 개별사회사업가의 고도의 임상심리치료에 필요한 훈련이 요구된다. 한편 환경조정은 알선방법과 구체적인 봉사의 두 가지가 있는데 전자는 중개적 역할을 하는 치료방법으로서 입양 · 입원 · 위탁 · 이주알선 등과 같은 것을 들 수 있고, 후자는 금전급여나 시설보호 등을 들 수 있다.

2) 집단사회사업

집단사회사업은 19세기 동안 종교와 자선조직의 실천모델로서 개발되었다. 가장 초기에는 YMCA와 YWCA에서 집단 프로그램과 활동을 제공하였다. 그 후 19세기 인보관운동이 시작되었고, 런던의 토인비 홀이나 시카고의 헐하우스에서 집단 프로그램을 통해 소외계층을 도왔다. 이 기관들은 이민자나 공장노동자들에게 집단경험을 통해 도시의 환경을 극복하도록 도움을 주었다. 20세기 초에는 보이 스카우트, 걸 스카우트, 4H클럽 등의 집단지도기관이 등장하였다. 이러한 기관들 중에서 인보관이 가장 영향력이 있었다. 이 당시 집단은 주로 사회화, 기술표현, 교육, 레크리에이션을 통해 활용되었다.

청소년복지 분야에서 집단사회복지사업은 가장 광범위하게 활용되고 있다. 개별사회사업이 주로 상담을 통해서 이루어진다면, 집단사회사업은 상담실에서 집단상담, 수련실에서 인간관계훈련이나 수련활동 등의 형태로 이루어진다. 청소년기는 발달단계가 유사하기 때문에 그 단계에 맞는 발달과업을 수행하는 과정에서 다양한 욕구와 문제에 직면하게 된다. 이때 청소년의 고민을 개별상담을 통하여 해결하기보다는 집단상담을 통해서 접근하는 것이 훨씬 더 효율적이고 효과적인 경우가 많다. 집단사회사업은 집단구성원이 서로 영향을 주고받는 과정에서 생기는 집단역동에 의해 그 효과가 더욱 커질 수 있다.

트레커(Trecker)는 집단사회사업이란 사회사업의 한 방법으로 집단에 속하는 개인이 프로그램 활동을 통해 전문가의 도움으로 그들의 욕구와 능력에 따라 타인과의 결합이나 성장기회의 경험을 쌓도록 하며, 개인 · 집단 · 지역사회의 성장과 발전에 도모하는 것이라고 주장하였다(Trecker, 1972).

(1) 집단사회사업의 기본 원리

청소년들에 대하여 집단사회사업의 효과를 거두기 위해서는 어떤 일정한 기본 원리나 지표에 입각해서 전개함이 바람직할 것이다. 여기에서 트레커(Trecker)가 주장한 일반적 집단사회사업의 기본 원리를 참고로 제시하면 다음과 같다.

① 계획적인 집단형성

청소년들은 자연발생적 집단에 의해 개입하기보다는 어떠한 관심이나 흥미 또는 어떤 능력개발을 위해 의도적으로 계획된 집단을 형성하게 함으로써 제반 욕구충족과 문제해결에 있어 보다 나은 성과를 올릴 수 있다.

② 특정한 목적

집단사회사업에서 구체적으로 문제청소년들을 위한 치료라고 하는 특정 목적을 가지고 집단활동을 한다고 할 때 그만큼의 성과는 더 클 수 있다.

③ 목적을 갖는 집단사회사업가와 집단의 관계

집단사회사업가는 청소년들과의 관계를 수립하는 과정을 마련함과 동시에 청소년들 간의 친화관계를 높이기 위한 효과적 상호작용과정 조성을 배려할 필요가 있는 것이다.

④ 개별화

집단은 사회사업실천의 한 가지 수단이며 집단 속의 개개인의 건전한 성장 · 발달이 목적이 된다. 다른 청소년들과의 집단활동을 통해서 청소년들의 자기발전을 도모케 하는 것이다.

⑤ 집단 상호작용

인간은 사회적 동물로 인간관계, 즉 인간들의 상호작용과정을 통해서 존재한다. 어려서부터 집단 속에서 상호작용 학습과정을 거쳐야 전반적인 사회적 기능도 잘 수행할 수 있는 것이다.

⑥ 자기결정

청소년들은 다른 청소년들과 협조하고 협동할 수 있는 필요한 도움을 주면, 자기들 스스로 힘을 합해 무엇인가를 결정하고자 하는 힘이 생긴다. 집단사회사업가는 집단 청소년들의 자기결정에 따른 프로그램을 촉진하게 하는 역할을 수행하는 경험에서 자기활동과 상호활동의 경험을 쌓는다.

⑦ 융통성을 갖는 기능적 조직

집단조직이 어떠한 획일적인 기능에 국한되는 것이 아니라 당시의 상황이나 분위기에 적응할 수 있는 융통성을 지니는 가운데서 보다 많은 성과를 거둘 수 있다.

⑧ 점진적 프로그램 경험

청소년들의 성장 · 발달에 자극이 될 수 있는 집단구성원의 흥미, 욕구, 경험과 능력의 수준에 입각하여 프로그램의 활동이 전개되어야 한다.

⑨ 자원활용

모든 집단활동 프로그램을 실시할 때에는 필요한 도구나 장소가 요구되며, 필요한 자원이 충분히 동원됨으로써 보다 높은 효과를 거둘 수 있다.

⑩ 평가

부적응 문제를 가지고 있는 청소년들은 집단경험을 통해 문제점이 해결되는지 여부를 과학적으로 평가해야 한다. 평가란 기록을 통해 집단사회사업가의 반성의 자료가 될 뿐만 아니라 대상 청소년들의 상황을 집단사회환경과의 관련에서 객관적으로 파악할 수 있으며, 계획이나 투여할 활동내용을 준비하는 데에도 필요한 것이다.

(2) 집단사회사업의 과정

집단사회사업은 개인들의 단순한 집합체에서 점차적으로 하나의 집단으로 형성되어 가며, 시간의 흐름에 따라서 집단이 발달하는데, 집단발달은 일반적으로 5단계를 거쳐 진행된다. 즉, 그것은 준비단계, 예비교육단계, 탐색과 시험단계, 문제해결단계, 종료단계를 거치게 된다(조홍식 외, 1994 : 88-91).

① 준비단계

준비단계는 다음에 이루어질 집단의 발달을 위한 필요조건으로 사회복지서비스 전달자가 집단과 접촉하기 이전에 해야 할 여러 가지 일에 초점을 두고 있는 단계이다. 적절한 집단의 구성이 이 단계의 핵심이다. 흔히 집단에 맞춘 개인의 목적을 설정하고 집단성원들과 집단사회사업의 내용에 대해 계약하며 집단의 화합의 빈도, 시간과 장소, 기타 사용가능한 자원 등 집단유형에 관계되는 기본적 요소를 결정하는 것이다. 이 과정은 유사한 문제를 가진 청소년들을 모아 집단을 구성하는 단계라 할 수 있다.

② 예비교육단계

예비교육단계는 구성원들이 불안을 가지고 새로운 상황인 집단에 들어와 자의식이 강한 상태이기 때문에, 구성원 각자가 가지고 온 행동규범을 집단의 공통적 가치에 기초한 것으로 전환하여 집단의 매력을 높임으로써 집단응집력을 고취시켜야 한다. 이 과정은 집단적 방법의 취지와 방법을 설명하고 집단의 결속력을 돕는 단계라 할 수 있다.

③ 탐색과 시험단계

이 단계에서는 집단의 상호작용유형이 발달하며, 이는 탐색과 시험, 조화와 갈등의 단계가 중심이 된다. 집단의 목적이 분명해지고 지도력 구조에 변화가 온다. 이 단계에서 사회복지사는 집단의 응집력을 유지하며 집단적 평가를 활용하여 목적의 수립과 달성을 위해 성원들이 이 단계를 활용하도록 돕는 역할을 한다.

④ 문제해결단계

문제해결단계는 성원들 간의 상호 의존성과 집단의 응집력이 높아지고 집단의 목적에 대한 충분한 일치성과 그 달성을 위한 고도의 협동체제가 나타나며 문제해결능력이 고도화된다. 이 단계에서 서비스 전달자의 개입의 초점은 집단이 활동을 유지하여 성원들이 서로 도움을 줄 수 있는 능력을 증대시키는 것이다. 다시 말해, 형성된 집단의 결속력과 목표에 대한 강한 일치성에 의해 문제해결이 이루어지는 단계이다.

⑤ 종료단계

종료단계는 목적이 달성되거나 계획된 종료시한이 된 경우나 통합력이 결핍되거나 환경에 대한 부적응의 결과로 종료될 수 있다. 바람직한 종료는 목적이 달성되어 집단의 존속이유가 없는 경우라고 볼 수 있다. 이 단계에서 서비스 전달자는 개인과 집단에 대한 평가를 하고, 각 개인이 집단경험을 통해 자기를 성찰하고 더 나은 삶을 살 수 있도록 격려하는 것이다. 또한 문제해결이 이루어진 집단이 해체되는 단계이다.

3) 지역사회조직

지역사회조직은 지역주민들이 복지와 관련된 보건, 주택, 소득, 교육, 기타 사회봉사 등의 계획과 조정이 요구되는 사회복지의 한 실천방법이며, 인간관계나 사회제도에 바람직한 변화를 일으키는 사회사업의 개입과정이라고 할 수 있다.

지역사회조직사업은 그 기원을 자선조직협회와 인보관운동에 두고 있다. 자선조직협회운동이 서비스 전달의 과오를 없애고 효율적인 측면을 강조한 반면, 인보관운동은 변화를 성취하고 환경적인 원인으로부터 나오는 문제를 제거하기 위한 입법화운동을 벌이는 사회행동에 초점을 두었다.

최근 들어 지역사회실천이라는 용어가 지역사회조직사업을 대신하여 자주 등장하는데, 거시적 실천으로서 지역사회실천은 지역사회조직사업, 지역사회개발, 사회계획, 사회행동, 사회행정과 관련된 기술을 포함한다.

청소년을 위한 지역원조는 지역사회를 단위로 발생하여, 청소년에게 영향을 미치는 각종 문제에 대해 지역사회 내·외적인 자원을 동원·조직화함으로써 문제해결을 시도하는 방법으로 볼 수 있다.

청소년을 둘러싸고 있는 지역사회는 간접적인 환경이지만 직접적인 환경 못지 않게 이들에게 자연스럽고 강한 영향을 미친다. 이는 산업사회로 발전할수록 더욱 그러하다. 이러한 사회적 상황에서 청소년은 미성숙하므로 자신의 권익을 위해 주변환경을 변화시키거나 일련의 사회적 행동을 취하기가 어렵다.

청소년복지를 위해 지역사회조직방법을 도입한 프로그램은 청소년 유해환경감시단(YP)의 활동에서 찾아볼 수 있다. 이 프로그램은 청소년보호위원회의 지원을 받은 시범학교의 유해환경감시단에 청소년이 직접 참여하여 유해환경에 대한 모니터링과 정화활동을 수행하는 것이다.

이 프로그램은 청소년들이 지역사회와 가상공간 속에서 자신에게 유해한 매체나 행위, 시설, 물질 등으로부터 스스로를 보호하기 위하여 청소년 참여, 청소년 과제활동, 청소년 순찰, 청소년 권리의 개념을 포함하고 있다. 즉, 청소년 참여활동은 온몸으로 자신의 생활세계에서 체계적으로 체험하는 활동이다. 과제활동은 청소년이 스스로 문제를 해결하고 권리를 주장하기 위해 청소년 유해매체, 유해환경, 유해물질 등을 정화시키기 위해 추진하는 활동이다. 순찰활동은 청소년이 직접 자신들의 환경을 정화하고 보호하기 위해 집단적으로 전개하는 활동이다. 권리운동은 청소년 자신들에게 유익한 환경과 시설, 장소, 프로그램을 집단적으로 요구하는 조직적인 활동을 의미한다.

이 프로그램이 의도한 바는 유해환경의 생산자와 제공자가 청소년의 권리와 요구를 인식함으로써 유해환경의 생산과 제공을 억제시키는 데 있다. 또 지역사회 내에서 청소년 유해환경에 대한 학교나 시민, 학부모, 청소년의 협동적인 활동을 확산시키고, 청소년이 자기 생활세계의 주인으로서 보다 적극적으로 참여할 수 있는 시민의식과 태도를 형성시키는 데 있다(김진화, 2003 : 66-71).

따라서 지역사회 구성원이 바람직한 청소년의 성장을 위해 좋은 지역사회환경을 자발적 · 의도적으로 조성하는 데에 지역사회조직의 의의가 있다.

(1) 지역사회조직의 원칙

지역사회조직의 원조방법에 의해 청소년이 당면하는 문제를 해결하기 위해서는 전문가가 지켜야 할 원조의 원칙이 있는데 다음과 같다(이종복 외, 2001).

① 자주적 · 자발적 원칙

지역사회의 문제해결을 위한 목적설정이나 활동의 실시에 있어서는 지역주민의 자주적 참가와 자발적 협동이 모든 활동의 성취기반이 될 수 있다는 것이다.

② 합리적 계획과 과정의 원칙

지역사회의 요구나 문제들에 대처하기 위해서는 합리적인 계획을 세우고 진행해 나가야 한다. 이와 같은 과정을 통하여 지역사회의 단결과 협력적 태도가 형성될 수 있는 계기가 주어지기 때문이다.

③ 조정의 원칙

지역사회의 여러 문제나 갈등을 일으킬 수 있는 지역주민들 간의 마찰은 지역주민 간의 상호작용방법에 따라 조정해야 한다는 것이다.

④ 합의의 원칙

지역사회의 문제해결이나 목표달성을 위해 지역주민의 적극적인 참여는 물론 지역주민의 합의에 의해 운영되어야 한다는 것이다.

⑤ 능력참여자로서의 역할의 원칙

바람직한 지역사회환경을 조성하기 위해서는 주민의 자발적인 참여와 더불어 지역사회를 변화·발전시킬 수 있는 능력이 있는 사람에게 그 역할을 부여해 주어야 한다는 것을 의미한다.

(2) 지역사회조직의 기술과정

지역사회조직은 사실파악, 계획수립, 사업실시, 사업평가의 네 단계를 거쳐 실시된다.

① 사실파악

사실의 파악은 지역사회 내에서 생활하고 있는 청소년의 욕구와 문제의 유형을 파악하는 단계이다. 이는 건의나 실태조사, 토론회, 좌담회 등을 통해 얻을 수 있다.

② 계획수립

청소년의 욕구나 문제는 다양하므로 사실의 파악을 토대로 우선순위를 결정한 다음 장·단기 계획을 수립한다. 계획의 수립에는 경비 조달방법, 인적·물적 자원 활용방법, 조직이나 기구의 구성에 관한 계획, 그리고 사업을 효과적으로 수행하기 위해 지역사회 구성원의 협조를 도모하는 홍보활동을 포함시킨다.

③ 사업실시

사업의 목적에 따라 구체적인 활동을 수행한다. 그리고 시행착오를 줄이기 위해 실시과정 중에 사업의 전 과정을 다시 되짚어 본다.

④ 사업평가

구체적인 사업의 목적달성 여부와 함께 관련된 이유 등을 분석한다. 평가는 다음 사업을 계획하고 실시할 때 유용하게 활용될 수 있다.

참고문헌

김진화(2003). 청소년개발의 국제적 동향. 동의논집, 39.

노 혁(2012). 청소년복지론. 교육과학사.

박정란 · 서홍란 · 장수한(2012). 청소년복지론. 양서원.

이용교(2004). 청소년정책론. 인간과복지.

_____(2012). 한국청소년복지론. 정민사.

이종복 외(2001). 청소년 비행방지를 위한 경찰의 유해환경 정화방안에 관한 연구. 한·독사회과학논총, 11(2).

장수한(2010). 학교와 청소년문화복지론. 공동체.

천정웅(2012). 청소년복지론-발전적 관점. 양서원.

천정웅 · 김 민 · 김진호 · 박선영(2011). 차세대청소년학총론. 양서원.

최원석 · 고경은 · 선필호 · 김동주(2012). 청소년복지론. 정민사.

한국청소년개발원(2007). 청소년문제론. 교육과학사.

_____________(2011). 청소년복지론. 교육과학사.

한국청소년정책연구원(2010). 청소년학개론. 교육과학사.

한상철(2004). 청소년학(청소년 이해와 지도). 학지사.

한상철 · 조아미 · 박성희(2001). 청소년심리학. 양서원.

홍봉선 · 남미애(2004). 청소년복지론. 양서원.

___________(2006). 청소년복지론. 양서원.

___________(2012). 청소년복지론. 공동체.

홍봉선 외(2010). 청소년문제론. 공동체.

남화성(2016). 사회적 자본과 임파워먼트가 청소년의 시민의식에 미치는 영향. 청소년학연구, 23, 55-85.

정규석 · 김영미 · 김지연(2017). 청소년복지의 이해. 학지사.

06

CHAPTER

청소년복지의 법

1. 청소년 관련법 개요
2. 청소년복지 관련법

| 제6장 | 청소년복지의 법

1. 청소년 관련법 개요

우리나라에서 청소년복지 관련법이 최초로 만들어진 것은 1961년의 '미성년자보호법'과 '아동복리법'이다. 그 후 '아동복리법'은 1981년 '아동복지법'으로 전면개정되었다. 1987년 청소년정책을 위한 근거법으로서 '청소년육성법'이 제정되었고, 1991년 이 법의 대체법으로 '청소년기본법'이 제정되어 비로소 아동복지와 구분되는 청소년복지가 수행될 수 있는 법적인 기반을 갖게 되었다. 또한 각종 유해환경으로부터 청소년을 보호하고 건전한 인격체로의 성장을 돕고자 1997년 '청소년보호법'이 제정되었으며, 특히 청소년의 성을 보호하기 위하여 2000년 「청소년의 성보호에 관한 법률」이 제정되었다. 이 법은 2009년 「아동 · 청소년의 성보호에 관한 법률」로 개칭하였다. 2004년에는 청소년기본법의 청소년의 복지에 관련된 규정을 보완하는 '청소년복지지원법'과 청소년활동에 관련된 규정을 보완하는 '청소년활동진흥법'이 제정되었다. 2014년에는 '학교 밖 청소년지원에 관한 법률'을 제정함으로써 날로 증가하는 학교 밖 청소년의 실태를 조사하고 학교 밖 청소년을 위한 복지지원에 대해 규정하였다.

1990년대 이후에 지속적으로 청소년복지 관련법의 제 · 개정이 활발해진 점은 사회의 변화에 따라 점차 청소년의 복지에 대한 사회적 관심과 욕구가 높아지고 있음을 보여준다. 우리나라의 경우 청소년육성정책에 관한 기본적인 사항을 규정하고 있는 '청소년기본법'을 중심으로 '청소년활동진흥법', '청소년복지지원법', '청소년보호법', '아동 · 청소년의 성보호에 관한 법률', '학교 밖 청소년지원법'으로 나뉘어져 청소년복지 관련법이 구성되어 있다. 국가는 이를 통해 청소년육성에 대한 정책적 지원이 유기적이고 종합적으로 이루어질 수 있도록 노력하고 있다. 또한 입법목적과 입법대상에 따라 청소년과 직간접적으로 관련된 다양한 청소년 관련법이 존재하고 있다. 다양한 법들은 서로 상호 보완적인 관계에 있으며, 이에 대한 체계적인 이해와 적용이 요구된다.

1) 청소년 관련법의 구성과 실제

(1) 청소년 관련법의 개념

청소년 관련법은 청소년과 직간접적으로 관련된 모든 법령과 규칙을 의미한다. 하나의 법체계로서 청소년법의 위상을 갖기 위해서는 고유의 이념과 특성을 가져야 하며, 청소년과 관련된 다양한 정책의 지침으로서 작용해야 한다. 우리나라 법령의 대부분이 청소년의 일상적 삶과 직간접적으로 관련되어 있지만, 고유한 영역으로서 청소년 정책과 사업의 기반을 제공하는 청소년기본법을 비롯해 청소년보호법, 청소년활동진흥법, 청소년복지지원법에 대한 이해와 지식의 습득이 중요하다.

청소년 관련법이란 청소년을 직접 대상으로 하거나 청소년의 권리나 의무, 보호, 복지에 관계된 조항을 포함하는 모든 법령과 규칙을 포함한다.

청소년과 관련된 법이 비교적 최근에 입법되었고 급속하게 변화하여 왔기 때문에 명확한 범주를 규정짓는 데에는 한계가 있다. 이러한 맥락에서 조영승(1998)은 통일된 체계 속에서의 법률 간의 종적 관계를 밝힐 필요를 강조하고 청소년 육성의 세부적 내용을 기준으로 관련법령의 체계화를 시도한 바 있다.

(2) 청소년 관련법과 정책의 역사

청소년 관련법은 국가나 사회의 역사적 사실 속에서 제정되고 개정되며 소멸되기도 한다. 실정법으로서 청소년 관련법은 일정한 사회적 · 정치적 조건, 국민의 의식과 요구, 청소년에 대한 사회인식 등과 관련하여 체계화되어 왔다. 따라서 청소년 관련법의 역사는 청소년에 대한 당시 사회의 인식이나 정치 · 경제 · 사회적 환경을 반영할 뿐만 아니라 청소년 정책이나 행정의 변화가 보여주는 법칙성을 파악하는 데 도움을 준다.

우리나라 청소년 관련법의 변천사는 청소년 행정조직과 정책의 변화와 유사한 형태를 보여주는데, 이는 입법과 행정의 본질적인 관계에 비추어 볼 때 당연한 것이기도 하다. 청소년 관련법과 행정 또는 정책의 변천사는 |그림 6-1|과 같다.

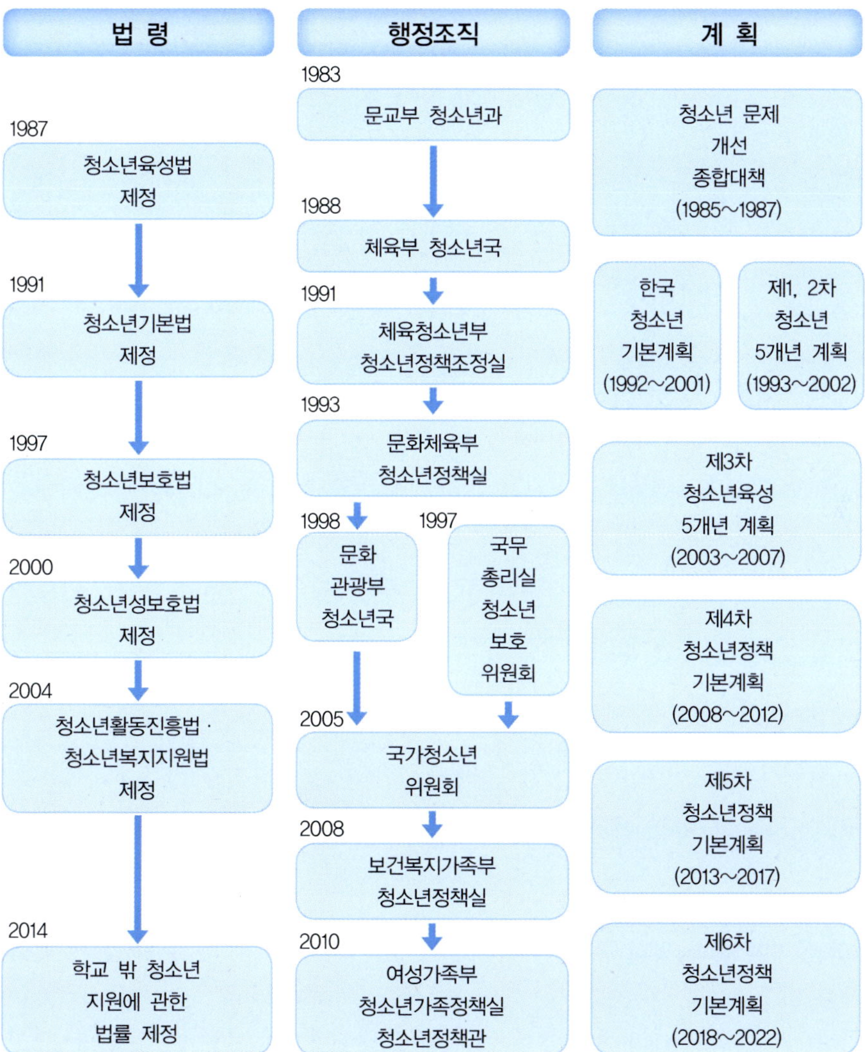

|그림 6-1| 청소년 관련 법과 정책의 흐름

(3) 청소년의 법적 지위와 연령

① 청소년의 법적 지위

청소년의 법적 지위란 국민의 한 사람으로 가지는 권리나 의무와 더불어 청소년이라는 특정 계층으로서 법에 의해 주어진 권익을 의미한다. 세부적으로는 권리의 주체, 육성의 대상, 보호의 대상, 자격제한의 대상으로 구분할 수 있다.

먼저 권리의 주체로서 청소년의 법적 지위는 청소년의 기본적 인권이 존중받는 동시에 쾌적한 환경 속에서 청소년 자신의 자기발전을 추구하고 정신적 · 신체적 건강을 해치거나 해칠 우려가 있는 모든 형태의 환경으로부터 보호받을 권리를 가지고 있음을 의미한다. 또한 청소년은 자신의 능력개발과 건전한 가치관의 확립에 힘쓰고 가정 · 사회 및 국가의 구성원으로서의 책임을 다하도록 노력할 책임을 가진다.

둘째, 육성의 대상으로서 청소년의 지위는 청소년활동에 대한 지원을 받을 수 있으며, 청소년의 복지를 보장받고 사회여건과 환경을 청소년에게 유익하도록 개선받는 동시에 능동적 삶의 주체로서 인정받을 수 있음을 의미한다.

셋째, 보호의 대상으로서 청소년의 지위는 일상적인 생활의 유지나 경제적 · 윤리적 · 신체적 피해로부터의 보호를 받는 동시에 유해한 사회적 환경으로부터의 보호를 받을 수 있는 지위를 갖는다.

넷째, 자격제한의 대상으로서 청소년은 청소년이기 때문에 일정한 권리의 행사에 제약을 받는 것을 의미한다.

② 청소년의 법적 연령

청소년의 법적 연령은 법적 지위에 따라 그리고 동일한 법적 지위 내에서도 각 법의 목적에 따라 달리 규정되고 있다.

청소년기본법에서는 청소년의 법적 연령을 만 9세 이상 만 24세 이하로 규정하고 있는데, 연령의 상한선을 높게 설정한 것은 청소년행정이 급부행정의 성격을 지니고 있기 때문에 대상자를 확대하기 위해서이다. 청소년기본법을 근거로 하는 청소년복지지원법, 청소년활동진흥법, 「학교 밖 청소년지원에 관한 법률」에서 정의하는 청소년은 청소년기본법의 정의를 따른다.

청소년보호법에서 정의하는 청소년이란 만 19세 미만(단, 당해연도 1월 1일을 맞이한 자는 제외)이고, 「아동 · 청소년의 성보호에 관한 법률」에서는 19세 미만의 자로 규정하고 있다. 청소년보호법과 「아동 · 청소년의 성보호에 관한 법률」은 청소년에 대한 사회의 보호와 책임을 강조하고 있다. 해당 법들은 청소년에게 해를 가하는 성인을 처벌하는 근거가 되는 법이다. 그렇기 때문에 청소년의 연령을 청소년기본법과 달리하고 있다.

위에 제시한 법 외에도 우리나라의 많은 법이 청소년에 대한 내용을 다루고 있다. 민법과 소년법에서는 19세 미만을 각각 미성년자와 소년으로 규정하고 있고, 아동복지법에서 아동이란 18세 미만의 자를 말한다. 근로기준법에서는 15세 미만에 대한 채용금지 규정이 있고, 형법에서는 14세 미만을 형사미성년자라 하여 형사처벌을 금지하고 있다. 「영화 및 비디오물의 진흥에 관한 법률」, 「게임산업진흥에 관한 법률」에서는 청소년의 법적 연령을 18세 미만의 자로 규정하고 있다.

〈표 6-1〉 청소년 관련 법에서 규정하고 있는 청소년에 대한 명칭과 연령범위

해당 법령	명 칭	연령범위	비 고
청소년기본법 청소년복지지원법 청소년활동법 학교 밖 청소년 지원에 관한 법률	청소년	9세 이상 24세 이하	
청소년보호법	청소년	만 19세 미만	단, 당해연도 1월 1일에 해당하는 자는 제외한다.
아동 · 청소년의 성보호에 관한 법률	청소년	19세 미만	
민법	미성년자	19세 미만	
소년법	소년	19세 미만	
아동복지법	아동	18세 미만	

근로기준법	근로소년	15세 미만 15~18세 미만 18세 미만	사용금지 (취직인허증 소지 시 가능) 연소자증명서 비치 유해·위험사업 사용금지
소년법	소년	19세 미만	12세 이상 20세 미만 : 우범소년 만 10세 이상 만 14세 미만 : 촉법소년 14세 이상 18세 미만 : 범죄소년
형법	형사미성년자	14세 미만	형사미성년자
영화 및 비디오물의 진흥에 관한 법률	청소년	18세 미만	
게임산업진흥에 관한 법률	청소년	18세 미만	

출처 : 법제처(2013). www.moleg.go.kr

(4) 청소년헌장

국제사회에서 시작된 청소년의 권리와 책임에 대한 논의에 힘입어 우리나라에서도 1990년에 처음으로 청소년헌장을 처음 제정, 선포하였다. 그 후 1998년 새정부가 들어서면서 시대에 부합하는 내용으로 헌장을 개정하기에 이르렀다. 개정된 헌장은 크게 전문부문과 본문부문으로 대별된다. 전문부문에는 청소년은 한 인간으로서의 인권과 한 시민으로서의 시민권을 갖고 있으며, 자신의 생명을 존중해야 할 책임과 공동체의 성원으로서 책임을 갖고 있음을 선언하고 있다. 본문부문에는 크게 청소년의 권리와 책임에 대해 선언하고 있다.

〈표 6-2〉 1998년 청소년헌장

청소년은 자기 삶의 주인이다. 청소년은 인격체로서 존중을 받을 권리와 시민으로서 미래를 열어갈 권리를 가진다. 청소년은 스스로 생각하고 선택하고 활동하는 삶의 주체로서 자율과 참여의 기회를 누린다. 청소년은 생명의 가치를 존중하며 정의로운 공동체의 성원으로 책임 있는 삶을 살아간다.

가정, 학교, 사회, 그리고 국가는 위의 정신에 따라 청소년의 인간다운 삶을 보장하고 청소년 스스로 행복을 가꾸며 살아갈 수 있도록 여건과 환경을 조성한다.

청소년의 권리

1. 청소년은 생존에 필요한 기본적인 영양, 주거, 의료, 교육 등을 보장받아 정신적・신체적으로 균형있게 성장할 권리를 가진다.
1. 청소년은 출신・성별・종교・학력・연령・지역 등의 차이와 신체적・정신적 장애 등을 이유로 차별받지 않을 권리를 가진다.
1. 청소년은 물리적 폭력뿐만 아니라 공포와 억압을 포함하는 정신적인 폭력으로부터 보호받을 권리를 가진다.
1. 청소년은 사적인 삶의 영역을 침해받지 않을 권리를 가진다.
1. 청소년은 자신의 생각과 느낌을 자유롭게 펼칠 권리를 가진다.
1. 청소년은 자유로운 의사에 따라 건전한 모임을 만들고 올바른 신념에 따라 활동할 권리를 가진다.
1. 청소년은 배움을 통해 진리를 추구하고 자아를 실현해 갈 권리를 가진다.
1. 청소년은 일할 권리와 직업을 선택할 권리를 가진다.
1. 청소년은 여가를 누릴 권리를 가진다.
1. 청소년은 건전하고 다양한 문화・예술활동에 자유롭게 참여할 권리를 가진다.
1. 청소년은 다양한 매체를 통하여 자신의 삶에 필요한 정보에 접근할 권리를 가진다.
1. 청소년은 자신의 삶과 관련된 정책결정과정에 민주적 절차에 따라 참여할 권리를 가진다.

청소년의 책임

1. 청소년은 자신의 삶을 소중히 여기며 자신이 선택한 삶에 책임을 진다.
1. 청소년은 앞 세대가 물려준 지혜를 시대에 맞게 되살려 다음 세대에 물려줄 책임이 있다.
1. 청소년은 가정・학교・사회・국가・인류공동체의 성원으로서 자기와 다른 삶의 방식도 존중할 줄 알아야 한다.
1. 청소년은 삶의 터전인 자연을 소중히 여기고 모든 생명들과 더불어 살아간다.
1. 청소년은 통일시대의 주역으로서 평화롭게 공존하는 방법을 익힌다.
1. 청소년은 남녀평등의 가치를 배우고 이를 모든 생활에서 실천한다.
1. 청소년은 가정에서 책임을 다하며 조화롭고 평등한 가족문화를 만들어 간다.
1. 청소년은 서로에게 정신적・신체적 폭력을 행사하지 않는다.
1. 청소년은 장애인을 비롯한 소외받기 쉬운 사람들과 더불어 살아간다.

새로운 청소년헌장은 각각의 청소년의 삶에 직접적으로 영향을 주지는 않지만 청소년에 관련한 정책과 제도의 방향성, 청소년에 대한 인권의 보장, 청소년이 사회에 대해 갖는 책임과 권리 등을 선언하는 내용을 담고 있다는 점에서 가장 포괄적이며 기본적인 이념이라 하겠다(박진규, 1999; 홍봉선・남미애, 2012). 특히 청소년을 현재 사회의 구성원으로 인정하고 청소년의 참여와 자율권을 강조한 것은 청소년에 대한 시각에 큰 전환점을 주고 있다.

〈표 6-3〉 신 · 구 청소년헌장 비교

1990년 청소년헌장	1998년 청소년헌장
• 미래의 주역 강조 • 성인중심의 보호 · 지도 • 타율적 평등권 중심 • 미성숙한 존재로서 인식 • 기성세대 역할 중심 • 추상적 · 선언적 내용	• 오늘의 사회구성원 인정 • 청소년중심의 자율 · 참여 • 주체적 자율권 중심 • 성숙한 사회인으로 인식 • 청소년의 선택적 가치 중심 • 구체적 · 실천적 내용

출처 : 홍봉선 · 남미애(2012). 청소년복지론, p. 247 재인용.

2. 청소년복지 관련법

1) 청소년기본법

청소년기본법은 청소년육성법에서 미진하였던 청소년수련활동에 관련된 청소년지도자의 양성, 청소년단체의 육성, 수련거리의 개발, 청소년육성기금의 조성 등의 내용을 담아 1991년 제정된 법으로 청소년의 권리 및 책임과 가정 · 사회 · 국가 · 지방자치단체의 청소년에 대한 책임을 정하고 청소년정책에 관한 기본적인 사항을 규정함을 목적으로 한다.

청소년기본법은 제정 이후 42회 개정되었다(2020. 1. 기준). 청소년기본법에서는 청소년육성, 청소년활동, 청소년복지, 청소년보호, 청소년시설, 청소년지도자 등 청소년 정책에 필요한 다양한 내용에 대해 정의하고 있다. '청소년육성'이란 청소년활동을 지원하고 청소년의 복지를 증진하며 근로청소년을 보호하는 한편, 사회 여건과 환경을 청소년에게 유익하도록 개선하고 청소년을 보호하여 청소년에 대한 교육을 보완함으로써 청소년의 균형 있는 성장을 돕는 것을 말한다. '청소년활동'

은 청소년이 정상적인 삶을 누릴 수 있는 기본적인 여건을 조성하고 조화롭게 성장 · 발달할 수 있도록 제공되는 사회적 · 경제적 지원을 말한다. '청소년보호'란 청소년의 건전한 성장에 유해한 물질 · 물건 · 장소 · 행위 등 각종 청소년 유해 환경을 규제하거나 청소년의 접촉 또는 접근을 제한하는 것이며, '청소년시설'이란 청소년활동 · 청소년복지 및 청소년보호에 제공되는 시설을 말한다. 이 법에서 정의하는 '청소년지도자'란 청소년지도사, 청소년상담사 및 청소년시설, 청소년단체, 청소년 관련 기관에서 청소년육성에 종사하는 사람을 의미한다. 이 법은 청소년육성에 관하여 다른 법률보다 우선 적용하며, 청소년정책은 여성가족부장관이 관계행정기관의 장과 협의하여 총괄 · 조정하도록 하고 있다.

2) 청소년복지지원법

청소년복지지원법은 2004년 청소년의 복지 향상에 대한 가정 · 사회 및 국가의 책임과 의무를 정하고 이를 실천하기 위하여 필요한 사항을 정함으로써 미래사회의 주역이 될 청소년들의 삶의 질 향상과 최적의 성장 · 발달을 도모하기 위하여 제정되었다. 제정 당시 주요 내용으로는 '청소년 관련 정책 수립 등의 절차에 청소년의 참여 또는 의견수렴을 보장', '국가 또는 지방자치단체가 운영하는 수송시설, 궁 · 능, 박물관, 공원, 공연장 등의 시설의 이용료를 면제 또는 할인', '청소년증을 발급', '특별지원청소년 지원', '청소년에 대한 상담과 교육적 선도' 등의 내용을 담고 있었다.

청소년복지지원법은 제정 이래로 14번의 개정을 거쳤다(2021. 1. 기준). 2012년에는 전부개정을 통해 '청소년통합지원체계 구축 · 운영', '위기청소년에 대한 보호지원 강화', '청소년복지지원기관 및 청소년복지시설의 설치 · 운영 정비', '이주배경청소년지원센터의 설치 · 운영'의 근거를 마련하고 제도상의 미비점을 개선 · 보완하고자 하였다.

2016년에는 개정을 통하여 소년법 제32조 제1항 제1호 처분(보호자 또는 보호자를 대신하여 소년을 보호할 수 있는 자에게 감호 위탁)을 받은 청소년을 위한 청소년회복지원시설을 별도의 법정 보호시설로 규정하여 감호 위탁 처분을 받은 청소년을 보호 지원함으로써 해당 청소년들에게 체계적인 서비스를 제공하고, 청소년자립지원관을 청소년쉼터뿐만 아니라 청소년회복지원시설에서 퇴소한 후에도 복귀할 곳이 없을 때 지원하는 시설로 규정하여 해당 청소년들의 재범 방지 및 건강한 성장을 할 수 있도록 지원하고자 하였다. 또한 같은 해 한 번 더 개정하면서 가출청소년이 가정폭력 등을 사유로 청소년쉼터 내에서 충분한 보호와 지원을 받을 수 있어야 함에도 불구하고 기존의 현행법에서는 이용기간이 만료되거나 보호자의 요청이 있는 경우 가출청소년 본인의 의사에 반하는 경우에도 퇴소가 강제될 수밖에 없어 가출청소년 보호에 한계가 있는 실정이므로, 이러한 경우 해당 청소년 본인의 의사에 반하여 퇴소시킬 수 없도록 하는 규정을 마련하여 가출청소년에 대한 실질적인 보호와 지원을 강화하고자 하였다.

2017년 개정에서는 저소득층 여성청소년들이 생리대를 구입하지 못하여 어려움을 겪고 있어 이들에게 보건위생에 필수적인 물품을 지원할 수 있는 법적 근거를 마련하였다.

청소년복지지원법에서는 가정 문제가 있거나 학업 수행 또는 사회 적응에 어려움을 겪는 등 조화롭고 건강한 성장과 생활에 필요한 여건을 갖추지 못한 청소년을 위기청소년이라 정의하여 이들에게 다양한 지원을 할 수 있는 근거가 되고 있다.

(1) 청소년복지지원법의 주요 내용

① 청소년의 우대

국가 또는 지방자치단체는 그가 운영하는 수송시설 · 문화시설 · 여가시설 등을 청소년이 이용하는 경우 그 이용료를 면제하거나 할인할 수 있다.

또한 특별자치도지사 또는 시장 · 군수 · 구청장은 9세 이상 18세 이하의 청소년에게 청소년증을 발급할 수 있다.

② 청소년의 건강보장

국가 및 지방자치단체는 청소년의 건강 증진 및 체력 향상을 위한 질병 예방,

건강 교육 등의 필요한 시책을 수립하여야 하며, 보호자는 양육하는 청소년의 건강 증진 및 체력 향상에 노력하여야 한다. 국가 및 지방자치단체는 청소년의 체력검사와 건강진단을 실시할 수 있고 그 결과를 청소년 본인에게 알려주어야 한다.

③ 지역사회 청소년통합지원체계

지방자치단체의 장은 관할구역의 위기청소년을 조기에 발견하여 보호하고, 청소년복지 및 청소년보호를 효율적으로 수행하기 위하여 지방자치단체, 공공기관, 청소년단체 등이 협력하여 업무를 수행하는 지역사회 청소년통합지원체계를 구축·운영하여야 하며 국가는 통합지원체계의 구축 및 운영을 지원해야 한다. 이를 근거로 전국에 청소년안전망 사업이 운영되고 있다.

국가 및 지방자치단체는 모든 청소년이 필요한 사항에 관하여 전문가의 상담을 받을 수 있도록 상담과 전화설치를 하여야 한다. 이를 근거로 청소년전화 1388이 운영되고 있다.

④ 위기청소년지원

국가 및 지방자치단체는 위기청소년에게 효율적이고 적합한 지원을 하기 위하여 위기청소년의 가족 및 보호자에 대한 상담 및 교육을 실시할 수 있다. 또한 위기청소년에게 필요한 사회적·경제적 지원을 할 수 있다. 위기청소년 특별지원은 생활지원, 학업지원, 의료지원, 직업훈련지원, 청소년활동지원 등 내용에 따라 물품 또는 서비스의 형태로 제공한다. 다만, 위기청소년의 지원에 반드시 필요하다고 인정되는 경우에는 금전의 형태로 제공할 수 있다. 위기청소년 특별지원은 청소년지도자, 교원, 사회복지사, 청소년 담당 공무원은 위기청소년을 특별지원 대상 청소년으로 선정하여 줄 것을 특별자치지도사 또는 시장·군수·구청장에게 신청할 수 있다.

또한 여성가족부장관 또는 지방자치단체의 장은 청소년의 가출을 예방하고 가출한 청소년의 가정·사회 복귀를 돕기 위하여 상담, 청소년쉼터의 설치·운영, 청소년쉼터 퇴소 청소년에 대한 사후지원 등 필요한 지원을 하여야 한다.

국가 및 지방자치단체는 이주배경청소년의 사회 적응 및 학습능력 향상을 위하여 상담 및 교육 등 필요한 시책을 마련하고 시행하여야 한다. 이 법에서 정의하는 이주배경청소년이란 다문화가족지원법에 따른 다문화가족의 청소년과 국내로 이주하여 사회 적응 및 학업 수행에 어려움을 겪는 청소년으로 탈북청소년, 다문화가정청소년, 중도입국청소년이 해당된다.

⑤ 청소년복지지원기관

청소년복지지원기관으로는 한국청소년상담복지개발원, 청소년상담복지센터, 이주배경청소년지원센터가 있다.

우선 한국청소년상담복지개발원은 한국청소년상담복지개발원은 전국 600여 개의 청소년상담복지센터, 학교밖청소년지원센터(청소년지원센터 꿈드림), 청소년복지시설(청소년쉼터, 청소년자립지원관, 청소년회복지원시설)을 총괄하는 중추 기관으로 여성가족부 산하 공공기관이다. 한국청소년상담복지개발원은 청소년 상담 및 복지와 관련된 정책의 연구, 학교 밖 청소년, 미디어중독 청소년 등 위기청소년 지원과 더불어 상담복지 전문인력 양성 등 다양한 사업을 수행한다.

또 다른 청소년복지지원기관에는 청소년상담복지센터가 있다. 시 · 도지사 및 시장 · 군수 · 구청장은 청소년에 대한 상담 · 긴급구조 · 자활 · 의료지원 등의 업무를 수행하기 위하여 청소년상담복지센터를 설치 · 운영할 수 있다. 이를 근거로 전국에 231개소(2020년 기준)를 운영하고 있다. 여성가족부장관은 이주배경청소년 지원을 위한 이주배경청소년지원센터를 설치 · 운영할 수 있다. 이주배경청소년지원센터는 현재 무지개청소년지원센터라는 명칭으로 운영되고 있다.

⑥ 청소년복지시설

청소년복지시설에는 청소년쉼터, 청소년자립지원관, 청소년치료재활센터, 청소년회복지원시설이 있다.

청소년쉼터는 가출청소년에 대하여 가정 · 학교 · 사회로 복귀하여 생활할 수 있도록 일정 기간 보호하면서 상담 · 주거 · 학업 · 자립 등을 지원하는 시설을 말한다. 청소년쉼터는 가출청소년이 머무르는 기간에 따라 구분할 수 있다. 일시쉼터는 가출청소년을 24시간 이내(최장 7일까지 연장)로 일시보호하는 쉼터로 차량으로 이동할 수 있는 이동형과 고정형으로 이루어져 있다. 단기쉼터는 3개월 이내(최장 9개월까지)의 단기보호를 하고 중장기쉼터는 3년 이내(필요 시 1년 연장 가능) 보호가 가능한 쉼터이다.

청소년자립지원관은 일정 기간 청소년쉼터 또는 청소년회복지원시설의 지원을 받았는데도 가정·학교·사회로 복귀하여 생활할 수 없는 청소년에게 자립하여 생활할 수 있는 능력과 여건을 갖추도록 지원하는 시설이다.

청소년치료재활센터는 학습·정서·행동상의 장애를 가진 청소년을 대상으로 정상적인 성장과 생활을 할 수 있도록 해당 청소년에게 적합한 치료·교육 및 재활을 종합적으로 지원하는 거주형 시설이다.

청소년회복지원시설은 소년법에 따른 감호 위탁 처분을 받은 청소년에 대하여 보호자를 대신하여 그 청소년을 보호할 수 있는 자가 상담·주거·학업·자립 등 서비스를 제공하는 시설을 말한다.

⑦ 비밀 누설의 금지

청소년복지지원기관이나 청소년복지시설에서 청소년복지 업무에 종사하거나 종사하였던 사람은 그 직무상 알게 된 비밀을 누설하여서는 아니 된다. 이를 어긴 사람은 1년 이하의 징역 또는 1천만 원 이하의 벌금에 처한다.

3) 청소년활동진흥법

청소년활동진흥법은 주입식 교육 위주에서 인성교육 장려, 주 5일 수업시대의 도래 등 사회적·문화적 여건의 변화에 대응하여 청소년의 균형 있는 성장을 위하여 필요한 다양한 청소년활동의 진흥을 위한 제도적 기반을 마련하기 위해 2004년에 제정되었다. 청소년기본법을 근거로 하는 청소년활동진흥법에서는 청소년활동을 적극적으로 진흥하기 위해 필요한 사항을 정하는 것을 목적으로 하고 있다. 이

법에서는 청소년활동을 청소년수련활동, 청소년문화활동 및 청소년교류활동으로 범주화하여 정의하고 있다.

이 법에서는 청소년의 참여를 보장하기 위해 청소년수련시설 등에 청소년운영위원회를 운영하도록 하고 있으며, 청소년활동의 보장을 위해 한국청소년활동진흥원과 지방청소년활동진흥센터의 설치에 대한 내용을 담고 있다. 한국청소년활동진흥센터는 청소년활동, 청소년복지, 청소년보호에 관한 종합적인 안내 및 서비스 제공, 청소년육성에 필요한 정보 등의 종합적 관리 및 제공, 청소년수련활동인증제도의 운영, 청소년자원봉사 활성화, 청소년프로그램 개발 및 보급, 청소년 국제교류 등 지원, 청소년지도자 연수, 여성가족부장관이 지정한 사업 등을 담당하고 있다.

그 외에도 숙박형 등 청소년수련활동 계획의 신고, 청소년활동시설(청소년수련시설, 청소년이용시설)의 설치 · 운영, 청소년수련활동 인증제도, 청소년수련지구 조성, 청소년교류활동과 청소년문화활동의 지원 등에 대한 내용을 담고 있다.

4) 청소년보호법

청소년보호법은 사회의 변화로 인해 청소년유해환경이 심각해짐에 따라 다양한 유해환경으로부터 청소년을 보호하고 이를 위해 국가 · 가정 · 사회의 책임을 명시함으로써 청소년보호를 위한 범국민적 참여 장치를 마련하기 위하여 1997년에 제정되었다.

청소년보호법은 청소년에게 유해한 매체물과 약물 등이 청소년에게 유통되는 것과 청소년이 유해한 업소에 출입하는 것 등을 규제하고 청소년을 유해한 환경으로부터 보호 · 구제함으로써 청소년이 건전한 인격체로 성장할 수 있도록 함을 목적으로 한다. 이 법에서 정의하는 청소년유해환경이란 청소년유해매체물, 청소년유해약물 등(청소년유해약물과 청소년유해물건), 청소년유해업소(청소년고용금지업소 및 청소년고용 · 출입금지업소) 및 청소년폭력 · 학대를 말한다. 이 법을 근거로 청소년에게 유해환경을 제공한 성인은 처벌받게 된다.

이 법을 근거로 여성가족부장관은 3년마다 청소년보호대책을 수립해야 하며, 여성가족부에서는 청소년보호위원회를 둔다. 청소년보호위원회는 청소년유해매체물, 청소년유해약물 등, 청소년유해업소 등의 심의 · 결정 등의 역할을 한다.

이 법은 청소년의 인터넷게임 중독예방과 지원에 대한 내용을 담고 있다. 청소년의 인터넷 중독예방을 위해 인터넷게임의 제공자는 회원으로 가입하려는 사람이 16세 미만의 청소년일 경우에는 친권자 등의 동의를 받아야 하고, 친권자에게 게임의 특성 · 등급, 유료화 정책, 인터넷 게임 이용시간, 결제정보 등을 알려야 한다. 또한 인터넷게임의 제공자는 16세 미만의 청소년에게 오전 0시부터 오전 6시까지 인터넷게임을 제공할 수 없도록 하고 있다. 또한 여성가족부 장관은 인터넷 게임 중독 등의 피해 청소년 지원을 위해 인터넷 게임중독 여부 진단, 인터넷 게임중독 예방, 청소년상담사 등에 대한 인터넷 게임 중독 전문상담 교육 등의 사업을 할 수 있다.

5) 아동 · 청소년의 성보호에 관한 법률

1990년대 후반 우리 사회에는 청소년의 성을 사는 행위, 성매매를 조장하는 온갖 형태의 중간매개행위 및 청소년에 대한 성폭력행위를 하는 자들이 늘어남에 따라 이들을 강력하게 처벌하고, 성매매와 성폭력행위의 대상이 된 청소년을 보호 · 구제하는 장치를 마련함으로써 청소년의 인권을 보장하고 건전한 사회구성원으로 복귀할 수 있도록 하는 한편, 청소년을 대상으로 하는 성매매 및 성폭력 행위자의 신상을 공개함으로써 범죄예방효과를 극대화하기 위하여 2000년도에 「청소년의 성보호에 관한 법률」이 제정되었다. 이 법은 아동도 보호대상임을 명확히 하기 위하여 2009년도에 「아동 · 청소년의 성보호에 관한 법률」로 전면 개정하였다. 이후 사회가 변화면서 아동 · 청소년 대상 성범죄도 다양해지고 극악해지면서 아동 · 청소년의 성을 보호하기 위하여 지속적으로 개정되고 있다(2020. 1. 기준 48회).

「아동 · 청소년의 성보호에 관한 법률」은 아동 · 청소년대상 성범죄의 처벌과 절차에 관한 특례를 규정하고 피해 아동 · 청소년을 위한 구제 및 지원 절차를 마련하며 아동 · 청소년 대상 성범죄자를 체계적으로 관리함으로써 아동 · 청소년을 성범죄로부터 보호하고 아동 · 청소년이 건강한 사회구성원으로 성장할 수 있도록 함을 목적으로 한다.

이 법에서 정의하는 '아동 · 청소년 대상 성범죄'란 〈표 6-4〉와 같다.

〈표 6-4〉 아동 · 청소년 대상 성범죄

1. 아동 · 청소년에 대한 강간 · 강제추행, 장애인인 아동 · 청소년에 대한 간음, 강간 등 상해 · 치상, 강간 등 살인 · 치사, 아동 · 청소년성착취물의 제작 · 배포, 아동 · 청소년 매매행위, 아동 · 청소년의 성을 사는 행위, 아동 · 청소년에 대한 강요행위, 알선영업행위 등
2. 아동 · 청소년에 대한 「성폭력범죄의 처벌 등에 관한 특례법」의 죄
   : 특수강도강간, 특수강간, 친족관계에 의한 강간, 장애인에 대한 강간 · 강제추행, 13세 미만의 미성년자에 대한 강간, 강제추행, 강간 등 상해 · 치상, 강간 등 살인 · 치사, 업무상 위력 등에 의한 추행, 공중 밀집 장소에서의 추행, 성적 목적을 위한 공공장소 침입행위, 통신매체를 이용한 음란행위, 카메라 등을 이용한 촬영, 미수범 등
3. 아동 · 청소년에 대한 형법의 죄
   : 강간, 유사강간, 강제추행, 준강간, 준강제추행, 미수범, 강간 등 상해 · 치상, 강간 등 상해치사, 미성년자 등에 대한 간음, 업무상 위력 등에 의한 간음, 강도강간
4. 아동 · 청소년에 대한 아동복지법의 죄
   : 아동대상 금지행위(아동을 매매하는 행위, 성적 학대행위 등)

이 법에서 정의하는 '아동 · 청소년 대상 성폭력범죄'란 〈표 6-4〉에서 제시한 성범죄 중 아동 · 청소년 성착취물의 제작 · 배포, 아동 · 청소년 매매행위, 아동 · 청소년의 성을 사는 행위, 아동 · 청소년에 대한 강요행위, 알선영업행위 등을 제외한 죄를 말한다.

또한 '아동 · 청소년의 성을 사는 행위'는 아동 · 청소년, 아동 · 청소년의 성(性)을 사는 행위를 알선한 자 또는 아동 · 청소년을 실질적으로 보호 · 감독하는 자 등에게 금품이나 그 밖의 재산상 이익, 직무 · 편의제공 등 대가를 제공하거나 약속하고 〈표 6-5〉에 제시한 내용 중 어느 하나에 해당하는 행위를 아동 · 청소년을 대상으로 하거나 아동 · 청소년으로 하여금 하게 하는 것을 말한다.

〈표 6-5〉 아동 · 청소년의 성을 사는 행위

1. 성교 행위
2. 구강 · 항문 등 신체의 일부나 도구를 이용한 유사 성교 행위
3. 신체의 전부 또는 일부를 접촉 · 노출하는 행위로서 일반인의 성적 수치심이나 혐오감을 일으키는 행위
4. 자위 행위

이 법에서 정의하는 '아동 · 청소년 성착취물'이란 아동 · 청소년 또는 아동 · 청소년으로 명백하게 인식될 수 있는 사람이나 표현물이 등장하여 이 법에서 정하는 '아동 · 청소년의 성을 사는 행위'에 해당하는 행위를 하거나 그 밖의 성적 행위를 하는 내용을 표현하는 것으로서 필름 · 비디오물 · 게임물 또는 컴퓨터나 그 밖의 통신매체를 통한 화상 · 영상 등의 형태로 된 것을 말한다.

이 법에서는 성폭력 피해 아동 · 청소년을 '피해 아동 · 청소년'이라 정의하고 있고, 〈표 6-6〉에 해당하는 청소년을 '성매매 피해 아동 · 청소년'이라 한다.

〈표 6-6〉 성매매 피해 아동 · 청소년

1. 아동 · 청소년의 성을 사는 행위의 상대방이 된 아동 · 청소년
2. 아동 · 청소년의 성을 사기 위하여 아동 · 청소년을 유인하거나 권위한 상대방이 된 아동 · 청소년
3. 아동청소년에 대한 강요행위, 알선영업행위의 피해자가 된 아동 · 청소년

「아동 · 청소년의 성보호에 관한 법률」에서는 아동 · 청소년 대상 성범죄의 처벌과 절차에 관한 특례와 성범죄로 유죄판결이 확정된 자의 신상정보 공개와 취업제한 등에 대한 내용을 담고 있다.

6) 학교 밖 청소년 지원에 관한 법률

2008년에서 2012년까지 학교 밖 청소년이 지속적으로 발생하고 있으나 청소년복지지원법과 초 · 중등교육법에서는 학교 밖 청소년을 시혜적 복지의 대상으로 보고

지원내용 또한 학업복귀에 집중되어 있었다. 이에 2018년에 「학교 밖 청소년 지원에 관한 법률」을 제정함으로써 학교 밖 청소년 지원을 위한 국가와 지방자치단체의 책무를 명시하고, 학교 밖 청소년에 대한 정확한 실태조사를 바탕으로 학교 밖 청소년의 개인적 특성과 수요를 고려한 상담지원, 교육지원, 취업 및 진로 · 직업체험 지원, 자립지원 등 종합적 · 체계적인 지원체계를 마련하고 지원하고자 하였다. 이 법은 청소년기본법에 따라 학교 밖 청소년 지원에 관한 사항을 규정함으로써 학교 밖 청소년이 건강한 사회구성원으로 성장할 수 있도록 함을 목적으로 한다.

이 법에서 정의하는 '학교 밖 청소년'이란 〈표 6-7〉과 같다.

〈표 6-7〉 학교 밖 청소년

1. 초등학교 · 중학교 또는 이와 동일한 과정을 교육하는 학교에 입학한 후 3개월 이상 결석하거나, 취학의무를 유예한 청소년
2. 고등학교 또는 이와 동일한 과정을 교육하는 학교에서 제적 · 퇴학처분을 받거나 자퇴한 청소년
3. 고등학교 또는 이와 동일한 과정을 교육하는 학교에 진학하지 않은 청소년

이 법을 근거로 청소년상담복지센터나 청소년단체 등을 '학교 밖 청소년지원센터'(꿈드림센터)로 지정할 수 있으며, 219개소가 운영되고 있다(2020. 1. 기준).

참고문헌

강병연(2006). 청소년행정의 이론과 실제. 진달래출판사.
김두현(1997). 청소년법과 행정. 삼영사.
노 혁(2012). 청소년복지론. 교육과학사.
박정란 · 서홍란 · 장수한(2012). 청소년복지론. 양서원.
박진규(1999). 가정의 생태학적 환경과 청소년의 학업 자아개념의 관계. 한국청소년연구, 29.
여성가족부(2020). 청소년백서.
이용교(2012). 한국청소년복지론. 정민사.
장수한(2010). 학교와 청소년문화복지론. 공동체.
조영승(1998). 청소년육성법론 연구를 위한 서설 : 청소년육성법론의 의미와 연구방법. 청소년학연구, 5(3).
조원탁 외(2004). 사회복지 관련기관 간의 협력체계 구축방안 : 지역사회복지협의체 구성을 중심으로. 인문사회학연구, 11.
천정웅(2012). 청소년복지론-발전적 관점. 양서원.
천정웅 · 김 민 · 김진호 · 박선영(2011). 차세대청소년학총론. 양서원.
최원석 · 고경은 · 선필호 · 김동주(2012). 청소년복지론. 정민사.
한국청소년개발원(2007). 청소년문제론. 교육과학사.
______________(2011). 청소년복지론. 교육과학사.
한국청소년정책연구원(2010). 청소년학개론. 교육과학사.
한상철(2004). 청소년학(청소년 이해와 지도). 학지사.
한상철 · 조아미 · 박성희(2001). 청소년심리학. 양서원.
홍봉선 · 남미애(2004). 청소년복지론. 양서원.
______________(2006). 청소년복지론. 양서원.
______________(2012). 청소년복지론. 공동체.
홍봉선 외(2010). 청소년문제론. 공동체.

국가법률정보센터. https://www.law.go.kr

07
CHAPTER

학교와 청소년복지

1. 학교사회복지의 정의 및 필요성
2. 학교사회복지의 접근방법

| 제 7 장 | 학교와 청소년복지

1. 학교사회복지의 정의 및 필요성

1) 학교사회복지의 정의

19세기 후반 의무교육과 함께 영국에서 시작된 학교사회복지는 오늘날 교육복지, 교육사회사업, 학교사회사업 혹은 학교사회복지사업 등의 이름으로 전 세계 40여 개국에서 시행되고 있다(성민선 외, 2012). 우리나라에서 1993년부터 시작된 학교사회복지의 시작은 미미하였다. 한국학교사회복지사협회(창립 당시 명칭 : 한국학교사회사업실천가협회)가 창립된 2000년에도 공식적으로 학교에 상주하면서 학교사회복지사의 이름으로 일하는 사람이 7명에 지나지 않았다(노혜련, 2006). 그러나 2002년부터 사회복지공동모금회의 지원으로 이루어진 기획사업이 시발점이 되어 기하급수적으로 확대되었다. 2003년부터 교육인적자원부 차원에서 학교를 중심으로 지역교육공동체를 구성하려고 노력한 교육복지투자우선지역 지원사업(전구훈 · 배성우 · 윤철수, 2007), 지방자치단체의 지원 학교사회복지사업(임경선, 2012), 교육과학기술부에서 시행하였고, 이후 보건복지부에서 파견사업으로 진행되었다가 종결되었던 96개 시범학교사업, 민간차원에서의 WeStart사업 내 학교사회복지사업(김상곤 · 고윤순 · 정익중, 2007), 교육과학기술부에서 시행하는 Wee Project사업 등 그동안 다양한 사업이 수행되었다.

2012년 통계에 의하면, 전국적으로 학교사회복지와 유사한 형태의 사업이 진행되는 학교는 2013년에 3,968개교(전국 11,317개교, 전체학교 지정비율 35.06%)로 확대되었다.

생태체계적 관점에서 학교사회복지의 목적은 "아동 · 청소년들이 문제해결과 의사결정의 능력이 있고, 변화에 잘 적응하며, 계속적 학습에 대한 책임감을 받아들일 수 있도록 가르치고 배우는 장을 제공하는 학교의 중심목적을 달성하는 것을 도와서 학생들의 삶의 질을 높이는 데 이바지하는 것"(Allen-Meares et al., 2002)이라 볼 수 있다.

학교사회복지사의 역할은 사회 · 경제적 상황에 따라 변화되었는데, 현재의 학교사회복지사들은 특수교육과 일반 정규교육 사이에 상호작용하는 모든 체계뿐만 아니라 그들 사이의 교류를 변화시키는 전략, 학교기반서비스와 지역사회서비스의 사례관리, 이에 대한 예방과 재활 모두를 중시하고 있다(Freeman, 1999).

전미사회복지사협회(2002)는 학교사회복지를 "공교육체계에서 학교교육의 목적 달성을 지원하고, 학생들이 학교에 잘 적응할 수 있도록 도와주며, 이를 위해 학교–가족–지역사회가 수행하는 노력을 조정하고 영향을 미치는 활동"이라고 정의하고 있다(주석진 외, 2013). 또한 한국학교사회복지사협회에서도 "학생들이 자신의 잠재력을 향상할 수 있도록 학교–가정–지역사회에서 경험하는 다양한 문제와 어려움을 사회복지의 방법론을 활용하여 해결하고, 궁극적으로 전인교육의 학교교육 이념을 달성하도록 돕는 사회복지의 한 전문 분야"라고 언급하고 있다(한국학교사회복지사협회, 2013). 그 외에도 학교사회복지란 사회복지의 한 영역으로서 교육의 본질적 목적을 달성하고 학생복지가 실현되도록 돕기 위해 학교사회복지사가 학교를 포함한 교육체계에서 교육 취약학생은 물론 모든 학생을 대상으로 자신의 잠재력과 능력을 증진하고, 학교 교육목적 달성을 위해 학교, 가족, 지역사회가 수행하는 노력을 조정하는 일련의 과정을 통해 최상의 교육환경과 공평한 교육기회를 제공하기 위한 모든 정책적 · 실천적 활동으로 정의하고 있다(홍봉선 · 남미애, 2009).

각각의 정의에서 나온 공통적인 부분과 한국적 현실을 고려하여 학교사회복지의 특징을 살펴보면, 첫째, 교육제도에 복지제도를 접목한 것이다. 둘째, 생태체계적 관점에 기초하여 학생뿐만 아니라 가족, 교사와 지역사회 등 학생에게 영향을 줄 수 있는 모든 체계를 개입대상으로 삼고, 문제의 해결을 위해 학생–가정–학교–지역사회 간의 협력체계를 구축 · 활용할 뿐 아니라, 체계 내 자원을 발굴 · 활용하여 학생과 가정을 원조하는 구체적이고도 포괄적인 사회복지서비스를 제공한다. 셋째, 강점관점을 토대로 하여 학생들의 문제를 예방하는 데 초점을 두는 동시에 학생들의 문제를 조기에 발견하여 신속하게 개입하고, 문제해결과정에서 학생, 교사, 가족과 지역사회의 강점을 발굴 · 활용하고 강화시키는 데 초점을 맞춘다. 넷째, 학교 내 안전하고 돌보는 분위기를 조성하기 위하여 학교의 규범과 문화를 변화시키는 노력에 학생이 주체가 되어 참여하고 이바지하게 하는 학생중심서비스를 제공한다. 다섯째, 학교 내 학생들을 위한 쉼터를 제공함으로써 학생들이 더욱 즐거운 학교생활을 영위하고, 자연스럽게 친구관계를 형성하고, 더 쉽게 학교사회복지서비스에 접근할 수 있도록 한다. 여섯째, 학교사회복지는 교사를 포함한 다른 전문가들과 함께 팀을 이루어 접근하는데, 특히 교사와의 협력하에 이루어지는 다양한 문화활동과 교육활동을 통해 교육적 효과를 극대화하는 데 이바지한다(노혜련, 2005).

학교사회복지개념을 어떻게 보느냐에 따라 서비스 내용과 학교사회복지사의 역할이 달라질 수 있다. 학자들의 학교사회복지에 대한 정의를 살펴보면 다음과 같다.

학교사회복지는 학교를 실천장소로 하여 학생－학교－가정－지역사회의 역기능적 상호작용에 의하여 발생되는 학생의 심리 · 사회적 문제를 예방하고 해결함은 물론, 모든 학생이 자신의 잠재력과 능력을 최대한 발휘할 수 있도록 최상의 교육환경과 공평한 교육기회를 제공하여 궁극적으로는 교육의 본질적인 목적과 학생복지를 실현할 수 있도록 도와주는 교육기능의 한 부분이며 사회사업실천의 전문분야라고 정의하였다(김기환, 1997).

또한 학교사회복지는 사회복지의 한 분야로서 학교를 실천장소로 하여 학생－가정－학교－지역사회의 상호작용에 의하여 초래되는 문제를 해결하고 예방함으로써 모든 학생이 학교에 적응하고 자신의 능력을 최대한 발휘할 수 있도록 도와주고, 이를 통해 학교가 교육의 목적을 달성할 수 있도록 지원하는 활동으로 정의될 수 있다(한인영 · 홍순혜 · 김혜란, 2004). 여기서 중요한 것은 문제가 학생의 욕구와 가정 · 학교 · 지역사회환경 간 상호작용에서 비롯된 것이라고 보는 생태체계적 관점이며, 학교사회복지서비스는 학교사회복지사업과 혼용되는 개념으로서 학교사회복지라는 틀 안에서 제공되는 개별사회서비스(personal social service)로 정의될 수 있다(이혜원 · 김혜례 · 홍순혜 · 노충래, 2007).

이상의 학자들의 학교사회복지의 개념을 정리하면, 학교사회복지는 학교사회복지서비스, 학교사회복지사업과 같은 개념으로 쓰이며, 학생의 욕구는 학생–가정–학교–지역사회의 상호작용에 의한 것으로 보는 생태체계적 관점이며, 학교를 실천장소로 하여 교육의 목적과 학생복지를 실현하는 것이라고 할 수 있다.

2) 학교사회복지의 특성

학교사회복지는 학교가 교육의 본질적인 목적인 인간이 삶을 영위하는 데 필요한 모든 행위를 가르치고 배우도록 달성하도록 도와주는 사회복지의 전문 분야이며, 학교사회복지의 목적은 사회복지의 목적과 교육의 목적을 모두 포괄하는 것이라고 하였다(류희숙, 2007). 즉, 학교사회복지는 인간이 삶을 영위하는 데 필요한 모든 행위를 가르치고 배우는 과정을 달성하도록 하는 학교교육의 이념과 인간의 삶의 질 향상이라는 사회복지의 목적을 모두 포괄하는 것이라고 할 수 있다. 학교사회복지의 무엇보다도 중요한 특징은 학교 안에서의 사회복지 실천이며, 학교적응을 최우선의 목표로 하고 있다는 것이다.

학교사회복지의 정의에서 살펴본 바에 의하면, 학교사회복지의 목적을 다음의 세 가지로 나눌 수 있다. 첫째, 기본적으로 학교교육의 목적을 달성할 수 있도록 지원하는 것이다. 둘째, 개인적 문제, 가족 또는 대인관계상의 문제, 학교적응과 관련된 문제를 가지고 있는 학생들을 위해 사회복지서비스를 제공하는 것이다. 셋째, 가정–학교–지역사회 간의 연계를 강화하여 학생들에게 최적의 교육환경을 제공하는 것이다(류숙희, 2007).

학교사회복지가 처음 도입된 것은 지역사회복지관에서 복지사업의 한 분야로 지역학교와 연계하여 활동을 시작한 것이다. 그 당시에는 학교 측에서 의뢰한 학교부적응 학생들을 대상으로 프로그램을 시작하였다. 우리나라에서 본격적으로 학교상주형 학교사회복지실천이 실시된 것은 1997년 교육부의 '학교사회복지 시범 연구사업'이라 할 수 있다.

하지만 이 사업은 도움이 필요한 학생들에게 사회사업서비스를 제공하기는 하지만 서비스를 제공하는 전문인력이 배치된 것이 아니라 학교의 상담교사, 교육학부전공교사, 학부모 자원봉사들로 구성하고 있는 것을 내용으로 하고 있어 전문적인 사회복지의 실천이라고 보기는 어렵다. 또한 시범사업에 필요한 예산이 부족하였고, 사회복지사가 계속적으로 상주하는 형태가 아닌 지역사회복지관 소속의 복지사가 학교에 파견되는 형식이었다.

이어 서울특별시 교육청의 시범연구사업은 상주형 학교사회복지의 시작이라고 할 수 있으며, 3년 계약으로 실시된 공동모금회가 지원하여 2002년부터 실시된 학교상주형 학교사회복지실천은 학교사회복지의 적극적 실천이라고 할 수 있다.

시범사업에 참여한 학교의 사회복지사가 학교조직에서 소속된 부서를 살펴보면, 16개교 중 10개교가 진로상담부에 소속되었고, 생활지도부 2개교, 교무부 1개교, 인문사회연구부 1개교, 특별활동부 1개교로 나타났다. 특기할 만한 것으로 '학교사회복지실'이라는 부서명 아래 독립적으로 활동하는 학교가 1개교가 있었다. 이러한 소속부서 현황은 시범사업 성격상 새로운 부서로의 독립이 현실적으로 어렵다는 점을 시사하고, 학교사회복지실천과 가장 근접한 업무활동을 하는 부서에 편제된 것이라 볼 수 있다.

이렇듯 상주형 학교사회복지는 시범사업으로 전개되기 시작했으며, 실질적인 서비스 전문인력의 역할 및 부서도 명확한 규정 없이 실시되어 오늘에 이르게 되었다.

3) 학교사회복지의 필요성

우리나라의 경우, 초등학교와 중학교는 의무교육이며, 고등학교 또한 의무교육으로 전환하고자 하는 움직임이 있다. 학교는 단순히 지식전달을 위한 교육이 이루어지는 장소일 뿐만 아니라 학생들이 사회관계를 배우는 중요한 터전이다. 학생들은 하루의 대부분을 학교에서 보내고 있으며, 학교 안에서 학생들은 사회로 나가기 전에 사회에서 필요로 하는 지식, 가치규범, 인간관계 등을 습득하게 된다. 이러한 경험은 학생들의 삶에 커다란 영향을 미치며, 학교에의 적응은 앞으로 나아가 사회에 적응할 수 있는지 여부를 미리 예측할 수 있는 판단근거가 된다.

최근 학교현장은 매우 빠르게 변화하고 있다. 학생이 경험하는 문제와 욕구 또한 다양화되어 가고 있고, 이로 인해 발생하는 여러 가지 문제 또한 다양화되어가고 있다. 문제발생으로 인해 이를 해결하기 위해서는 다양한 욕구를 충족시키기 위한 학교와 가정 및 지역사회의 연계의 필요성도 강조되고 있다(진혜경 · 안정선, 2007). 이러한 사회변화 속에서 학생들을 보호하고 이들의 건전한 성장을 도모하고자 학교사회복지가 도입되었다(한국사회복지사협회 · 한국학교사회복지사협회, 2008).

다양화되어 가는 학생의 문제를 학급담임이 교과수업을 담당하면서 해결하기에는 역부족이며, 한 학급당 많은 학생 수로 인해서 학생들의 문제를 세밀하게 파악하기에도 어려움이 있으며, 하물며 다양한 자원을 연계하여 문제를 해결하기는 현실적으로 불가능하다. 학급담임의 개입은 더 이상 예방적 차원이 되지 못하고 문제발생 후 해결에만 초점을 맞추기 때문에 학생들의 문제는 나날이 증가하고 있는 것이 사실이다. 또한 학교마다 학교상담교사가 있어서 학급담임과 연계하여 문제를 해결하려고 하였으나 다양화되고 복잡해지는 학생들의 문제는 학교상담만으로는 치유하기에 어려운 점이 많다. 빈곤으로 인해 어려움을 겪고 있는 학생이 정서적인 불안으로 인해 학교에서 문제행동을 일으키고, 학교생활이 곤란하다면 기존에 해왔던 방식대로 문제행동에 대한 처벌과 정서적 상담만으로 그 학생의 문제를 해결하기는 역부족이다. 이러한 다양한 문제를 해결하기 위해서는 학교사회복지는 사회복지전문가로서 전문적인 능력과 자격을 갖추고, 효과적인 개입기술로 학교라는 특수한 장에서 학생−교사−학교−가정−지역사회의 전반적인 욕구와 변화에 민감하고 능동적으로 서비스를 제공해야 한다.

우리나라는 교육기본법 제2조에 "교육은 홍익인간의 이념 아래 모든 국민으로 하여금 인격을 완성하고 자주적 생활능력과 공민으로서의 자질을 갖추게 하여 민주국가 발전에 봉사하며, 인류공영의 이상실현에 기여하게 함을 목적으로 한다"고 규정하여 교육이념을 밝히고 있다. 학교는 전인교육의 실천의 장으로써 인간의 신체적 성장, 지적 성장, 정서적 발달, 사회성의 발달을 조화시킴으로써 균형 잡힌 전일체(全一體)로서의 인간을 육성한다(doopedia, 2012). 현재의 교육의 현실을 살펴보면, 입시 위주의 학력경쟁으로 인해 공교육은 이미 사교육에게 우선순위를 내어주었다. 공교육의 대표기관인 학교가 인간의 성장을 도와 전인적인 인간으로 성장하도록 하는 실천의 장이지만 이미 사교육에게 지식습득의 기회를 내어주었다면, 공교육은 정서적 발달, 사회성 발달을 조화롭게 할 수 있도록 전인교육의 장으로서 제 기능을 해야 한다.

이를 위해 청소년의 사회부적응 및 학교부적응 등의 문제는 가정, 학교, 지역사회 등의 복합적인 상호작용의 결과라는 점을 인식하여 학생과 그 가족이 당면하는 복잡하고 다양한 문제들을 효과적으로 해결하고, 이들의 욕구를 충족시키기 위하여 학교와 지역사회와 연계하여 교육 · 복지 · 문화 · 정서지원 등을 총체적으로 제공함으로써 학생들의 교육을 증진시켜 학교에 잘 적응하여 사회의 한 일원으로서 건강하게 성장하도록 하기 위해서는 전문적인 학교사회복지가 필요하다.

2. 학교사회복지의 접근방법

1) 학교사회복지의 욕구분류

매슬로우(Maslow)의 욕구 5단계에 따라 학교 및 청소년과 관련된 사회복지기관에서 행해지고 있는 학교사회복지욕구 서비스를 분류하여 보면 다음과 같다(나인정, 2001 : 20-30).

첫째, 생리적 욕구는 학생들을 둘러싸고 있는 환경으로부터 충족되어야 할 가장 기본적인 욕구로, 결식학생의 무료급식과 빈곤가정의 학비지원, 영세가정의 장학금 지원, 생활비 후원의 경제적 지원, 건강문제를 해결해 줄 수 있는 의료혜택 등이 이에 속한다.

둘째, 안전의 욕구로서 부모나 학교폭력의 고통과 두려움으로부터의 회피, 보호, 예방, 유해환경 개선, 학교폭력 예방을 위한 캠페인, 비행학생의 순화교육, 가출청소년의 의식주 해결과 안전을 도울 수 있는 청소년쉼터의 제공 등을 들 수 있다.

셋째, 소속과 애정의 욕구로서 가정 및 학교 구성원들과의 원만한 인간관계 형성과 학생연계, 대인관계 향상 집단 프로그램, 의사소통 증진 프로그램, 부모 상담 등 이를 뒷받침할 수 있는 대인관계기술 및 의사소통기술의 향상, 정서적 후원을 위한 결연사업, 고민상담, 가족상담, 가정방문, 학교부적응 학생의 적응력 향상, 또래집단 관계형성 등을 돕는 서비스가 여기에 속한다.

넷째, 자존의 욕구로서 자기 자신에 대한 객관적 이해를 돕는 각종 심리 및 적성검사와 자기주장훈련, 성교육, 약물교육, 폭력 관련교육, 금연교육 등의 자존감 향상을 위한 교육, 부모-자녀관계 개선을 위한 부모교육 등이 여기에 속한다.

다섯째, 자아실현 욕구는 학생의 자기개발과 자아실현을 돕는 서비스로, 진로탐색 지도, 학력증진, 특기 및 적성교육, 특별활동, 체험활동, 취미 및 여가활동, 자원봉사활동, 체험학습활동, 학습방법 향상 프로그램, 생활습관 교정 프로그램 등이다.

위와 같이 생리적 욕구 및 안전의 욕구와 관련된 학교사회복지서비스는 많지 않은 반면, 소속과 애정의 욕구, 자존의 욕구, 특히 자아실현 욕구와 관련된 학교사회복지서비스는 관련기관에서 많이 운영되고 있음을 알 수 있다.

2) 학교사회복지 접근방법

학교사회복지는 사회복지의 다양한 실천방법을 활용하여 학교의 교육기능과 목적을 달성하도록 도와주는 사회복지의 전문 분야이다. 그러므로 개인과 사회환경 간의 상호작용에 초점을 두는 생태학적 관점에서 학교사회복지서비스를 포괄적인 형태로 접근하는 것이 가장 유용하다고 볼 수 있다.

따라서 학교환경과 교육과정에 포함되는 학생, 가족, 교직원, 학교제도, 지역사회 등을 대상으로 다양한 중재를 활용한다. 학교사회복지사의 학생·가정·지역사회

연계자로서의 역할은 학생 개인의 심리·사회적 문제의 해결에만 초점을 두기보다는, 가정과 지역사회의 상호작용에 의해서 발생하는 다양한 학생문제에도 적극적이며 전문적으로 개입하는 것을 의미한다. 즉, 학생의 심리적 문제 외에 학생·학교·가정·지역사회의 역기능적 상호작용으로 인하여 발생하는 장기결석, 빈곤, 퇴학, 비행, 학습부진 등의 학교부적응 문제와 교육목적을 저해하는 사회·경제·정치환경의 개선을 위해서도 적극적으로 개입하여야 함을 보여준다(서울교육청, 2000 : 17-19). 학교사회복지사는 프로그램 개발과 활동, 대변 및 연구에 관여하게 된다.

학교사회복지를 도입하려는 실험연구가 진행되고 있는 현실에 비추어 볼 때, 학교사회복지의 실천은 두 가지 유형의 접근방법이 있다. 장기적으로는 학교에 전담학교사회복지사가 근무하는 것이 가장 바람직하다. 그러나 각급 학교에 전담학교사회복지사를 배치하기 위해서는 법적·제도적 개선의 장치가 필요하며 장기간의 준비기간도 소요된다. 이러한 현실을 고려해 볼 때 단기적으로 시범사업 및 관련 사회복지기관을 활용한 운영방식을 모색할 수밖에 없다.

즉, 학교 전담 사회복지사 제도를 도입하여 각급학교에 사회복지사가 직접 배치되어 전인교육의 목적을 달성해 나가는 학교중심 접근방법과 지역사회 복지기관이 주축이 되어 학교와의 협력체계를 구축하여 연계적 서비스를 제공함으로써 학생문제를 예방하고 해결해 나가는 기관중심 접근방법이다(전재일, 1997 : 120-122).

(1) 학교중심 접근방법

학교중심 접근방법의 학교사회복지는 각 학교단위로 전담학교사회복지사를 배치하여 독립적으로 운영하는 것이다. 그러나 현재 우리나라 학교조직의 특수성을 고려한다면 학교중심 접근방법의 학교사회복지의 도입은 위에서 살펴본 것처럼 전적으로 학교의 통제하에 운영될 수밖에 없는 한계를 가지고 출발해야 하는 실정이다. 학교사회복지의 도입단계인 현실을 감안한다면 학교사회복지사는 각 학교의 실정에 따라 계획을 수립하여 실천하는 것을 원칙으로 하면서, 이미 존재하여 나름대로 학생에 대한 상담활동을 하고 있는 진로상담실과의 협조적 관계를 형성하여 업무에 따른 역할분담을 하여 전문적 기능을 수행해 나가야 한다. 이 방법에서 학교사회복지사는 학교체계의 여러 하위체계와의 진정한 협력관계와 아울러 업무수행에 관련된 학교 외부체계의 여러 지역사회자원과의 협력관계를 발달시킬 수 있는 사회복지사 자신의 기술들을 개발하고 활용해야 한다. 또한 기존에 학생의 생활지도를 주로 담당하는 교도과와 학교의 공동영역에 위치하는 것이 바람직하다. 그리고 생활지도위원회가 학생들의 생활지도를 위해 조직되어 있지만 그 활동은 미비하므로 학교사회복지사는 이를 활성화함으로써 학교사회복지를 효과적으로 실천해 나갈 수 있을 것이다. 이 접근방법은 학교사회복지가 제도화되어 현장실천을 통해 점차 독자성과 정체성을 확보하는 방향으로 계속 발전시켜 나가도록 노력하는 것이 과제이다.

(2) 기관중심 접근방법

기관중심 접근방법은 지역사회의 사회복지기관에서 학교와의 적절한 연계적 관계를 통해 사회복지를 실천해 나가므로 현 시점에서 오히려 더욱 바람직할 수도 있다. 기관중심 접근방법에 있어서 중요한 과제는 학교와의 관계수립과 학교사회복지의 실천에 필요한 재정을 확보하는 것이다.

학교와의 관계수립을 위한 5단계는 첫째는 비공식단계, 둘째는 조정단계, 셋째는 동반자단계, 넷째는 협력단계, 다섯째는 통합단계 등이다(전재일, 1997 : 125-129).

비공식단계에서는 프로그램을 시작하기 전에 학교, 부모, 지역사회로부터 사회복지에 대한 승인과 학교 및 학생과의 관계를 형성하여 사회복지서비스 기관과의 연결을 유지하는 학교와의 계획이 이루어진다. 조정단계는 지역사회기관에서 학생들을 돕기 위해서 보통 학생서비스 팀의 멤버가 된 학교사회복지사에 의해서 이루어진다. 조정은 지역사회의 자원을 분명히 파악하고 필요한 서비스를 위해서 학생들을 지역사회와 연결시키고, 학생들이 학교에 적응하도록 도우며, 학교와의 계약을 필요로 한다. 동반자단계는 사회복지기관과 학교와의 계약상 동의를 한 것이다. 동반자로서 사회복지기관의 학교사회복지사는 학교에서 알코올, 마약, 우울증, 도벽, 폭력, 주의산만, 자살, 행동장애, 학습부진, 장기결석, 무단결석 등과 같은 문제에 개입하여 서비스를 제공한다. 협력단계는 사회복지기관과 학교와의 연계가 점점 더 많이 이루어진다. 협력은 학교와 사회복지기관이 공동목표와 방향을 설정하고 동의하여 이러한 목표를 달성하기 위해 책임감을 공유하며, 각각의 협력자의 전문적인 견해를 활용하여 함께 일할 것을 요구한다.

기관중심 접근방법이란, 지역의 사회복지관이 주체가 되어 학교와 협력체계를 구축하여 학교현장 또는 학교와 가까운 장소에 다양한 사회서비스를 제공하는 것이다. 이와 유사한 예로는 미국의 경우는 증가하는 아동 빈곤율, 아동학대, 무주택, 10대 임신과 같은 문제에 대한 관심의 증가로 학교연계서비스가 분열과 조화, 결핍의 문제를 해결하기 위해 학교 내의 보건과 사회적 서비스의 통합을 주장한 교육개혁운동에서 유래되었다. 이러한 접근방법은 의뢰에 따른 협조관계의 질에 따라 성패가 좌우될 수 있다. 그러므로 협력위원회를 통해 사례회의와 기타 회의를 활성화하여 기관이나 학교에 관련된 모든 직원이 참여의식을 고취시키는 것이 선행과제라 볼 수 있다.

통합적인 접근방법에서 지역사회복지관은 그들의 활동, 과정, 임무를 재정에 의하여 새롭고 더 나은 서비스를 제공해야 한다. 학교는 분리되어 좀 더 광범위한 사회복지서비스망에 포함된다. 통합된 서비스체계가 학생을 위한 서비스에서 단편화를 감소시키고 포괄적인 학교 프로그램을 수행함에 따라 그 효과는 최대화될 것이다. 학교사회복지사는 조직구조와 학생의 욕구에 맞도록 변화시키는 데 생태체계관점을 활용할 수 있다.

(3) 학생의 학교생활적응

변화하는 사회적 환경 속에서 바르게 적응할 수 있는 힘을 길러나가는 중요한 역할을 의도적으로 행하고 있는 기관이 학교라고 할 때 학생들의 학교생활 적응이 무엇보다도 선결되어야 할 것이다. 교육이 이루어지는 장을 크게 셋으로 나누면 가정, 학교, 사회로 볼 수 있는데, 그 가운데 학교생활이란 학생들이 학교에서 받은 교육적 영향의 총체를 말하며, 넓은 의미에서는 비교육적인 영향도 학교생활이라고 할 수 있다. 학교생활의 구성요소로는 학생과 교사의 관계, 학교 상호 간의 관계가 있고, 학급생활 등이 여기에 포함된다(교육학사전편찬위원회, 1992 : 831).

학교는 개인적 · 사회적으로 잘 적응하여 자기능력을 충분히 발휘하며 보다 행복하고 원만한 생활을 할 수 있는 사람을 교육하는 데 목적을 두고 있다. 특히 변화하는 사회적 환경 속에서 바르게 적응할 수 있는 힘을 길러나가는 데 중요한 역할을 의도적으로 수행하는 청소년에 있어서 학교생활 적응이 매우 중요한 문제라고 할 수 있다. 학교생활 적응이란 학생들이 학교의 총체적인 영향 속에서 자신의 욕구를 합리적으로 해결하여 만족함을 느끼고 조화로운 관계를 유지하여 교사 및 학생들과의 관계가 만족스러운 상태로 학교생활에 적응시키는 것을 말하며, 더 나아가서는 학교생활에서의 경험을 통한 사회화과정을 말한다.

학교생활 적응은 학교생활에서 학생이 대인관계나 학교의 규정 등에 있어서 적절하고 조화로운 행동을 하여 정상적인 학교생활을 하고 자기 자신도 만족하는 경우를 학교생활 적응으로 보았으며(민영순, 1989 : 136), 또한 학교의 교육적 생활에서 적응적 개념을 지적 · 도덕적 성장을 위해 교육적인 과정에 학습자가 능동적으로 참여하는 것을 학교생활 적응으로 보아 자신의 행동에 초점을 두고 학교생활 적응 정도를 설명하였다(장호성, 1987 : 13).

이에 비해 학교생활 적응이란 학교생활을 하면서 접하게 되는 여러 가지 교육적 환경을 자신의 욕구에 맞게 변화시키거나 자신의 학교생활의 모든 상황과 환경을 바람직하게 수용하는 것이라고 하고, 학교생활에 잘 적응한 학생은 학교에 대한 감정이나 태도, 동기가 긍정적이기 때문에 대인관계가 원만하여 학업성적이 향상되고 행동 특성이 바람직하게 형성되어 개인과 사회 발전에 도움을 주게 된다고 하였다(안영복, 1984 : 9).

참고문헌

김기환(1997). 학교와 사회복지. 학문사.

김상곤(2007). 학교사회복지실천에서 활용가능한 다체계 사정도구 개발 : 생태학적 관점을 기반으로. 숭실대학교 대학원 박사학위논문.

나인정(2001). 가정 · 학교환경에 따른 학교사회복지 욕구에 관한 연구. 가톨릭대학교 대학원 석사학위논문.

노혜련(2005). 학교사회복지사의 직무와 역할에 관한 연구. 사회과학논총, 8.

류희숙(2007). 청소년의 학교생활부적응에 대한 학교사회복지 활성화방안. 교정복지연구, 8.

류숙희(2007). 다중지능, 일반지능 및 학습성취도의 관계분석. 아동교육, 17(3).

민영순(1989). 교육심리학. 문음사.

성민선 외(2012). 사회적 단서로 행동적 동질성 획득과 긍정적 정서가 확산적 사고에 미치는 영향. 예술과미디어, 11(1).

안영복(1984). 적응 및 부적응 행동의 특성과 관계요인. 단국대학교 대학원 석사학위논문.

이복희 · 김종표 · 김지환(2010). 청소년교육론. 학지사.

이용교(2012). 한국청소년복지론. 정민사.

이용교 · 이희길(1997). 한국 청소년을 위한 인권교육의 모색. 아동권리연구, 1(1).

이혜원 · 김혜례 · 홍순혜 · 노충래(2007). 청소년권리와 청소년복지. 한울.

임경선(2012). 인간행동과 사회환경. 신정.

장호성(1987). 자아개념이 학교적응에 미치는 효과. 학생생활연구소보, 13.

전구훈 · 배성우 · 윤철수(2007). 교육복지 투자우선지역 지원사업과 학교사회복지. 복지동향, 109.

전재일(1997). 집단사회사업실천. 사회복지개발연구원출판부.

주석진 외(2013). 학교사회복지론. 양서원.

진혜경 · 안정선(2007). 학교사회복지사의 직무분석과 직무표준안 개발. 한국아동복지학, 21.

천정웅(2012). 청소년복지론-발전적 관점. 양서원.

천정웅 · 김　민 · 김진호 · 박선영(2011). 차세대청소년학총론. 양서원.

한국청소년개발원(2007). 청소년문제론. 교육과학사.

______________(2011). 청소년복지론. 교육과학사.

한국청소년정책연구원(2010). **청소년학개론**. 교육과학사.
한상철(2004). **청소년학(청소년 이해와 지도)**. 학지사.
한상철 · 조아미 · 박성희(2001). **청소년심리학**. 양서원.
홍봉선 외(2010). **청소년문제론**. 공동체.
홍봉선 · 남미애(2009). **청소년복지론**. 공동체.

08
CHAPTER

비행청소년 복지

1. 청소년비행의 개념과 유형
2. 범죄소년 처리절차
3. 성격이론과 범죄와의 관계에 관한 이론
4. 비행청소년의 특징과 발생원인
5. 비행청소년의 인성교육
6. 청소년비행의 예방지도

| 제 8 장 | 비행청소년 복지

1. 청소년비행의 개념과 유형

1) 청소년비행의 개념

민법에서는 청소년을 성인과 구분하여 성인처럼 완전한 책임능력을 인정하지 않는다는 의미에서 '19세 미만의 자'를 미성년자라 한다. 소년법에서는 '19세 미만인 자'를 소년이라 하며 소년부의 보호사건 대상으로서 범죄소년, 촉법소년, 우범소년을 규정하고 있다. 비행을 저지른 청소년의 경우 나이에 따라 10세에서 14세 미만은 촉법소년으로 분류하고, 14세부터 19세 미만을 범죄소년이라 한다. 또한 우범소년은 형법에 저촉되는 행위를 할 우려가 있는 10세 이상 19세 미만인 청소년을 말한다. 형법에 의해 잘못을 저지를 우려가 있는 우범소년이나 형사미성년자에 해당하는 촉법소년은 형사처벌의 대상이 아니기 때문에 사건이 발생하면 검사를 거치지 않고 소년법원에서 심리하여 보호처분을 명하는 처리절차를 거치게 된다. 범죄소년이라 할지라도 사건이 경미한 경우 등에 해당하면 소년법원에서 보호처분을 받게 된다. 범죄소년 중 사건이 형사처벌의 대상일 경우 형사법원에서 처벌받게 된다.

|그림 8-1|과 같이 청소년비행은 도리나 도덕 또는 법규에 어긋나는 행위를 의미한다. 법률적 용어로서 청소년들에게 적용한다. 유사한 용어로 '일탈', '문제행동' 등이 있다. 성인에 대해서는 '범죄'라는 용어를 사용한다(김경식 · 이현철, 2007).

비행이라는 용어는 19세기 말 미국 시카고 소년법원의 제정을 계기로 대중화되었으며, 이 용어는 성인에게 적용되지 않고 형사사법의 차원에서 떠나있다. 미국의 소년법에서는 미성년자가 행한 살인, 강도일지라도 이를 법적으로 범죄행위

로 보지 않고 형법이 아닌 가정법원 소년부나 지방법원 소년부에서 처리하며, '소년범죄자'라 칭하지 않고 '소년비행자'라 칭하지만, 우리나라 소년법은 미성년자의 행위에 범법개념을 적용하여 범죄행위라고 규정하고 있으며, 이러한 범죄행위가 소년비행의 개념에 포함되어 있다(권영효, 2002).

청소년비행은 청소년들이 행하는 음주, 흡연, 가출, 싸움, 흉기소지, 무단결석 등 지위비행이라고 하는 넓은 의미의 비행을 비롯하여, 절도, 강도, 강간, 폭력 등과 같은 범죄행동이라고 하는 좁은 의미의 비행에 이르기까지 광범위한 문제행동을 지칭한다(김선형, 2011). 청소년과 비행을 종합하면, 10세에서 19세 미만의 소년들 중 좁은 의미의 비행인 범법행위자와 넓은 의미의 비행인 지위비행, 일탈행위, 우범 등 폭넓은 비행을 포함하는 것이다.

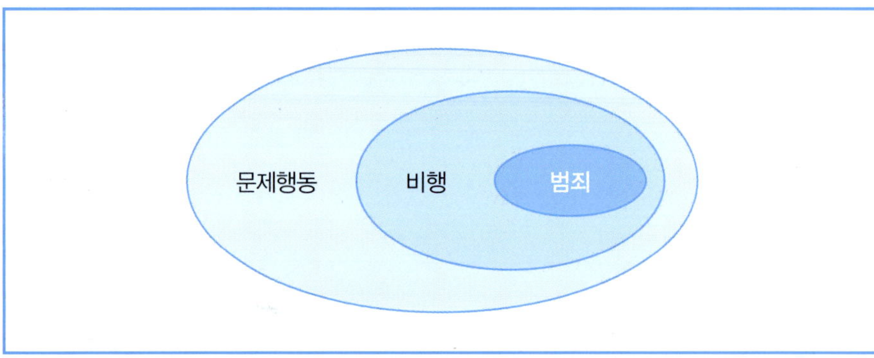

|그림 8-1| 청소년 문제행동, 비행, 범죄의 영역

2) 청소년비행의 유형

청소년들의 광범위한 비행을 학자별로 다소 상이하게 분류하였기 때문에 그들은 어떤 생각을 기초로 유형화했는지 검토해 보면, 김준화 · 이성식은 청소년 비행을 지위비행, 대인비행, 재산비행, 공공질서비행, 성비행 등 다섯 가지로 분류하였고, 이런 비행들이 한 번의 잘못으로 낙인찍히는 경우가 있는가 하면, 특별히 잘못이라고 생각하지 않으면서 하는 행동들도 포함된다(박종진, 2004)라고 하는 등 폭넓은 범위를 언급하고 있다.

구체적인 비행의 유형을 살펴보면, 정혜미(2009)는 지위비행, 성비행, 폭력비행, 재산비행으로, 김철현(2009)은 대인비행, 대물비행, 약물비행, 기타 비행으로, 김태훈(2009)은 대인비행, 대물비행, 혼합형 비행, 기타 비행으로, 김귀석(2007)은 반사회적 비행, 공격적 비행, 정신병질적 비행으로, 박광영(2004)은 공공질서비행, 재산비행, 지위비행, 대인비행, 은둔비행으로, 유용식(2003)은 지위비행, 폭력비행, 재산비행, 성비행, 약물비행으로, 고성혜(1995)는 지위비행, 폭력비행, 약물비행, 성비행, 재산비행, 질서비행으로, 샌더스(Sanders, 1981)는 강력범죄, 재산범죄, 형법위반행위, 지위비행으로 분류하였다(소윤희, 2010).

3) 소년범죄 추이

우리나라 전체 범죄대비 청소년범죄의 비율에 대해 2009년에서 2018년까지의 추이를 살펴보면 |그림 8-2|와 같다. 전체 범죄대비 청소년범죄의 비율은 평균 4.2%에 해당한다.

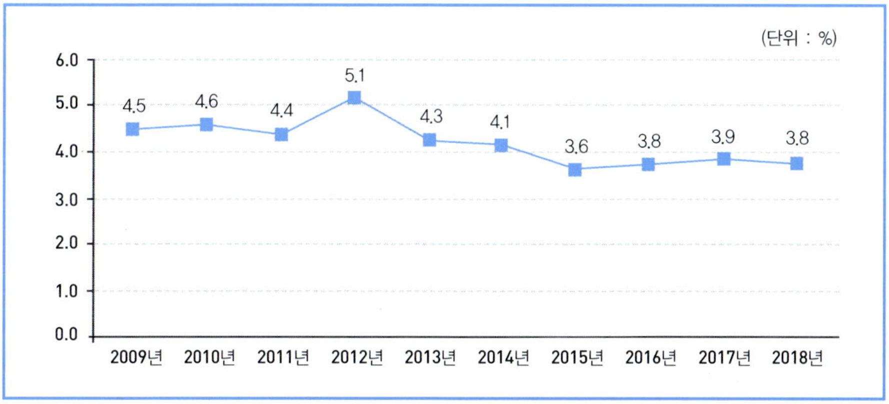

|그림 8-2| 전체 범죄대비 청소년범죄의 비율 추이

출처 : 여성가족부(2020).

2010년에서 2019년 사이 10년 동안 10세 이상 19세 미만인 청소년의 범죄추이를 살펴보았다. |그림 8-3|과 같이 네 가지 범죄군 중에서 소년범죄 발생비가 가

장 높은 범죄군은 재산범죄이며, 그 다음은 강력범죄(폭력), 교통범죄, 강력범죄(흉악)의 순이었다. 2019년 강력범죄(흉악)의 소년범죄 발생비는 다른 범죄군에 비하여 가장 낮았지만, 다른 범죄군은 지난 10년간 증감률이 감소한 반면 강력범죄(흉악)는 28.2% 증가하였다(표 8-1).

〈표 8-1〉 주요 범죄군별 소년범죄의 발생비 추이 (단위 : 발생비, %)

연도	재산범죄		강력범죄(흉악)		강력범죄(폭력)		교통범죄	
	발생비	증감률	발생비	증감률	발생비	증감률	발생비	증감률
2010	400.7	–	33.7	–	250.5	–	150.9	–
2011	403.0	0.6	38.1	13.1	265.2	5.8	136.3	-9.7
2012	442.4	10.4	34.7	3.0	310.0	23.7	115.1	-23.7
2013	430.9	7.6	34.4	2.1	215.4	-14.0	96.2	-36.3
2014	367.4	-8.3	32.0	-5.0	196.0	-21.8	93.7	-37.9
2015	332.9	-16.9	28.2	-16.4	181.4	-27.6	89.4	-40.8
2016	352.9	-11.9	35.7	5.9	207.7	-17.1	99.4	-34.1
2017	319.3	-20.3	38.1	13.0	231.2	-7.7	105.8	-29.9
2018	300.6	-25.0	39.8	18.2	224.0	-10.6	86.7	-42.6
2019	327.6	-18.2	43.2	28.2	219.4	-12.4	88.0	-41.7

출처 : 대검찰청(2020). 범죄분석.

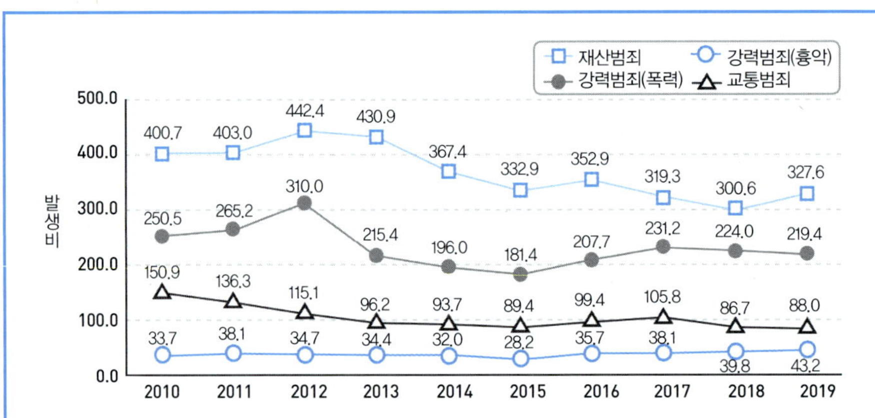

|그림 8-3| 주요 범죄군별 소년범죄의 발생비 추이

출처 : 대검찰청(2020). 범죄분석.

〈표 8-2〉에 따라 소년범죄자의 전과를 살펴보면 초범인 경우가 57.8%로 가장 많았고, 전과 1범 10.1%, 전과 2범 5.1%, 전과 3범 3.8%, 4범 이상 13.5%로 나타났다. 이는 청소년들이 처음 잘못을 저질렀을 때 바로 잡는 것이 중요한 것을 알 수 있다. 특히 초범인 경우 다음으로 4범 이상인 경우가 가장 많다는 것을 눈여겨볼 필요가 있겠다.

〈표 8-2〉 소년범죄자 전과 [단위 : 명(피의자원표)]

2019년	계	전과 없음	전 과										미상
			소계	1범	2범	3범	4범	5범	6범	7범	8범	9범 이상	
계	66,247 (100.0)	38,272 (57.8)	21,457 (32.4)	6,681 (10.1)	3,360 (5.1)	2,517 (3.8)	1,597 (2.4)	1,228 (1.9)	988 (1.5)	724 (1.1)	604 (0.9)	3,758 (5.7)	6,518 (9.8)

출처 : 대검찰청(2020). 범죄분석.

소년범죄자의 성별은 〈표 8-3〉과 같이 남자청소년이 82.2%, 여자청소년이 17.8%로 나타났다. 범죄유형별로 살펴본 결과 모든 범죄유형에서 남자청소년이 여자청소년보다 많았다. 범죄자의 가족형태를 살펴본 결과 부모 모두가 있는 경우가 77.3%로 재혼가정이나 한부모가정 청소년보다 많았다. 이는 가족의 구조보다 가족의 기능이 중요하다는 것을 반증한다.

〈표 8-3〉 소년범죄자의 성별 [단위 : 명(피의자원표)]

2019년	계	남	여
계	66,243 (100.0)	54,437 (82.2)	11,806 (17.8)

소년범죄자 처분결과를 〈표 8-4〉를 통해 살펴보면 불기소가 47.4%로 가장 많았고, 소년보호송치가 39.4%, 기소가 12.3% 등의 순으로 나타났다. 사회적으로 청소년의 범죄가 극악해짐에 따라 소년범죄자에 대한 처분을 강화해야 한다는 움직임이 있으나 실제 범죄를 저질러도 기소되는 것은 12.3%이고, 그중에서도 구속되

는 경우는 1.3%에 불과하다. 그렇기 때문에 촉법소년 하향 및 소년범죄자에 대한 처분 강화의 목소리가 높아지고 있으나 이에 대한 청소년복지적 접근에 대해 고민해 볼 필요가 있다.

〈표 8-4〉 소년범죄자 처분결과

2019년	계	기 소				소년 보호 송치	가정 보호 송치	성매매 보호 송치	아동 보호 송치
		소계	구공판		구약식				
			구속	불구속					
		6,498 (12.3)	712 (1.3)	3,596 (6.8)	2,190 (4.1)	20,885 (39.4)	177 (0.3)	– (0.0)	4 (0.0)
계	52,973 (100.0)	불기소					기소 중지	참고인 중지	공소 보류
		소계	기소 유예	혐의 없음	죄가 안됨	공소권 없음			
		25,102 (47.4)	15,129 (28.6)	4,729 (8.9)	114 (0.2)	5,130 (9.7)	281 (0.5)	26 (0.0)	– (0.0)

4) 소년법원의 처분종류

청소년이 비행으로 재판을 받는 경우 소년법에서는 '재판'이라는 용어를 사용하지 않고 '심리'라는 용어를 사용하며, '심리 결정한다'고 한다. 소년법이 적용되는 연령은 10세 이상 19세 미만이고, 10세에서 13세까지를 촉법소년, 14세에서 19세 미만를 범죄소년, 10세에서 19세 미만까지가 우범소년의 대상이 된다.

촉법소년은 법령에 위배되는 행위를 했지만 형사책임을 물을 수 없는 자들이고, 범죄소년은 법령에 위배되는 행위를 한 자로 형사책임을 져야 하는 청소년을 말하며, 우범소년은 범죄의 우려가 있는 청소년을 말한다. 단, 범죄소년이라 할지라도 저지른 행위가 경미하거나 사유가 있을 경우 소년법에 따라 보호처분을 하게 된다. 소년법에 따르면, 범죄행위를 한 10세 이상 19세 미만의 청소년에 대하여 소년부 판사는 〈표 8-5〉와 같이 열 가지의 처분 및 세 가지의 부가처분을 결정할 수 있다.

〈표 8-5〉 소년법상 소년보호처분

1. 보호자 또는 보호자를 대신하여 소년을 보호할 수 있는 자에게 감호 위탁
2. 수강명령(100시간 이하)
3. 사회봉사명령(200시간 이하)
4. 보호관찰관의 단기(短期) 보호관찰(1년 이하)
5. 보호관찰관의 장기(長期) 보호관찰(2년 이하)
6. 아동복지법에 따른 아동복지시설이나 그 밖의 소년보호시설에 감호 위탁
7. 병원, 요양소 또는 「보호소년 등의 처우에 관한 법률」에 따른 소년의료보호시설에 위탁
8. 1개월 이내의 소년원 송치
9. 단기 소년원 송치(6개월 이하)
10. 장기 소년원 송치(2년 이하)

– 다음 각 호 안의 처분 상호 간에는 그 전부 또는 일부를 병합할 수 있다.
  • 제1항 제1호 · 제2호 · 제3호 · 제4호 처분
  • 제1항 제1호 · 제2호 · 제3호 · 제5호 처분
  • 제1항 제4호 · 제6호 처분
  • 제1항 제5호 · 제6호 처분
  • 제1항 제5호 · 제8호 처분

– 3호의 처분은 14세 이상의 소년에게만 할 수 있다.
– 제2호 및 제10호의 처분은 12세 이상의 소년에게만 할 수 있다.
– 소년의 보호처분은 그 소년의 장래 신상에 어떠한 영향도 미치지 아니한다.
– 장기 보호관찰기간은 소년부 판사의 결정으로 1년 범위에서 한 번 그 기간을 연장할 수 있다.

소년법에 따라 제1호 처분으로 '보호자에게 감호 위탁'하게 하였고, 제2호 처분으로 '수강명령'을 규정하였으며, 제3호 처분으로 '사회봉사명령'을 규정하였고, 제4호와 제5호 처분으로 '보호관찰관의 단기 보호관찰'과 '보호관찰관의 장기 보호관찰'을 규정하여 1년간의 단기 보호관찰과 2년간의 장기 보호관찰을 규정하고 있다. 이상 1호에서 5호까지의 처분은 사회 내 처분에 해당되고, 6호부터 10호까지는 시설 내 처분에 해당한다.

제6호 처분은 6개월 동안 '아동복지시설에 위탁'이고, 제7호 처분으로 6개월 동

안 '소년의료보호시설에 위탁'함을 규정하고 있다. 제8호 처분으로 '1개월 이내 소년원 송치', 제9호 처분으로 '단기(6개월 이내) 소년원 송치', 제10호 처분으로 '장기(2년 이내) 소년원 송치'를 규정하고 있다. 6호부터 10호까지의 시설 내 처우 중 소년원에 송치하는 것은 7호부터 10호까지이다. 이 외에도 세 가지의 부가처분으로 '대안교육 명령', '외출제한 명령', '보호자교육 명령'을 규정하고 있다.

처분을 결정할 경우 병합하여 결정할 수 있다. 특히 사회 내 처우를 결정할 경우 1호 처분인 보호자 혹은 보호자를 대신할 수 있는 자에게 감호 위탁처분하는 것이 기본이다. 4호 처분을 결정할 경우 1호 처분이 필수적이다. 따라서 1 · 2호 처분, 1 · 3호 처분, 1 · 2 · 3호 처분, 1 · 4호 처분, 1 · 2 · 4호 처분, 1 · 3 · 4호 처분, 1 · 2 · 3 · 4호 처분, 1 · 5호 처분, 1 · 2 · 5호 처분, 1 · 3 · 5호 처분, 1 · 2 · 3 · 5호 처분을 병합할 수 있다.

아동복지시설에 감호 위탁하는 6호 처분과 1월 이내의 소년원 송치처분은 보호관찰처분을 병합할 필요가 있기 때문에 병합하여 4 · 6호 처분, 5 · 6호 처분, 5 · 8호 처분을 결정한다. 7호, 9호, 10호 처분은 병합처분하지 않는다. 시설 내 처우 대상자에게는 보호관찰을 병합하지 않는다.

2. 범죄소년 처리절차

1) 형사사건

범죄소년의 형사사건에 관해서 소년법에 특별한 규정이 없는 경우 형사사건의 과정을 따르도록 하고 있다. 범죄소년의 경우 검사에 송치될 경우 검사는 소년에 대한 피의사건을 수사한 결과 보호처분에 해당하는 사유가 있다고 인정한 경우 사건을 관할 소년부에 송치해야 한다. 소년부는 송치된 사건을 조사 또는 심리한 결과 그 동기와 죄질이 금고 이상의 형사처분을 받을 필요가 있다고 판단될 경우 해당 검찰청 검사에게 송치할 수 있다. 이렇게 다시 검사에게 송치된 사건은 다시

소년부에 송치할 수 없도록 하고 있다.

검사는 소년 피의사건에 대하여 소년부 송치, 공소제기, 기소유예 등의 처분을 결정하기 위하여 피의자의 주거지 또는 검찰청 소재지를 관할하는 보호관찰소장, 소년분류심사원장, 소년원장에게 피의자의 품행, 경력, 생활환경이나 그 밖에 필요한 사항에 관한 조사를 요구할 수 있다. 이를 요구받은 경우 지체 없이 이를 조사하여 해당 검사에게 통보해야 하며, 조사를 위하여 필요한 경우 보호관찰소장 등은 피의자 또는 관계인을 출석하게 하여 진술요구 등의 방법으로 필요한 사항을 조사하게 할 수 있다. 이런 조사를 할 때는 미리 피의자 또는 관계인에게 조사의 취지를 설명해야 하고, 피의자 또는 관계인의 인권을 존중하며 직무상 비밀을 엄수해야 한다. 검사는 보호관찰소장 등으로부터 통보받은 조사 결과를 참고하여 소년피의자를 교화 · 개선하는 데에 가장 적합한 처분을 결정해야 한다.

검사는 피의자에 대하여 선도(범죄예방자원봉사위원의 선도 혹은 소년의 선도 · 교육과 관련된 단체 · 시설에의 상담 · 교육 · 활동 등)를 받게 하고, 피의사건에 대한 공소를 제기하지 않을 수 있다. 이를 조건부 기소유예라 한다. 이 경우 소년과 소년의 친권자 · 후견인 등 법정대리인의 동의가 필요하다.

범죄소년에 대한 형사재판으로 이루어질 경우, 소년에 대한 형사사건의 심리는 친절하고 온화하게 하도록 하고 있다. 심리는 소년의 심신상태, 품행, 경력, 가정상황, 그 밖의 환경 등에 대하여 정확한 사실을 밝힐 수 있도록 유의해야 한다.

소년법에서는 범죄소년에 대한 형사처벌에 대해 별도로 정하고 있다. 죄를 범할 당시 18세 미만인 소년에 대하여 사형 또는 무기징역으로 처할 경우 15년의 유기징역으로 한다. 소년이 법정형으로 장기 2년 이상의 유기형에 해당하는 죄를 범한 경우 그 형의 범위에서 장기와 단기를 정하여 선고한다. 단, 장기는 10년, 단기는 5년을 초과하지 못한다. 법에서는 소년의 특성에 비추어 상당하다고 인정되는 때 그 형을 감경할 수 있도록 하고 있다.

징역 또는 금고를 선고받은 소년에 대하여는 특별히 설치된 교도소 또는 일반교도소 안에 특별히 분리된 장소에서 그 형을 집행하도록 하고 있다. 소년이 형의 집행 중에 23세가 되면 일반교도소로 옮겨 집행할 수 있다. 징역 또는 금고를 선고받은 경우 일정 기간이 지나면 가석방을 허가할 수 있다. 무기형의 경우 5년, 15년 유기형의 경우 3년, 부정기형의 경우 단기의 1/3이 지나면 가석방을 허가할 수 있다. 또한 소년이었을 때 범한 죄에 의하여 형을 선고받은 자가 그 집행을 종료하거나 면제받은 경우 자격에 관한 법령을 적용할 때 장래에 향하여 형의 선고를 받지 않은 것으로 본다.

소년법은 반사회성이 있는 소년의 환경 조정과 품행 교정을 위한 보호처분 등의 필요한 조치를 하고, 형사처분에 관한 특별조치를 함으로써 소년이 건전하게 성장하도록 돕는 것을 목적으로 한다. 이를 근거로 같은 죄를 저질렀다 하더라도 성인과 소년을 구분하여 처벌하고 있다.

이와 더불어 비행청소년에게 청소년복지 측면에서 접근하는 것이 이들의 건전한 성장발달에 도움이 될 것이다.

3. 성격이론과 범죄와의 관계에 관한 이론

비행의 원인을 개인과 환경 크게 두 가지로 나눌 수 있다. 물론 두 원인 간 상호 영향을 배제하지 못하기 때문에 엄밀하게 구분할 수는 없을 것이다. 이런 원인을 연구하는 학문 분야로는 생물학, 사회학, 심리정신의학적 분야들이 있다. 많은 접근방법이 있지만 비행청소년들을 교육하는 현장지도자의 관점에서 현장에 적용해야 하는 점을 염두에 두고, 인간의 성격에 초점을 맞추고자 하며 그와 관련된 범죄론을 언급하고자 한다.

1) 아이젠크(Eysenk)의 성격과 범죄론

아이젠크(Eysenk)는 성격을 환경에 대한 개인의 적응을 결정하는 개인의 특성, 기질, 신체의 지속적인 조직이라고 하면서, 성격을 세 가지 포괄적 차원인 신경증적 경향(neuroticism), 외향성 경향(extraversion), 정신병 경향(psychoticism)으로 분류하였다. 1977년 반사회적으로 행동하는 사람이 위 세 가지 성격차원과 관계가 있다는 이론을 제시하였다. 외향성이 높은 사람은 각성수준이 낮기 때문에 자극을 찾으며 적은 양의 술로도 중추신경계의 억압이 완화되어 쉽게 범죄를 일으킬 수 있다고 하였고, 신경증적 경향이 높은 사람은 지나치게 예민한 반응을 보이고 지나친 공포반응을 나타내며 같은 행동을 반복하는 경향이 있어 신경증적인 성향이 높은 상태에서 외향적인 성향이 높은 사람은 범죄행동을 유발할 가능성이 높다고 보았다. 또 정신병적 성향이 높은 사람은 감정표현을 하지 않고 위험을 무시하는 등 반사회적 성격장애와 유사한 특성으로 재범률도 높다고 하였다(원호택, 1993).

이미 1970년에 603명의 재소자를 1,000명의 통제집단과 비교 · 연구한 존 먼시(John Muncie), 유진 랭건(Eugene Langan)에 의하면, 재소자들은 통제집단에 비해 신경증적 경향과 정신병적 경향이 높게 나타났고, 외향성 경향은 낮게 나타났다고 한다. 이런 결과들을 볼 때 범죄인과 일반인의 성격유형에는 차이가 있다고 볼 수 있다.

2) 아들러(Adler)의 개인심리학적 범죄론

아들러(Adler)는 인간은 분해할 수 없는 통합된 실체로서 본능의 포로가 아니라 창조적 역동성이 있다고 하였다. 인간의 기본적인 욕구는 열등감의 극복이라고 말하며, 이는 자기완성을 위한 내적 요구라고 하였다. 내적 노력이 생활양식의 일부를 형성하게 되고 성격기능의 한 면을 이루게 된다고 하면서 생물학적 측면보다는 사회학적 측면을 강조하였으며, 타인들과의 협력의지의 높고 낮음과 개인 활동에너지의 높고 낮음에 따른 생활양식유형인 사회적 유용형(모두 높음), 지배형(개인 활동에너지는 높고, 타인들과의 협력의지는 낮음), 기생형 및 회피형(모두 낮음)으로 소개하였다. 지배형의 사람이 공격적이고 범죄자, 알코올중독자, 자살자 등의 가능성이 많다고 하였다. 출생순위에 따른 성격 특징으로, 첫째 아이는 모든 것은 법칙에 따라야 한다고 강조하는 보수적인 성향을 갖고 있고, 둘째나 중간 아이는 경쟁심이 강하고 야망이 크고, 막내 아이는 의존적이고 강한 열등감이 있을 수 있으나 형들을 능가하는 영웅이 될 수도 있는 특징, 독자는 관심의 초점이 되기를 원하는 특징이 있다고 하였다. 무력감을 극복하기 위해 권력에 대한 의지우월에 대한 추구를 강조하면서 이러한 추구가 신경증적이 되면 타인에 대한 통제로 이어지지만, 건강하게 발현이 되면 타인의 행복에 공헌하기 위해 자신의 우월목표를 포기하고 사회적 관심을 갖게 된다고 하였다(송인섭, 1993). 우월성 욕구가 강한 범죄자는 정복자가 되는 목표를 갖고 이에 집중하며, 사회규칙에 신경 쓰지 않고 오직 행동적 충동에 빠져들게 된다는 것이다.

이상에서 보는 바와 같이 범죄와 성격이론에 대한 여러 연구가 매우 의미있고, 또 지속적인 연구가 뒤따라야 한다고 본다.

4. 비행청소년의 특징과 발생원인

1) 비행청소년의 특징

비행청소년은 일반적인 청소년들과 비교하여 구분되는 특징을 가지고 있는지 또는 있다면 무엇인지 살펴보기로 한다. 비행청소년의 특징에 대하여 많은 기존 연구가 있었으나 명확한 결과를 보고한 것은 없다. 또한 인간의 특징을 단정적으로 나타낼 수도 없다. 그러나 비행청소년들은 일반적이고 공통적인 특성을 가지고 있다는 견해가 대부분이며, 그 특징은 크게 개인적 특징과 환경적 특징으로 구분할 수 있다. 이 책에서는 주로 비행청소년의 개인적 특징에 대하여 살펴보고자 한다.

첫째, 대체로 비행청소년들은 자기 자신에 대한 만족도와 스스로에 대한 인정 정도가 낮다. 즉, 자신이 다른 사람보다 쓸모없으며, 열등하고, 존재가치가 미약한 존재라고 인식하고 있는 것이다. 이러한 자아개념을 가지고 있는 경우 자신의 존재가치를 알아주고 스스로에 대한 만족도를 높일 수만 있다면, 어떠한 행동이라도 별다른 거리낌 없이 실행에 옮기는 경향이 심하다. 물론 그 행동이 설사 비행이라고 할지라도 보다 쉽게 행동한다. 더구나 이러한 행동이 자신이 속한 집단문화 속에서 인정받고 승인되며 자신의 자존감을 높여주는 비행하위문화가 존재할 경우 더욱 쉽게 표출된다.

둘째, 자신의 감정과 욕구를 표현하는 능력이 미약하다. 타인에게 인정받으며 타인과 친밀하게 따뜻한 관계를 맺고 싶어 하는 것이 인간의 기본적 욕구이다. 그러나 비행청소년들은 기본적인 욕구를 제대로 표현하지 못하고 좌절당한 경우가 많기 때문에 자신의 감정과 욕구를 조절하는 데 어려움을 겪는다. 또한 이러한 어려움 때문에 자신의 감정을 부인하거나 억제 또는 왜곡하는 경우가 대부분이다. 역설적으로 감정대로 행동하는 경우도 종종 발생하여 그것이 폭행, 오토바이 폭주 등의 비행으로 나타나기도 한다.

셋째, 비행청소년들은 대체로 관계형성능력이 부족하다. 대부분의 청소년들은 어린 시절 부모의 관심과 양육을 시작으로 친구, 교사 등 관계가 있는 타인으로부터 배려와 동의, 관심을 받고 자란다. 그러나 비행청소년들은 부모로부터 심한 정도의 거절이나 무관심 속에 자랐거나, 애정과 보살핌을 받지 못하고 방치된 경우가 많다. 또한 부모 등 '의미있는 타자'의 상실을 경험하였기에 타인과의 관계형성 능력이 부족하다. 설사 관계를 형성한다고 하더라도 별다른 의미를 부여하지 않는 경향이 있다. 한편 반복적으로 비행을 저지르는 일부 비행청소년들은 부모, 친지, 교사, 관련기관 관계자(경찰, 검찰, 교정관계자 등)들로부터 무관심과 방임, 멸시와 모멸감, 차별대우 등 부정적인 경험을 한 경우가 많다. 따라서 권위적인 인물에 대하여 의도적 또는 부지불식간에 적개심과 불신이 커지게 된다. 이러한 경험과 특성은 부모나 교사를 비롯한 권위 있는 성인들로부터 지도와 도움을 받을 기회를 스스로 거부함으로써 자신의 긍정적인 성장을 저해하게 된다.

넷째, 일반적으로 비행집단은 정상적인 일반 집단보다 더 많은 문제와 스트레스를 가지고 있음에도 불구하고 이러한 문제점에 대처하고 해결하는 능력이 부족하다. 대부분의 청소년들은 부모와의 의사소통 미흡과 가치관의 차이에서 오는 갈등, 학교에서 교우와의 학업경쟁, 교사와의 갈등 등 여러 가지 스트레스를 겪으면서 성장한다. 그러나 비행청소년들은 이러한 다양한 문제들에 대하여 적절하게 대처하지 못한다. 특히 친구의 비행유혹을 단호히 거절하지 못하고 동조하는 경우가 많다. 따라서 비행청소년들에게는 일상생활에서 직면할 수 있는 다양한 갈등과 문제를 해결할 수 있는 기술을 지속적으로 교육할 필요가 있다.

다섯째, 비행청소년은 대체로 충동조절능력에 문제가 있다. 이들은 충동적인 경향이 강하나 평소에는 비교적 무난하게 대처한다. 그러나 일정 수준 이상의 촉발 자극이 주어질 때 일반 청소년보다 과격하고 극단적인 행동을 하는 경우가 많다. 과격한 폭력범의 경우가 흔한 예이다.

여섯째, 성격적인 특징으로 비행청소년들은 타인의 권리를 존중하지 않고 그다지 개의치 않는다. 또 타인에게 어떠한 침해를 하였을 때 별다른 죄의식을 느끼지 않는다. 설사 느꼈다 하더라도 자신의 행동을 방어하고 정당화하는 기제가 일반 청소년에 비해 발달되어 있다. 비행청소년들은 자신이 저지른 비행의 결과가 어떻게 나타나고 자신의 장래에 어떠한 영향을 미치는지에 대하여 충분히 고려하지 않는다. 동시에 부모의 기대와 친구 사이의 우정 간의 갈등, 학업과 유흥에 대한 갈등 등 가치관의 혼란을 더 많이, 더 자주 겪는다.

2) 청소년비행의 발생원인

청소년기는 그 시기의 특성상 사람의 일생에 있어 어느 시기보다 예민하고 감수성이 풍부하며 각종 유혹에 흔들리기 쉬운 시기이다. 인간의 행동은 소질과 환경이 결합한 상태에서 그 영향을 받아 나타난다. 그러나 청소년기의 행동은 소질보다는 환경의 영향을 더 쉽게 받는다. 이러한 점을 감안하여 청소년비행의 원인을 살펴보면 대체로 다음과 같다.

(1) 개인적 요인

개인적 요인의 측면에서 살펴본 청소년비행의 원인은 다양하다. 신체적 · 정신적 미성숙, 선천적으로 타고난 개인적 특성, 이상과 현실의 부조화에서 오는 갈등과 욕구불만, 개인적 열등감 등 여러 가지가 있다. 청소년들이 이러한 혼합된 정서적 갈등을 지속적으로 경험할 때 비행으로 표출될 가능성이 높다. 또한 청소년들은 성인과 달리 사회화의 기술이 세련되지 못하고 여러 종류의 대인관계에 대처하는 방법과 스트레스에 대응하는 능력이 미흡하다. 따라서 부족한 사회화 기술이 비행의 원인으로 작용하기도 한다.

(2) 가정적 요인

인간은 태어나면서부터 가족의 일원이 되고 한 가정의 구성원이 된다. '문제부모 아래서 문제아가 나온다'는 말이 있듯이 청소년비행에 미치는 영향은 물론 크다. 가정적 요인에 의한 원인은 대체로 다음과 같다.

첫째, 현대사회는 전통적인 대가족제도가 붕괴되고 부모와 자녀 1~2명으로 구성되는 핵가족사회이다. 이러한 가족구성원 속에서 성장하는 자녀들은 대체로 인내심과 양보심, 협동심, 공경심이 부족한 편이다. 또한 이들은 자기중심적 행동과 단편적인 사고를 가지는 경우가 많다. 이러한 특성은 장래에 청소년비행의 원인으로 작용한다.

둘째, 부모의 양육태도가 일관성이 없거나 부모의 양육방식이 지나치게 차이가 나는 경우도 문제가 된다. 예를 들어, 어머니는 자애롭고 허용적인 반면, 아버지는 매사 엄격한 태도를 취하는 경우이다. 또한 부모가 자녀교육에 무관심하여 방임할 경우에도 자녀는 올바른 가치관을 형성하지 못하고 청소년비행에 쉽게 빠져든다.

셋째, 서덜랜드와 크레시(Sutherland & Cressey, 1975)는 문제가정의 형태를 부도덕가정, 빈곤가정, 시설가정으로 구분하였으며, 이러한 문제가정은 청소년비행과 비교적 상관관계가 높다고 보았다. 가족구성원 중 범죄자나 알코올중독자, 사회적으로 지탄을 받는 각종 부도덕한 행위를 일삼는 자가 있는 가정이 부도덕 가정이다. 부도덕 가정은 일찍부터 많은 학자들이 청소년뿐만 아니라 성인의 비행원인으로도 거론할 정도로 청소년비행에 부정적인 영향을 준다. 빈곤가정은 경제적으로 궁핍한 상태의 가정을 의미한다. 사실 빈곤은 그 자체에 문제가 있는 것보다 빈곤한 생활을 함으로 해서 사람의 인격형성에 중대한 영향을 미치는 경우가 많다. 빈곤의 직접적 · 간접적 영향이 빈곤가정의 자녀들에게 상대적 열등감과 정서적 불안감, 박탈감을 느끼게 하여 청소년비행을 유발하는 중요한 요인으로 작용한다. 시설가정은 보육원 등 아동복지시설이 가정의 역할을 대신하는 경우이다. 시설가정에서 성장한 청소년은 원만하고 화목한 가정에서 성장한 청소년에 비하여 대체로 배타적이고 반항적인 경우가 흔하다. 또한 이들은 불안정한 심리상태를 나타내거나 정서적 안정성이 결여된 경우도 상당하다. 이들은 대체로 비행에 비교적 쉽게 노출된다. 더구나 시설가정의 여건상 일단 비행에 노출된 청소년을 지도하고 훈육하는 기능이 상당히 결여되어 있기 때문에 보다 용이하게 비행성이 심화된다. 결손가정이란 부모 중의 어느 한쪽 또는 부모가 모두 사망하거나 이혼, 별거 등으로 인하여 모와 자녀 또는 부와 자녀로 이루어지거나 자녀로만 구성된 가정을 말한다. 결손가정에서 성장한 청소년도 비행에 비교적 쉽게 노출된다. 결손가정은 그 자체가 비행의 직접적 원인으로 작용하는 것보다 결손가정임으로 하여 파생되는 부수적 문제가 비행을 유발하는 경우가 많다. 예를 들어, 자녀의 욕구불만, 가장의 부재로 인한 가정경제의 빈곤, 가정교육 부재, 애정결핍 등이 비행유발요인으로 작용하는 것이다.

(3) 학업 · 교육적 요인

청소년기는 연령상 중 · 고등학교 재학시기이다. 따라서 학교, 학업 및 교우관계가 청소년의 인격형성과 건전한 성장에 큰 중요 변인이 된다. 학업에 대한 흥미감소와 성적부진, 반복적인 학교생활, 입시 위주의 교육정책은 무단결석, 음주, 흡연 등의 일탈행위와 각종 비행에 빠져드는 요인으로 기능한다. 더욱이 흔히 문제학생으로 일컬어지는 불량교우와의 어울림은 그 속도를 가속화시킨다. 특히 또래집단 중 비행성이 심화된 교우와의 만남은 서로 간 동질감과 애착관계를 형성하여 비행에 대한 죄의식을 감소시킴과 동시에 더 큰 비행으로 빠져들게 되는 중요한 원인이 된다. 결론적으로 낮은 학업성취도, 학교에 대한 애착부족, 학습무능력, 학교에서의 잘못된 경험 등 학교생활에서의 부적응은 청소년비행과 매우 밀접한 상관관계를 가지고 있다(김선남, 1999 : 45-47; 양봉환, 2007 : 11). 또한 학생들은 공부와 학업에 대한 압력을 많이 경험할수록 지위비행, 가출, 성비행 등을 많이하게 되고 최초 비행시기도 빨라진다(김준호, 1994 : 182; 양봉환, 2007 : 11).

(4) 문화적 요인

산업화과정을 거치면서 전통적인 유교적 사상과 공동체적 생활양식이 많이 변화되었다. 그리하여 현대사회에서는 개인주의와 물질숭배주의, 황금만능주의가 득세하는 사회가 되었다. 전통사회에서는 공동체적 생활양식이 비행을 억제하는 순기능적 작용을 하였다. 그러나 핵가족시대에는 아동기부터 자연스레 개인중심주의 문화에 익숙하게 되며, 청소년기에도 자기중심적인 사고와 생활방식에 매몰되기 쉽다. 이러한 사고방식과 생활양식의 변화는 문화지체현상과 함께 개인 가치관의 혼동을 가중시킨다. 이러한 현상은 미성숙한 청소년에게 더 많은 영향을 끼쳐 청소년비행을 유발하는 원인이 된다.

(5) 사회 · 환경적 요인

어느 시대나 사회를 막론하고 개인이 모여서 집단과 사회를 형성하면 그 속에는 여러 가지 사회적 현상이 일어난다. 비행과 범죄도 각종 사회현상 중의 하나이다. 현대사회에서는 TV, 언론, 서적, 잡지, 영화 등 각종 매스미디어에서 다양한 정보를 양산하며 이러한 정보들은 사회의 문화변화와 함께 가치관의 혼돈을 가져온다. 또한 청소년 비행에도 자연스럽게 많은 영향을 미친다. 특히 인터넷의 발달은 정보수집의 용이, 신속한 정보전파 등의 순기능에도 불구하고 적지 않은 부작용을 초래한다. 예를 들어, 선정적이고 자극적인 애정물과 폭력성이 난무하는 게임, 상업성을 극대화한 저질적인 홍보물 등이다. 이러한 것들은 감수성이 예민하고 판단력이 부족한 청소년들에게 심각한 부정적인 영향을 미친다. 그릇된 성의식을 심어주고 모방범죄를 부추기는 역기능을 하여 결과적으로 청소년 비행을 유발하는 원인이 되는 것이다.

5. 비행청소년의 인성교육

1) 의 의

비행청소년의 인성교육을 논하기 위해 먼저 '인성(人性)'에 대한 개념이 정립되어야 하는데, 인성을 한마디로 정의하기는 대단히 어렵다. '인성'은 어떤 한 사람의 고유한 성품으로 볼 수도 있고, 다른 사람과 구별되는 사고와 태도 및 행동의 특성으로도 본다. 인성을 표현하는 용어로는 인품, 품성, 사람됨, 인격, 성품, 기질, 개성 등 다양하다. 외국의 심리학 또는 사회학에서는 인성에 상응하는 용어로 성격(personality), 인격(character), 기질(temperament), 개성(individuality) 등을 사용하고 있다. 대체로 동양에서는 마음의 바탕을 나타내는 성질(性質)과 사람의 '됨됨이'의 모습을 의미하는 품격(品格)을 포괄하는 성품(性品)을 인성이라고 이해한다. 반면 서양에서는 통상 생태적으로 타고난 심성, 즉 인간의 본성을 인성이라고 표현한다. 한편 인성이란 개인의 특징적인 행동과 사고를 결정해 주는 심리적 · 신체적 체제의 역동적 조직을 의미한다고 보며, 흔히 성격 · 성품 · 기질 · 개성 등을 포함하는 단어로도 본다(김종연, 2006 : 6-7). 이처럼 '인성'에 대한 정의는 동 · 서양이 다르고 문화권과 학자에 따라 차이가 있다. 그러나 종합해 보면, 인간의 보편적 본성으로 각 개인의 특성과 사람 됨됨이를 말하며 선천적 요인과 후천적인 환경적 요인에 의해 형성되어 개인의 도덕적 판단의 기준이 되고, 외부의 사물이나 현상에 자극받아 일정한 경향의 반응을 보이게 하는 개개인의 고유한 성품이라고 할 수 있다(조한일, 2006 : 11).

인성교육은 전인교육, 가치관교육, 습관교육, 인간교육, 도덕교육, 품성교육, 윤리교육 같은 용어와 유사하게 사용되며 사실상 교육의 본질이라고 해도 무방하다. 교육의 궁극적인 목적을 지적 성장과 품성도야로 본다면, 인성교육은 품성도야를 하기 위한 의도적인 노력인 것이다. 따라서 인성교육이란 개인의 개성을 존중하고 지식과 행위를 통합하며 조화롭게 도덕적 품성을 도야하는 인간교육이다. 즉, 인간의 육체적 · 정신적 · 인지적 · 사회적 측면의 모든 면에서 균형있는 발달과 성장을 이룰 수 있도록 도와주는 체계적이고 종합적인 노력인 것이다. 이러한 인성교육은 의도적이든 비의도적이든 인간의 교육과 성장과정에서 이루어진다. 나아가 생애 전반에 걸쳐 이루어지는 것으로서 비단 학교교육이나 사회교육에 국한되는 것은 아니다. 현실적으로 정규 학교교육에서 인성교육을 강조할 경우 교과교육이나 입시경쟁에서 불리하게 작용할 수 있다. 따라서 현행 교육제도에서 인성교육을 강조하기는 쉽지 않다. 그럼에도 불구하고 인성교육은 지속적으로 추진되어야 한다. 특히 비행청소년에 대한 인성교육은 그들의 비행성을 완화시키고 건전한 사회인으로 성장하도록 도와주기 위해 그 필요성이 더 크다고 볼 수 있다.

전술한 바와 같이 청소년의 비행원인은 개인적 요인, 가정적 요인, 학업 · 교육적 요인, 문화적 요인, 사회 환경적 요인 등 다양하다. 그러한 원인들이 단독적 또는 복합적으로 작용하여 청소년의 일탈행위를 유발하고 청소년비행이라는 결과를 초래한다. 비행청소년에게 적절한 처우와 교육을 통하여 비행성을 경감하고 재비행을 방지해야 한다. 나아가 성실한 사회인으로 성장할 수 있도록 지도하는 것은 이 사회와 국가가 모두 함께 해야 할 일이다. 그러기 위하여 인성교육은 다른 어떤 교육보다 중요하다고 할 수 있다. 청소년은 아직까지 가치관이 정립되어 있지 않고 비행에 대한 개선 가능성이 충분하기 때문이다. 이들은 얼마든지 올바른 인성을 함양하고 품성을 계발하여 올바로 성장할 수 있다. 특히 범죄를 저질러 소년원에 수용되어 교육 중인 소년원 학생, 그중에서도 6개월 이하의 단기수용 학생에게 인성교육은 매우 중요한 교육이다. 직업능력개발훈련과 특성화 교육, 교과교육도 물론 중요하다. 그러나 단순히 지적인 교육보다는 신체훈련, 정신교육, 심성훈련 중심의 교육과 기본 교육, 사회복귀교육이 종합적으로 이루어지는 교육이 필요하다. 한편 소년원 학생들의 내재된 비행성향을 낮추고 사회적응력을 높이는 데에도 인성교육이 일조할 수 있다.

2) 인성교육의 시범운영

지난 1999년 소년보호교육기관에서는 교육과정을 개편하였다. 기존의 교과교육 및 직업훈련교육을 계속 실시하면서 동시에 특성화 교육을 병행한 것이다. 특성화 교육은 21세기 지식 · 정보화 사회에 적합한 신지식인을 양성하기 위한 교육이다. 당시 소년원 학교에서는 주로 컴퓨터교육과 외국어(영어 및 제2외국어)교육에 중점을 두었다. 각 소년원별로 중 · 고등학교 정규 교과교육이나 자동차정비, 용접, 전기 등의 직업훈련교육과 특성화 교육을 병행하여 실시한 것이다. 이후 특성화 교육에 중점을 두고 교육과정을 운영하던 중 다양한 사회적 환경변화와 맞물려 소년원에 수용된 소년원 학생의 인원도 감소하였고, 교육과정 개편의 필요성도 대두되었다. 즉, 청소년인구의 절대 감소와 비행청소년에 대한 사회 내 처우의 확대 및 총범죄의 감소, 전체 범죄에 대한 소년범죄의 감소 등이 복합적으로 작용한 것이다. 이러한 상황에 부합하고 보다 소년원 교육의 내실을 기하고자 2004년부터 소년원 학교의 교육과정 개편에 대한 논의가 시작되었다.

구체적으로 보면, 무엇보다 소년원 학교의 교육내실화를 위해 기존의 복잡한 형태의 교육과정운영에 대한 개선이 필요하게 되었다. 즉, 소년원의 전면 학교화를 탈피하고 교육과정의 간소화와 함께 인성교육의 확대 등 패러다임의 전환이 요구된 것이다. 궁극적으로는 소년원 교육과정의 상당한 개편을 통하여 교육의 내실화와 실효성을 제고하기 위해서였다(법무부 보호국, 2005).

교육과정 개편의 기본 방침은 네 가지로 요약할 수 있다. 먼저 교육과정운영에 내실을 기할 수 있도록 교육과정을 간소화한다. 또한 학생들의 학습능력과 선호도를 고려한 교육과정을 운영하며, 봉사활동과 체험학습 등 인성교육 프로그램을 강화한다. 그리고 이를 위해 학생과 교사 등 현장의 의견을 적극 수렴하여 반영하는 것이다. 이러한 교육과정 개편의 필요성과 기본 방침에 따라 특성화 교과교육과정과 체육, 예술교과에 대한 일부 폐지 등 축소와 재편이 있었다. 특히 단기수용 전담소년원이던 대구소년원과 춘천소년원은 학생들의 비행성 감소와 인성교정을 위한 인성교육 전문 특성화 학교로 전환되어 2006년 3월부터 12월까지 인성교육과정이 시범운영되었다. 인성교육 시범운영은 비행청소년 교육을 위해 개발된 인성교육 프로그램의 적용과 효과검증을 통하여 실효성 있는 비행청소년들의 인성교육 방향을 제시하는 데 그 목적이 있었으며, 구체적으로 다음과 같다(김달곤 외, 2006 : 11).

첫째, 소년원 교육의 목표인 재비행 방지와 성공적인 사회복귀를 위해 인성교육의 효과검증을 통한 단기소년원의 효율적인 교육과정모형을 제시한다.

둘째, 비행청소년, 특히 소년원 학생들의 인성교육을 위하여 새로이 개발된 비행청소년을 위한 인성교육 프로그램 집단상담 · 집단지도의 적용 가능성을 검증한다.

셋째, 단기집중 인성교육이 비행청소년들의 요보호성을 증진시키는지 여부와 그 여부에 따른 소년보호 교육기관의 교육방향에 미치는 효과를 살펴본다.

넷째, 인성교육이 비행청소년들의 인성적 특성에 미치는 영향을 살펴보고, 교육효과를 증진시키는 방안을 강구한다.

다섯째, 앞으로의 효과적인 인성교육 프로그램 적용을 위한 발전방안을 모색해 본다.

(1) 인성교육 시범운영의 내용

인성교육 시범운영과 관련하여 2006년 3월부터 대구소년원과 춘천소년원은 기존의 중 · 고등학교 교육과정을 폐지하고, 인성교육과정 및 검정고시 교육체제로 전환하였다. 학생들을 검정고시반과 영어 · 컴퓨터반의 2개 과정에 편성하고 인성교육과정을 병행한 것이다. 시범운영 소년원은 교육과정 편성 시 기본 교육과정의 50% 이상을 인성교육과정으로 편성하였다. 그중 기본 교육과정 중 잔여 부분은 검정고시, 실용영어 · 컴퓨터, 특별활동 등으로 편성하였다. 또한 인성교육과정은 집단지도와 집단상담, 체육교육으로 구분하였다. 집단지도는 비행예방교과로서 각 과목당 월 2시간 이상으로 편성하고, 집단상담은 두 과정 이상을 상시 개설하여 모든 학생이 반드시 이수하도록 운영하였다. 체육과목은 매일 1시간 정도로 편성하여 심신훈련의 조화를 도모하였다. 아울러 전인교육을 도모하고자 극기훈련과 사회봉사활동, 체험학습 등은 특별활동시간에 배정하였다.

법무부 보호국에서는 인성교육 프로그램의 집단지도와 집단상담에 대한 기본교재를 제작하여 시범기관에서 활용하도록 하였다. 먼저 집단지도의 교육과목은 준법교육, 생활예절, 단학수련, 성교육, 약물교육, 학교폭력예방교육, 인터넷 중독예방교육, 교통안전교육, 체육, 독서지도, 음악감상의 11개 비행예방교육과목으로 구성하였다. 지도교사별로 1인당 2과목을 지도하되 담당과목별로 반드시 '본시 교수-학습지도안'을 작성하도록 하였다. 또한 과목별로 2주당 1시간씩 교육하여 6차시 3개월 과정으로 진행하는 것을 기본으로 하였다.

집단상담은 교육 프로그램을 A과정과 B과정으로 구분하였다. A과정의 세부 프로그램은 분노조절훈련, 품성계발 프로그램, 감수성훈련, 청소년성장훈련, 사회성향상 프로그램으로 구성하였다. B과정은 또래상담 프로그램, 미술치료 프로그램, 진로탐색 프로그램, MBTI 프로그램, 세상열기 프로그램으로 되어있다. 프로그램 운영은 기관실정에 따라 2개 이상의 프로그램을 선정하여 상시 개설하고, 모든 학생들이 각각 2개 이상의 프로그램을 이수하도록 하였다. 또한 각 프로그램은 3개월 과정(주 1회, 12회기)으로 편성하며 학생 개개인은 매주 2개의 프로그램에 참여하도록 진행하였다. 1회기 운영시간은 2시간으로 하고 매월 초 10여 명의 신입학생을 기준으로 집단을 구성하였다. 그리고 이 집단은 특별한 사유가 없는 한 해당 프로그램이 완료될 때까지 폐쇄집단으로 유지하며, 집단구성에서 제외된 학생에게는 집단지도 또는 특별활동을 실시하였다. 지도교사는 1인당 주 6시간 이내로 담당프로그램을 진행하였으며 집단상담 담당자는 집단지도에서 제외하였다.

(2) 인성교육 시범운영의 결과분석

대구소년원에서는 2006년 3월부터 12월까지 인성교육 시범운영을 실시한 후 그 결과를 분석하였다.

집단상담 프로그램의 시행교과목은 모두 5과목이었다. A과정은 사회성 향상 프로그램과 분노조절훈련, 품성계발 프로그램, 감수성훈련이었으며, B과정은 미술치료 프로그램이었다. 집단지도 프로그램에서는 성교육, 학교폭력예방, 교통안전, 약물교육, 인터넷 중독예방, 단학수련, 준법교육, 생활예절, 독서지도의 9개 비행예방교육과목을 시범운영하였다.

시범운영기간 동안 8차에 걸쳐 3개월 과정의 인성교육 프로그램이 개설되어 총 120명이 집단상담 2개 과정과 집단지도 9개 과목을 각각 수료하였다. 프로그램과 과정별 수료인원은 아래의 〈표 8-6〉과 같다.

〈표 8-6〉 프로그램 및 과정별 인원 (2006. 12.)

구 분	집단상담					집단지도 (9개 과목)
	A과정				B과정	
	사회성 향상	분노조절	품성계발	감수성훈련	미술치료	
인 원	42	25	12	41	120	120명 (과목별)
합 계	120					

인성교육과정 시범운영에 대한 학생들의 인식을 조사하기 위하여 소년원 출원 직전에 수료학생들을 대상으로 설문조사를 실시하였다. 대상자 120명에 대한 설문조사결과는 다음과 같다(김달곤 외, 2006 : 84).

첫째, 교육과정 만족도 조사결과 96명(80%)이 만족한 것으로 나타났다. 과정별 만족도에서는 집단상담(77.5%), 집단지도(46.7%)로 나타나 집단상담 프로그램의 만족도가 집단지도 프로그램에 비해 높았다. 교육과정 선호도 조사에서도 집단상담 프로그램의 선호도(78.3%)가 집단지도 프로그램(21.7%)보다 높게 나타났다.

둘째, 프로그램별 만족도 분석결과 집단상담 프로그램은 감수성훈련(97.6%), 분노조절(92.0%), 미술치료(88.3%), 사회성 향상(61.9%), 품성계발(8.3%)의 순이었다. 집단지도 프로그램은 성교육(70.8%), 학교폭력예방(62.5%), 교통안전(55.0%), 약물교육(48.3%), 인터넷 중독예방(48.3%), 단학수련(43.4%), 준법교육(41.7%), 생활예절(27.5%), 독서지도(30.0%)의 순으로 나타났다. 집단지도 프로그램의 과목별 만족도를 비교해 보면, 만족도가 높은 과목은 성교육, 학교폭력예방, 교통안전교육이며, 만족도가 낮은 과목은 생활예절과 독서지도 과목이었다.

셋째, 교육효과에 대하여 분석한 결과, 일탈행동 반성에 대한 기여도(93.3%), 타인과의 관계개선 기여도(82.5%), 자기이해에 대한 기여도(85.8%), 소년원 생활적응에 대한 기여도(71.7%)로 나타났다. 이 중에서 소년원 생활적응에 대한 기여도는 정서적 안정감(78.3%), 반 분위기 개선(70.8%), 교사와의 관계개선(85.0%), 학업의지 향상 기여(90.9%), 퇴원 후 비행근절에 대한 기여(80.0%)로 조사되었다.

넷째, 교육평가에 대한 분석결과 소년원 교육 중 인성교육의 중요성(81.7%), 인성교육중심의 운영효과성(46.6%)으로 나타났다. 학생들도 인성교육에 대한 이해와 필요성에 대하여 비교적 높게 인식한 것이다. 반면 인성교육중심의 교육과정운영은 효과적이지 않다(34.1%)는 응답도 상당수 있었다. 이와 관련하여 소년원 교육을 받는 동안 자신에게 가장 도움이 되었던 교육과정에 대한 설문조사도 실시하였다. 그 결과 1순위 검정고시(45%), 2순위 인성교육(43.4%)으로 나타났으며, 이 외에 교육내용 만족도(65%), 담당교사의 수업진행 유능감(78.3%), 교육시설 및 환경에 관한 만족도(72.5%)로 각각 나타나 비교적 만족하고 있는 것으로 조사되었다.

다섯째, 인성교육을 통해 자신에게 가장 유익했던 점으로 비행과 행동을 반성하는 기회(43.3%), 자기이해(36.7%), 자신감 향상(10.0%) 순으로 응답하였다. 이 외에도 부모님에 대한 이해와 가족의 소중함 발견, 소년원 내 생활적응 등이 유익했던 점이라고 응답하였다.

3) 인성교육 프로그램

2006년도에 시행된 시범운영의 결과분석에 따라 소년보호교육기관의 인성교육과정이 일부 수정 및 보완되었다. 학생들의 특성과 욕구가 반영된 인성교육과정 운영계획이 2007년 3월부터 시행된 것이다. 구체적으로 교육과정 편성과 운영, 운영현황 기록 및 관리, 지도교사의 담당과목의 조정, 교육평가에 있어 다소의 변화가 있었다. 그러나 집단지도 프로그램과 집단상담 프로그램의 교육과목은 그대로 유지하였다. 다만, 체육과목은 집단지도 프로그램과 별도로 매일 1시간 정도로 편성하여 심신훈련의 조화를 도모하였다.

(1) 집단지도

소년보호교육기관에서 실시하는 인성교육 프로그램 중 집단지도 프로그램은 10개 비행예방교육과목이다. 준법교육, 생활예절, 단학수련, 성교육, 약물교육, 학교폭력예방교육, 인터넷 중독예방교육, 교통안전교육, 독서지도, 음악감상의 세부내용은 다음과 같다.

① 준법교육 프로그램

준법교육 프로그램은 청소년들로 하여금 법의 필요성을 인식하고 일상생활에서 볼 수 있는 법률사례와 법률상담사례를 통하여 법 현상에 대한 이해를 증진하며, 준법정신과 법적 사고력을 신장시켜 법적 문제해결력을 높임과 동시에 건전한 사회구성원으로서의 책임의식 및 능동적 사회참여태도를 함양하고자 하는 데 그 목적이 있다(김지수 외, 2006 : 9-10).

비행청소년들은 대부분 사회질서의 중요성과 필요성을 인식하고 못하고 법에 대하여 무지한 경우가 많다. 예를 들어, 죄를 지으면 벌을 받는다거나 나쁘다는 것을 알고는 있다. 그러나 무슨 행동을 죄로 볼 수 있으며 자신의 행동이 어떤 법에 저촉이 되고, 반복해서 비행을 할 경우 어떤 법적 처벌을 받게 되는지, 또한 그러한 행위가 궁극적으로 자신의 미래와 인생에 어떤 영향을 미치는지에 대해 인식하지 못하는 경우가 많다. 청소년 스스로가 바람직하지 못한 행동에 대한 처벌인식을 가지게 될 때 비행을 억제하는 효과가 있다. 동시에 우발적이고 현실도피적인 행위를 스스로 자제할 수 있는 능력을 가질 수 있다는 점에서 준법교육 프로그램은 청소년비행 및 재비행 예방에 기여할 수 있다. 이 프로그램은 청소년 폭력, 폭력, 약물남용, 유해환경 · 매체 노출, 청소년 고용문제, 사이버 비행 등에 대한 법 적용, 처리과정 및 법률용어들을 청소년의 눈높이에 맞추어 교육할 수 있도록 되어 있다. 중점적으로 다루는 부분은 소년법 등 소년사건처리절차에 대한 구체적 이해와 법으로 알아보는 청소년 비행의 실제, 그리고 사례로 알아보는 청소년 비행이다.

② 생활예절 프로그램

생활예절 프로그램은 청소년들이 올바른 예의범절을 배우고 어느 집단에서나 원만한 인간관계를 유지하고, 상대방을 이해하고 존중하는 마음자세 및 행동을 지님으로써 도덕적인 미래 사회를 구현하며 세계 속의 시민으로 더불어 살아가는 사람다운 사람으로 육성하려는 데 목표를 둔다(김지수 외, 2006 : 62). 이 과목은 소년원 학생들이 가족들과 생활하며 익혀야 할 예절과 단체생활이 요구되는 환경 속에서 익혀야 할 기본 예절을 동시에 익힐 수 있도록 구성되어 있다. 1~2차시는 일상생활에서 접하게 되는 여러 상황 속에서 개인이 몸에 익혀야 할 개인예절을 학습하고, 3차시는 가족과 친척의 소중함을 인식할 수 있도록 가족예절을 학습한다. 4차시는 교사와 교우와의 원만한 관계형성으로 즐거운 학교생활이 되도록 학교예절을 습득하고 5차시는 이웃의 삶과 생활을 배려하는 사회예절을 학습하도록 한다.

③ 단학수련

단학수련은 도인체조를 통해 근육을 유연하게 하고 단전호흡을 통해 기를 조화시키며, 활공을 통해서 뼈와 근육과 기의 균형을 동시에 이룰 수 있는 수련이다. 우리 민족 고유의 심신 수련법 중의 하나로서 천지인(天地人) 정신 또는 우리나라의 건국이념인 홍익인간 정신을 그대로 담고 있다. 수련의 목적은 심신의 건강을 도모하고 인격을 도야하는 데 있다(대구소년분류심사원, 2004 : 189). 이 프로그램은 소년원 학생들의 연령, 활동수준, 흥미도 등을 고려하여 도인체조, 단전호흡, 명상, 행공, 지감수련 등의 신체움직임이 포함되어 있다. 모두 4차시(단전호흡, 명상수련, 지감수련, 종합수련)로 구성되어 있다. 그러나 반드시 순차별로 진행하는 것은 아니며, 독립된 프로그램으로 실시가 가능하다. 차시별로 수련시간은 약 80분가량이다.

④ 성교육 프로그램

성교육 프로그램의 목표는 자신의 심리적 · 신체적 성장 · 발달에 따른 성적 변화들을 긍정적으로 받아들이고, 성 전반에 관한 올바른 이해와 정확한 성 지식을 습득하여 개인의 성적 건강유지 및 성에 대한 긍정적인 태도와 가치관을 확립하는 데 있다(대구광역시교육청, 2004 : 369). 또한 성폭력, 성매매 등 성과 관련된 사회문제들을 올바로 이해하며 바람직한 성역할을 형성하고 책임있는 성행동을 유도하고자 한다. 이 프로그램은 신체발달에 따른 남녀의 신체구조 변화, 임신과 출산, 피임과 인공임신중절, 성인성 질환 등 성에 대한 일반적인 이해를 다루는 영역과 성폭력, 성매매 등 왜곡된 성을 바로 바라볼 수 있도록 하는 성문화 및 성윤리에 대한 영역으로 구성되어 있다. 4차시로 나뉘어져 있으며 단순히 성과 관련된 지식을 교육하는 데 그치지 않고, 다양한 사례와 법률상식 등을 통해 남성중심적인 성 문화와 이중적 성규범을 알고 비판할 수 있는 능력을 기르도록 해야 한다. 또한 성적 행동에 뒤따르는 책임과 생명의 존엄성을 인식하도록 하는 데도 주안점을 두고 있다.

⑤ 약물교육 프로그램

약물교육 프로그램은 청소년기에 약물남용으로 초래될 수 있는 폐해를 방지하고, 약물에 대한 올바른 이해와 교육을 하고자 마련된 프로그램이다. 구체적으로, 약물로 인해 정신과 육체가 황폐화되거나 예측하지 못한 사고를 미연에 방지하고 약물 구입자금 마련을 위한 범죄를 예방하기 위함이다. 약물에는 본드 및 가스흡입도 포함된다. 그러나 비행청소년과 일반 청소년을 구별할 때 흡연과 음주 여부를 매우 중요시하는 만큼, 이 프로그램은 흡연과 음주에 대한 집중적인 교육으로 구성되어 있다. 소년원 학생들은 교육기간 동안 약물을 접할 수 없다. 따라서 이 기간 중 약물에 대한 지식과 폐해를 집중적으로 교육한다면, 향후 사회로 돌아갔을 때 약물을 스스로 통제할 수 있다고 보는 것이다. 약물교육 프로그램의 목적은 약물에 대한 사실적이고 구체적인 정보를 제공하여 약물남용의 위험성과 심각성을 인식하도록 하는 데 있다. 특히 음주와 흡연의 유혹에 빠지지 않도록 하는 데 주안점을 둔다. 이 프로그램은 주 1회 50분씩 총 5차시로 구성되어 있다. 프로그램의 내용은 약물에 대한 전반적인 이해, 음주의 해악과 새로운 시각, 담배의 해악과 금연정보 제공 등이다. 교육 시 동영상 자료를 적극 활용하여 학습동기 유발과 교육효과를 동시에 기하도록 한다. 프로그램 진행 시 긴장감이 해소되는 자유로운 분위기가 조성되도록 하며, 모두가 함께 참여하도록 배려하여야 한다(대구광역시교육청, 2004 : 321).

⑥ 학교폭력 예방교육

학교폭력 예방교육은 소년원에 입원하는 보호소년 중 상당수가 학교폭력의 가해자인 점에 주목하여 마련한 프로그램이다. 가해학생들에게 학교폭력에 대한 기본적인 지식을 가르치며, 폭력이 가져오는 부정적 결과 및 폭력과 관련된 구체적인 사례와 법 교육을 실시한다. 이로 통해 폭력이 범죄행위임을 분명히 인식하고 자신의 잘못된 습관을 바꾸도록 하는 것이 이 프로그램이 의도하는 바이다. 프로그램의 궁극적인 목적은 학교폭력에 대한 올바른 이해와 잘못된 폭력에 대한 태도를 긍정적으로 변화시키고, 자신의 폭력행동에 대해 책임감을 갖도록 하는 등 가해학생들의 폭력재발을 미연에 방지하고 건전한 발달을 돕는 데 있다(김지수 외, 2006 : 175). 강의시간은 주 1회 60분 정도이며, 총 9차시로 구성되어 있다. 프로그램의 내용은 학교폭력에 대한 문제인식과 문제탐색, 문제해결의 영역으로 이루어져 있다. 문제인식단계에서는 학교폭력에 대한 올바른 이해, 폭력의 부정적 결과를 살펴보며, 문제탐색단계에서는 폭력에 대한 자기점검, 법 교육, 학교폭력사례를 교육한다. 마지막으로 문제해결단계에서는 입장 바꿔 생각하기, 갈등 해결하기, 감정폭발 지연하기, 폭력행동의 대안 찾기 등이다.

⑦ 인터넷 중독예방 교육 프로그램

인터넷 중독예방 교육 프로그램은 청소년들이 인터넷 조절능력을 길러 불필요한 사용시간을 줄이고, 효율적으로 사용하여 인터넷으로 인한 폐해를 방지하고 올바로 사용할 수 있도록 하는 데 그 목적이 있다. 현대사회는 정보화 사회이며, 이 시대의 청소년들은 인터넷 사용이 급속히 증가하였다. 또한 이로 인해 새로운 문화와 의사소통방식이 등장했고, 사이버공간은 특히 청소년들에게 중요한 삶의 한 공간을 차지하고 있다. 그러나 현실적으로 인터넷의 순기능과 함께 많은 부작용도 동시에 나타나고 있다. PC방에서의 무분별한 게임, 게임비를 충당하기 위한 금품절도, 사이버상에서의 아이템 사기 등의 범죄, 사이버 세상과 현실세계를 제대로 구분하지 못하는 현실부적응의 문제 등이 대표적인 부작용이다. 이 프로그램은 인터넷의 부작용을 최소화하고자 개설되었으며 총 9차시로 이루어져 있다. 1차시에서 5차시까지는 정보전달을 위한 강의이며, 6차시에서 9차시까지는 문제해결단계로서 집단상담 활동을 할 수 있도록 구성되어 있다. 수업시간은 60분으로 매주 1회씩 9주 동안 진행된다(김지수 외, 2006 : 260). 프로그램의 구성은 정보전달단계와 문제해결단계로 되어있다.

정보전달단계의 내용은 인터넷 중독의 개념정립, 사이버범죄, 인터넷의 활용법, 게임과 관련된 이론적 접근 및 게임의 진로 등이다. 문제해결단계의 내용은 인터넷사용에 대한 자기이해, 시간관리, 스트레스관리, 대안활동 탐색 등으로 인터넷 중독현상의 조절을 위한 것이다.

⑧ 교통안전 교육 프로그램

교통안전 교육 프로그램은 청소년 사망의 가장 큰 원인이 되고 있는 교통사고, 특히 오토바이에 의한 사고를 최소화하고 오토바이로 인해 초래되는 비행을 미연에 방지하려는 프로그램이다. 오토바이 사고는 청소년들도 오토바이를 용이하게 접할 수 있는 여건과 청소년기의 특성상 위험한 모험운행이 쉽게 나타날 수 있는 심리적 상황과 밀접한 연관이 있다. 또한 일단 사고발생 시 결과가 중대한 경우가 대부분이다. 최근의 청소년비행 경향과 비행내용을 보면, 오토바이와 직간접적으로 연관된 경우가 많다. 직접적인 연관으로는 무면허 운전이나 교통사고가 대표적이다. 간접적으로는 오토바이를 타고 싶은 마음에 절도를 하거나 오토바이를 이용한 날치기 등을 들 수 있다. 교통안전 교육 프로그램의 목표는 청소년들에게 순간적인 호기심이 엄청난 대가를 치를 수 있다는 것을 인식하도록 하고, 오토바이 관련 비행에 대해 죄의식을 가지게 하며, 관련된 기초적인 법 지식을 제공하여 법에 대한 경각심을 갖게 하는 것이다. 프로그램의 목적은 청소년들로 하여금 교통사고의 위험성을 알게 하고 오토바이로 인한 비행의 심각성을 인식하게 하여 교통사고를 줄이며 관련 비행의 재발방지에 있다(김지수 외, 2006 : 323). 모두 5차시로 구성되어 있으며, 주 1회 60분 정도 수업한다. 먼저 관련 사고사례교육 후 운전면허와 관련된 기초적 지식을 제공하고, 마지막 단계에는 기초적인 법 지식을 제공함으로써 법에 대한 경각심을 갖게 한다.

⑨ 독서지도 프로그램

독서지도 프로그램은 대부분의 비행청소년들이 인문적인 교양이 결여되어 있고, 올바른 가치관의 정립과 감정표현 등 정서 발달도 미약한 점을 중시한 프로그램이다. 이러한 비행청소년을 교육하고 있는 소년보호교육기관에서의 독서지도는 일반학교 학생들과 비교할 때 큰 의의를 가지고 있다. 소년원에서 적절한 독서지도를 해줌으로써 인성교육에 도움을 주고, 동시에 인문적 교양을 습득하여 문화적 결핍을 다소나마 해소할 수 있다. 또한 향후 성인이 되었을 때 필요한 바람직한 습관을 배양할 수도 있다. 독서지도 프로그램은 올바른 독서지도의 방향을 제시하며 학생들의 독서습관 형성에 필요한 흥미유발에 초점을 두어 지도한다. 이 프로그램의 목적은 올바르고 효율적인 독서방법을 알고 건전한 독서습관을 형성하는 데 있다. 지도방법은, 먼저 추천도서 목록 작성 후 관련 책자를 비치하여 자율학습시간 등을 활용하여 지도한다. 독서감상문 쓰기, 교내백일장 개최 등 지도방법을 다양하게 하고, 무엇보다 독서하는 분위기를 조성하기 위한 교사의 역할이 특히 중요하다.

⑩ 음악감상 지도 프로그램

음악감상 지도 프로그램은 학생들의 음악적 능력과 개성, 자발성, 창조성을 신장시키며, 정서적 안정을 도모하고 생활을 더 풍요롭게 하는 것에 가치를 두고 있다. 이 프로그램은 음악의 아름다움에 접하여 그것을 즐기고 체험하면서 미적 대상으로 받아들여 스스로의 마음속에 있는 음악미를 이끌어 내는 체험활동이다. 지도 시 유의할 점은, 학생들의 심신발달에 알맞은 곡과 듣고 쉽게 소화할 수 있는 흥미로운 곡을 선택하여야 한다는 점이다. 그리고 음악감상 후 자유롭게 느낌을 발표하게 하는 등 학생들이 부담 없이 즐길 수 있도록 해야 한다. 교육시간은 별도의 시간배정보다는 휴식시간이나 식사시간을 활용한다.

(2) 집단상담

집단상담 프로그램은 A과정과 B과정으로 나누어서 구성한다. A과정의 세부프로그램은 분노조절훈련, 품성계발 프로그램, 감수성훈련, 청소년성장훈련, 사회성향상 프로그램으로 구성하고, B과정은 또래상담 프로그램, 미술치료 프로그램, 진로탐색 프로그램, MBTI 프로그램, 세상열기 프로그램으로 구성된다.

① 분노조절훈련 프로그램

분노조절훈련 프로그램은 청소년비행에서 나타나는 심각한 현상의 하나인 공격적 행위를 야기하는 분노의 조절을 위해 만들어진 프로그램이다. 이 프로그램의 목표는 분노를 지배하고 조절하여 갈등에 효과적으로 대처하고 부정적 감정을 다스리는 능력을 기르는 데 있다. 궁극적으로는 자신의 정서를 스스로 관리하여 적극적이고 능동적인 인간관계를 맺도록 하는 데 그 목적이 있다(대구광역시교육청, 2004 : 172). 프로그램의 내용은 영역별로 문제인식, 갈등관리, 문제해결, 종결단계로 구분되어 있다. 참가인원은 10명 내외로서 주 1회 90~120분씩 총 12회기로 진행된다.

② 품성계발 프로그램

품성계발 프로그램은 청소년문제의 예방 및 치유와 더불어 청소년들이 창의적으로 자기계발을 해나가는 데 바탕이 되는 '정직', '배려', '자기통제' 등의 덕목을 포함한 건강한 품성계발에 그 목적이 있다. '만남의 장', '진실의 장', '화목의 장' 등 총 6회기로 구성된다. 이 프로그램은 1회에 120분씩 진행하도록 되어있으나 융통성 있게 수정 · 변경하여 실시할 수도 있다(김지수 외, 2006 : 139-140).

③ 감수성훈련

감수성훈련(sensitivity training)은 인간이 지닌 참된 마음과 감성으로서 어떤 장면에서 구성원들이 느낀 점을 서로 솔직하게 말하고 타인의 느낌을 경청하거나 마음의 상태를 행동으로 나타내는 과정을 통해 개인의 성장을 예견하는 활동이다(대구소년분류심사원, 2004 : 134). 이 훈련의 목표는 과정적 목표와 결과적 목표로 나누어진다. 과정적 목표는 자신과 타인에 대한 감정을 탐색하고 표현하는 과정을 통하여 집단원 상호 간에 정서적 교류가 이루어지도록 하는 것이다. 그리고 이러한 과정적 목표를 토대로 자기감정의 순화와 조화를 이루고 타인과 보다 생산적인 인간관계를 이루는 것이 결과적 목표이다. 이 프로그램은 10명 내외의 학생을 기준으로 주 1회 2시간 이내의 범위에서 12회기에 걸쳐 집단활동을 하도록 구성되어 있다. 주요 내용은 타인 이해 및 관계형성, 의사소통, 가치관 확립 등이다.

④ 청소년성장 훈련 프로그램

청소년성장 훈련 프로그램(Y.Q.M.T : Youth Quality Management Training)은 윌리엄 글래서(William Glasser)의 선택이론(choice theory)을 바탕으로 한 프로그램이다. 선택이론은 인간의 모든 행동은 내면적인 기본 욕구 다섯 가지(힘, 사랑과 소속, 즐거움, 생존, 자유에 대한 욕구) 중 한 가지 이상을 충족시키기 위해 그 상황에서 최선의 시도라 할 수 있는 어떠한 행동을 한다는 이론이다. 윌리엄 글래서(William Glasser, 1965)는 선택이론을 바탕으로 현실요법(reality therapy)이라는 상담기법을 개발하였다. 현실요법은 자기 자신의 성장과 발달을 도모하기 위해 자신을 보다 현실적으로 이해하고 수용하도록 한다. 나아가 자신을 있는 그대로 개방함으로써 보다 의미있고 생산적인 생활을 영위해 나가는 태도와 능력을 가지도록 하는 데 목표를 둔다(대구광역시교육청, 2004 : 319). 청소년성장 훈련 프로그램은 청소년의 내적 통제성 증대, 자아개념 정립, 자아존중감 향상, 성취동기 향상, 행동의 장기적인 변화, 타인에 대한 배려심 배양 등을 기대하는 프로그램이다. 이 프로그램의 목적은 청소년들이 보다 향상된 삶의 방식을 선택하고 사회에 적응할 수 있는 방향으로 자신의 삶을 통제하며 책임있는 성인으로의 변화를 꾀하도록 하는 데 있다. 대상 학생은 12~13명 정도이며, 팀작업이 가능한 조용한 장소에서 프로그램을 실시한다.

⑤ 사회성 향상 프로그램

사회성 향상 프로그램은 "인간의 모든 행동은 학습되는 것이며 인간의 모든 주관적이고 생리적인 감정 역시 학습되는 것"이라는 행동주의 학파의 사회학습이론의 원칙에 근거를 둔 재활치료전략의 한 형태이다. 이 프로그램은 청소년의 정서와 행동문제에 대한 예방적 개입 프로그램이다.

대표적인 것으로 사회기술훈련 프로그램을 들 수 있다. 사회성 향상 프로그램의 목적은 청소년들이 일상적인 생활의 독립심을 기르고 타인과의 관계를 배우고 유지하며, 자신의 문제를 적절히 처리함으로써 생활에 대한 적응력을 향상시키고 사회성 발달을 도모하는 데 있다. 또 이 과정에서 각종 문제를 해결하고 극복해 가는 방법을 익히며, 사회에 보다 유연하게 적응할 수 있도록 행동의 변화를 유도한다. 사회성 향상 프로그램의 훈련시간과 빈도는 참가인원 수와 기능수준에 따라 다소 차이가 날 수 있다. 통상 매 훈련시간은 60~90분 정도가 적절하다. 교육은 10명 내외의 인원으로 소집단을 만들어 1주일에 1회 정도 실시한다. 내용은 들어가기, 듣기 · 알기 · 표현하기, 문제해결, 종결하기 등 10회기의 활동으로 구성되어 있다(김지수 외, 2006 : 353-354).

⑥ 또래상담 프로그램

또래상담 프로그램은 또래들과 관심, 느낌, 생각을 쉽게 공감할 수 있고, 불안이나 고민 등을 공유하는 등 상호 간의 깊은 일체감과 친밀감을 가지는 청소년의 특성에 착안한 프로그램이다. 청소년들을 활용하여 청소년 스스로 문제점을 깨닫고 문제를 해결해 나가도록 도와주는 차원에서 등장하였으며, 1960년대 미국에서 시작되었다. 프로그램의 목표는 청소년 간 상호작용을 통해 청소년들의 성장과 발달을 촉진시키고, 효과적인 또래관계를 형성 · 유지할 수 있도록 도우며 나아가 각종 청소년문제를 예방하는 데 있다(김지수 외, 2006 : 9). 이 프로그램은 10명 내외의 학생을 기준으로 1주 1회씩 매회 60~90분 정도 실시하며 12회기로 구성한다. 내용은 오리엔테이션과 신뢰감 형성단계, 또래 상담자 역할 훈련과 활동단계, 평가 및 마무리 단계로 구성되어 있다.

⑦ 미술치료 프로그램

미술치료 프로그램은 인간의 조형활동을 통해 개인의 갈등을 조정하고자 하는 프로그램이다. 동시에 자기표현과 승화작용을 통해 자아성장을 촉진시키며, 개인의 내적 세계와 외적 세계 간의 조화를 이루도록 도와주고자 한다.

이 프로그램은 인격의 통합 또는 재통합을 돕기 위해 시각예술이라는 수단을 이용한 점이 특징이다. 프로그램의 목적은 심신의 어려움을 겪고 있는 사람들을 대상으로 그들의 미술작품(작업)을 통하여 심리를 진단하고 치료하는 데 있다(대구소년분류심사원, 2004 : 223). 구체적으로 비행청소년 집단에게 미술을 매체로 하여 생활문제 해결에 필요한 태도와 자기관리능력을 습득하도록 한다. 나아가 대인관계기술을 향상시켜 주며, 특히 창작활동을 통해 성취감과 자아존중감 향상을 도모하고자 한다. 학생 수는 10명 내외로 하며, 주 1회 90~100분 정도 실시하고 12회기로 구성한다. 프로그램의 내용은 크게 오리엔테이션과 신뢰감 형성단계, 자기탐색, 자기표출, 평가 및 마무리 단계로 이루어져 있다.

⑧ 진로탐색 프로그램

진로탐색 프로그램은 청소년기의 중요한 발달과업인 진로에 대한 결정과 준비를 잘할 수 있도록 도와주기 위한 프로그램이다. 특히 소년원 학생들은 정규교육과정에서 중도 탈락되었거나 사회의 주류문화에 속하지 못한 경우가 많다. 이러한 소년원 학생들에게 개인과 타인을 이해하면서 동시에 직업과 관련한 다양한 정보를 습득하고 스스로 자신의 진로를 결정하는 데 도움을 주기 위한 프로그램이다. 프로그램의 목적은 소년원 학생들에게 진로에 대해 새롭게 생각할 수 있는 계기를 제공해 주고, 퇴원 후 자신의 진로를 스스로 결정하도록 하여 안정된 사회적응을 하도록 하는 데 있다. 교육 시 10명 이상의 학생을 1회 90~100분 정도의 시간 동안 지도하며, 전체 12회기로 되어 있다. 프로그램의 내용은 오리엔테이션을 통한 신뢰감 형성, 자기탐색, 구체적 직업전략, 그룹작업을 통한 자기 및 타인 이해, 평가 마무리 단계로 구성되어 있다(김지수 외, 2006 : 176).

⑨ MBTI 프로그램

MBTI 프로그램은 MBTI 성격유형검사를 통해 청소년 스스로가 자신과 타인에 대한 이해를 증진시킴으로써 올바른 대인관계를 형성하며 바람직하고 성숙한 인격체로 성장하도록 도움을 주는 데 그 목적이 있다. MBTI 성격유형검사는 융(C. G. Jung)의 심리유형론을 근거로 하여 고안된 자기보고식 성격유형지표이다. 심리유형론에서는 인간행동은 질서정연하고 일관된 경향을 가지고 있으며 개인마다 다양한 행동이 나타나는 것은 개인이 인식(perception)하고 판단(judgement)하는 특징이 다르기 때문이라고 본다(김지수 외, 2006 : 289). 현재 MBTI는 개인상담, 조직, 학교 및 교육, 연구 등 다양한 분야에서 적극 이용되고 있다. 특히 성격유형에 따른 학습동기 이해 및 이를 활용한 학습방법 개발, 특별활동 지도, 진로지도, 각 개인의 성격 특성 및 교사와 학생 간의 역동적 관계 이해 등에 매우 활발하게 활용된다. 다만, MBTI 프로그램 활용에 있어 지도자의 자격에 제한이 있어 일정 요건의 연수나 교육이수가 필요하다. 이 프로그램은 환경적 특성이나 구성원의 특성에 따라 프로그램의 장기 또는 단기 과정으로 각각 운영이 가능하다. 다만, 소년원에서는 주 1회 90~100분을 기준으로 10회기로 구성하고 있다. 학생의 인원은 20명 이상이 적절하고, 내용의 구성은 MBTI에 대한 기초이론과 자기이해 및 타인이해 과정, 정리단계로 되어 있다.

⑩ 세상열기 프로그램

세상열기 프로그램은 비행청소년의 재비행 방지와 효과적인 사회복귀를 위해 실시하고 있는 프로그램이다. 이 프로그램은 사회복귀를 앞둔 소년원 학생을 대상으로 한 사회적응 프로그램으로 유용하게 사용할 수 있는 과목이다. 프로그램의 목적은 성공적인 사회복귀와 재비행 예방을 위한 학생의 자아정체감 향상 및 자기통제능력 강화에 있다. 교육 시 10명 내외의 학생으로 소집단을 구성하여 3개월간 총 10회기에 걸쳐 실시한다. 주요 내용은 긍정적인 자아개념 및 자아존중감 향상, 퇴원 예정 소년원생의 사회적응능력 배양, 퇴원 후 목표점검 등이다.

6. 청소년비행의 예방지도

청소년비행의 지도에는 비행이 일어날 수 있는 기회와 소지를 미리 막는 예방조치와 이미 비행을 저지른 청소년들이 또다시 비행을 일으키지 않도록 하는 치료조치의 두 가지 방법이 있다. 청소년비행의 지도에 있어서 예방적인 측면은 무시할 수 없다. 청소년 비행화의 과정을 살펴보면, 처음에는 가벼운 문제행동이 방치되어 반사회적 불량행위나 우범행위로 발전하고, 나아가 심각한 범죄행위로 커지게 된 경우가 대부분이다. 비행의 전조가 될 수 있는 문제행동적 특성을 조기 발견하여 악화되지 않도록 예방하는 조치가 그리 쉬운 일은 아니지만 청소년비행을 막는 가장 바람직한 방법이 된다. 또한 비행청소년에 대한 치료조치도 새로운 비행에 대한 예방조치가 포함되어야 하기 때문에 예방조치는 잠재적 비행자뿐만 아니라 전비행자에게도 적절한 조치가 된다. 그러므로 청소년비행에 대한 지도는 치료보다도 예방에 보다 중점을 두는 것이 중요하다. 여기서는 전문가의 도움이나 치료가 요구되는 특수한 경우를 제외하고, 일반인이 적절한 대응을 할 수 있는 청소년비행을 올바르게 예방지도하는 데 있어서 고려하여야 할 몇 가지 사항에 대하여 살펴보고자 한다.

첫째, 청소년들이 쉽게 저지르기 쉬운 청소년비행에 대한 예방교육을 철저히 실시하여야 한다. 청소년비행의 유형, 원인, 심각성, 유해성, 폐해, 예방책 등에 대한 사전교육을 통하여 청소년비행에 대한 올바른 인식과 이해를 갖도록 하여 청소년비행을 쉽게 허용하는 성향을 사전에 억제하여야 한다. 청소년들이 잘못된 의견을 가지고 있을 경우에 정확하게 수정해 주어야 하고, 실제 그 전조를 가지고 있는지 잘 관찰하여 도움을 주어야 한다. 예방교육에서는 무엇보다도 비행에 관한 정보를 제시할 때, 오히려 청소년비행을 부추기는 결과를 초래하지 않도록 주의하여야 한다. 청소년비행 예방교육은 학교교육과정 안에 포함되어 전문적이고 체계적으로 실시되어야 하고, 관계전문가나 전문조직 등 지역사회자원을 활용하여 학교와 일반사회가 함께 청소년비행 문제를 풀어나가는 양면적 접근이 이루어져야 한다.

둘째, 청소년의 발달적인 특성에 대한 정확한 지식과 이해를 가지고 청소년의 입장에서 지도하여야 한다. 청소년 개개인의 인격을 존중하고 그들의 개성, 자유, 책임, 잠재능력 등을 인정하여 긍정적이고 건전한 삶의 가치관을 자신의 생활에 적극적으로 그리고 자율적으로 임할 수 있도록 지도하여야 한다. 또한 청소년의 심리적 · 정서적 · 신체적 · 생리적 리듬을 파악하여 그에 따라 적절히 지도하여야 한다. 특히 기성세대들은 자신이 지내온 청소년 시절의 사고방식이나 행동양식이 아닌 오늘의 청소년의 사고나 행동방식에 따라 청소년을 관찰하고 대할 수 있어야 한다.

셋째, 청소년과 서로 입장을 바꾸어서 격의 없는 대화를 서슴없이 나눌 수 있는 분위기 조성이 필요하다. 청소년 지도 시 강요나 억압 등 무리한 지시나 무안이나 창피를 주는 것은 역효과를 가져오기 쉽기 때문에 가능한 한 이를 피하고 대화를 나누는 것이 바람직하다. 대화는 청소년들의 갈등과 고민을 해소시켜 올바른 가치관을 정립시켜 줄 수 있는 가장 효과적인 지도방법이 된다. 청소년들은 자신을 충분히 이해해 주는 사람에게 자신의 성격, 학업문제, 이성문제 등의 고민이나 걱정거리를 이야기하는 것만으로도 자신의 욕구불만을 상당히 해소하여 심리적 안정감을 가질 수 있기 때문이다. 그러므로 청소년들이 마음의 문을 열고 자신의 문제를 터놓고 충분히 이야기할 수 있도록 청소년과의 상호 이해와 신뢰, 존경과 같은 심리적 유대감에 기초한 긴밀한 인간관계를 유지하도록 노력하여야 한다.

넷째, 청소년들의 다양한 욕구를 건전한 방향으로 발산시켜 줄 수 있는 기회를 마련해 주어야 한다. 특히 바람직한 여가선용을 통하여 청소년들의 긴장이나 불안을 해소하여 청소년들의 정신적 · 신체적 건강을 유지할 수 있도록 도와주어야 한다. 가장 대표적인 여가선용방법으로는 청소년수련활동과 사회봉사활동의 참여를 들 수 있다. 청소년수련활동은 청소년의 전인적 성장 · 발달을 목적으로 인격형성, 심신단련, 자질배양, 정서함양, 취미개발 등 다양한 활동으로 그들의 필요와 요구를 충족시켜 줄 수 있는 청소년중심 활동이다. 사회봉사활동은 이웃, 지역사회의 의의와 필요성을 일깨워 주고 시민정신을 함양시켜 주는 활동으로서 청소년들에게 현실에 대한 이해의 폭을 넓히고, 앞으로의 사회생활을 준비하는 데 도움을 주는 긍정적인 사회참여활동이다. 이러한 수련활동이나 사회봉사활동은 외부의 강요나 기대가 아닌 청소년 자신들의 의지에 따라 자발적으로 참여하여 자율적으로 임할 수 있도록 이에 대한 관심과 흥미를 유발하여 참여의욕을 갖도록 하는 것이 중요하다.

다섯째, 청소년문제나 비행의 지도는 장기적인 계획 아래 청소년들의 반응을 잘 관찰하면서 단계적으로 꾸준히 이루어져야 한다. 청소년비행은 쉽게 지도되는 것이 아니기 때문에 문제가 해결되었다고 하더라도 재발되거나 악화되지 않도록 항상 지속적으로 관찰하고 점검하여야 한다. 특히 비행의 문제성은 결과보다는 행동을 일으키게 된 원인이 되는 상황적인 제 요인들을 고려하여 다각적으로 분석하고 판단하여야 한다. 그리고 청소년비행은 그 유형뿐만 아니라 원인이나 대상이 매우 다양하기 때문에 어떤 획일적이고 고정된 방법이 아니라 각 사례별로 그 독특한 상황에 따라 적절한 지도방법이 융통성 있게 적용되어야 한다. 청소년비행 지도에 있어서 무엇보다도 중요한 것은 청소년 스스로가 자신의 행동을 명확하게 인식하여 그에 대한 지도를 받고자 하는 자세를 갖출 수 있도록 지도하는 것이다.

이러한 청소년비행의 예방지도방법은 가정과 학교, 지역사회 등 여러 영역에서 실시되는 청소년비행의 지도방식이 청소년비행의 예방지도라는 하나의 목표 아래 서로 유기적으로 체계화되어 일관된 협조관계 속에서 지속적으로 이루어질 때 비로소 그 효과를 제대로 거둘 수 있다. 부모는 자녀들에게 대한 지속적인 관심과 사랑과 함께 그들과 가능한 한 많은 시간과 대화를 가짐으로써 그들이 심리적 안정감을 가질 수 있는 원만한 가정 분위기를 조성한다. 특히 부모들은 자녀들이 부모의 충고나 지도에 적극적으로 다룰 수 있도록 올바른 가치관과 교육관을 가지고 항상 자녀의 모범이 되도록 노력하여야 한다. 학교에서는 지식교육뿐만 아니라 정서함양, 건강증진, 사회성 및 도덕성 함양을 위한 전인교육을 함께 병행하여 청소년들이 올바른 가치관을 형성할 수 있도록 하여야 한다. 그리고 청소년의 교내·외 생활에 대한 철저한 지도와 각종 검사 및 조사를 통하여 청소년문제를 조기에 발견하여 지도하고 조언하는 상담활동을 강화하여야 한다.

사회적 차원에서는 청소년비행을 유발하는 청소년 생활 주변의 비교육적인 유해환경, 특히 노래방, PC방, 전자오락실 등 청소년들이 음주나 흡연과 같은 여러 가지 문제행동을 배우게 되거나 비행청소년들과 접촉할 기회가 많은 유해업소를 정비하여야 한다. 청소년 유해환경의 정화와 함께 청소년 수련시설, 복지시설, 생활체육시설 등을 확충하고 대중매체의 사회교육적 기능을 강화하여 청소년들이 건전하게 성장·발달할 수 있도록 교육적인 환경을 조성하여야 한다. 또한 지역주민들은 이기주의적 사고방식에서 벗어나 문란한 도덕질서를 바로잡고 올바른 가치관을 정립하고자 노력하면서 청소년들을 사랑과 관심을 가지고 지도하고 격려하여야 한다. 그리고 정부와 관련기관들은 장기적인 청소년육성정책 아래 개인이나 민간단체가 하기 어려운 대단위 사업을 적극적으로 추진하면서 청소년비행 예방을 위한 정책적인 지원과 배려를 아끼지 말아야 한다. 이러한 가정, 학교, 지역사회에서 이루어지는 지도방식과 과정이 서로 차이가 나지 않고 일관성 있는 기준과 절차에 따라 체계적이고 계획적으로 지도되어야 한다.

참고문헌

권영효(2002). 소년원학생 재비행 방지에 관한 연구. 경희대학교 대학원 석사학위논문.

김경식 · 이현철(2007). 청소년 비행의 영향요인. **교육사회학연구**, 17(2).

김달곤 외(2006). 불확실성과 성과 간의 관계에서 역동적 긴장의 매개효과. **대한경영학회지**, 20(5).

김선남(1999). 청소년 자존감 향상을 위한 가족기능화 집단상담 프로그램. **학생생활연구소보**, 24.

김선형(2011). 사회적 지지와 자기효능감이 청소년 비행에 미치는 영향. 한림대학교 대학원 석사학위논문.

김종연(2006). 설계기준 분석방법을 이용한 청소년의 흡연 관련요인. 경북대학교 대학원 박사학위논문.

김준호(1999). 불건전한 청소년 문화의 진단. **학교경영**, 12(5).

김지선(2000). 청소년비행연구 동향에 대한 수량적 고찰. **청소년학연구**, 7(2).

김지수(2006). 남자중학생의 성 허용성에 영향을 미치는 요인 연구. **청소년학연구**, 12(4).

김철현(2009). 소년원 학생의 인성교육 프로그램 만족도와 학교적응에 관한 연구. 계명대학교 대학원 석사학위논문.

김태훈(2009). 여자 비행청소년의 재비행에 영향을 주는 요인 탐색. 경기대학교 대학원 석사학위논문.

김헌수 · 김현실(1997). 한국비행 청소년의 가정환경 및 개인내적 특성. **소아 · 청소년정신의학**, 8(1).

김현실(2007). 청소년비행의 가정환경적 요인. **청소년행동연구**, 12.

대검찰청(2020). 범죄분석.

소윤희(2010). 청소년의 레저활동유형과 비행유형의 관계에 관한 연구 : 부산 소년원생을 중심으로. 부경대학교 대학원 석사학위논문.

송인섭(1993). 수업과 학습평가와의 관계에 대한 논의 : 수업개선과 학습평가. **교육연구**, 270.

양봉환(2007). 소년보호교육기관의 효율적 운영과 변화전략에 관한 연구. **소년보호논집**, 7.

원호택(1993). 청소년상담이론 모형의 모색. **대학생활연구**, 11.

이용교(2012). **한국청소년복지론**. 정민사.

이용교・이희길(1997). 한국 청소년을 위한 인권교육의 모색. **아동권리연구, 1**(1).
정혜미(2009). 부모와의 애착관계가 청소년 비행에 미치는 영향. 경기대학교 대학원 석사학위 논문.
조한일(2006). 청소년 인성교육 프로그램의 효과에 관한 연구. 공주대학교 대학원 석사학위 논문.
천정웅(2012). **청소년복지론-발전적 관점**. 양서원.
천정웅・김 민・김진호・박선영(2011). **차세대청소년학총론**. 양서원.
한국청소년개발원(2007). **청소년문제론**. 교육과학사.
한상철(2004). **청소년학(청소년 이해와 지도)**. 학지사.
한상철・조아미・박성희(2001). **청소년심리학**. 양서원.
홍봉선 외(2010). **청소년문제론**. 공동체.

국가법령정보센터. https://www.law.go.kr

09 CHAPTER

장애청소년 복지

1. 장애청소년의 정의
2. 장애청소년의 특성
3. 장애청소년의 자아정체감
4. 장애청소년의 권리
5. 장애청소년의 사회참여

| 제 9 장 | 장애청소년 복지

우리가 흔히 '장애'라 칭하는 특수한 조건은 우리들 누구에게나 발생할 개연성이 있는 인간 삶의 한 부분이다(한국청소년개발원, 2011). 이제 더 이상 장애를 나와는 무관한 일, 우리 가족과는 관계없는 것, 또는 하찮은 것 등으로 치부하여 장애를 가지고 있는 사람들을 도외시하거나 경시하는 사회가 되어서는 안 되겠다(한국청소년개발원, 2011).

장애청소년들은 '장애'로 인한 신체적 · 정신적 · 경제적 빈곤과 사회적 소외 등의 불이익의 고통을 받으며 살아간다. 이로 인한 무력감과 절망감은 전반적인 청년기 발달에 부정적 영향을 미치게 된다(노용오 외, 2005).

또한 장애청소년들은 비장애청소년에 비해 낮은 학업성취도와 학교적응의 어려움으로 인해 좌절과 열등감을 느끼기 쉽다. 여기에 장애청소년들은 그들이 지닌 장애 때문에 놀림을 당하거나 따돌림을 당하게 되기 쉽고, 자연히 사회적 고립감이나 부적절감을 경험하게 된다.

장애청소년들이 '장애'를 이유로 차별과 소외감을 겪지 않도록 장애청소년들을 위한 국가의 적극적 지원이 이루어져야 할 것이다.

장애청소년의 복지정책과 서비스는 장애청소년의 역량강화를 통한 사회참여와 통합을 지원하는 방향에서 논의되어야 한다. 지금까지 우리나라에는 장애청소년의 복지를 위한 정책이나 서비스는 존재하지 않는다 해도 무방할 정도로 취약하다(유명화, 2006).

장애인도 국민이기에 이와 같은 기본권이 보장되어야 함은 너무도 당연하며, 그러기에 장애인의 특수한 여건에 따라 소외된 부분에 대한 보완책이 요구되고 있는 것이다. 장애인이 비장애인과 같은 인간다운 삶의 욕구와 의지를 가지고 사회에 동등하게 참여하려면 무엇보다 이들의 자립능력 배양과 사회적응을 위해 범국가적 혹은 범사회적 차원에서 이들을 위한 편익도모가 이루어져야 하겠다(박영균 외, 2004).

1. 장애청소년의 정의

1) 장애의 개념

유엔의 장애인권리선언[유엔총회 제30차 결의 3447(1975. 12. 9)]은 장애인의 통상적인 생활에 통합될 수 있도록 필요한 권리들을 보호할 수 있는 공통적 기반과 준거 틀을 선언하면서 제1조에서 장애인을 다음과 같이 정의하였다(한국청소년개발원, 2011).

즉, '장애인이라 함은 선천적이든 후천적이든 신체적 · 정신적 능력의 불완전으로 인하여 개인적 또는 사회적 생활에서 필요한 것을 확보하는 데 자기 자신으로서는 완전하게 또는 부분적으로 할 수 없는 사람을 의미한다.'

세계보건기구(WHO, 1980)에서는 장애를 세 가지 차원, 즉 심신의 손상, 장애, 사회적 분리로 정의한 이래 1983년 세계행동계획 등 유엔의 각종 선언에서 이를 장애의 개념으로 받아들이고 있다(한국청소년개발원, 2011).

우리나라에서 사용되는 장애의 정의가 장애인복지법, 특수교육진흥법, 「장애인고용 촉진 및 직업재활법」 등에 따라 약간씩 다른데, 장애인복지법 제2조에서는 장애의 정의와 관련하여 "장애인은 신체적 · 정신적 장애로 오랫동안 일상생활 또는 사회생활에 상당한 제약을 받는 자를 말한다. 신체적 장애란 주요 외부 신체기능의 장애, 내부기관의 장애 등을 말한다. 정신적 장애란 발달장애 또는 정신 질환으로 발생하는 장애를 말한다"고 하였다. 또한 장애의 종류를 지체장애, 뇌병변장애, 시각장애, 청각장애, 언어장애, 지적장애, 자폐성장애, 정신장애, 신장장애, 심장장애, 호흡기장애, 간장애, 안면장애, 장루 · 요루장애, 뇌전증장애로 구분하였다.

즉, 장애인이란 "신체적 · 정신적 장애로 오랫동안 일상생활이나 사회생활에서 상당한 제약을 받는 자"를 말하는 것으로, 여기서 '신체적 장애'라 함은 주요 외부 신체기능의 장애, 내부기관의 장애 등을 말하는 것이고, '정신적 장애'라 함은 발달장애 또는 정신질환으로 발생하는 장애를 말한다(장애인복지법 제2조). 그리고 동법 시행령 제2조에서 장애의 종류 및 기준을 정하고 있는데, 여기서 15개의 장애를 대상으로 하고 있으며, 동법 시행규칙 제2조에서 장애 정도를 장애의 정도가 심한 장애인과 장애의 정도가 심하지 않은 장애인으로 분류하며 규정하고 있다. 이러한 장애유형 분류는 1997년에 공포된 장애인복지발전 5개년 계획 이후의 단계적인 장애범주 확대에 의한 것으로 1단계 장애범주 확대가 1999년에 이루어져 장애범주가 5개에서 10개의 유형으로 확대되었고, 2단계 장애범주 확대는 2003년에 이루어져 10개의 유형이 15개의 유형으로 확대 실시되었다. 이러한 장애범주의 확대는 점차적으로 선진국 수준에 도달하도록 추진되고 있는데, 향후 확대예상 장애범주에는 만성알코올 · 약물중독, 기질성 뇌증후군, 기타 정신발달장애, 소화기장애, 비뇨기장애, 치매, 만성통증, 기타 암, 기타 등이 포함된다.

결과적으로 우리나라 장애인복지법상 장애분류는 법 제2조 장애인의 정의 등에 규정되어 있듯이 신체적 장애와 정신적 장애로 크게 분류되며, 신체적 장애 및 정신적 장애의 대분류 밑에 중분류, 소분류, 세분류의 분류체계가 있다. 장애인복지법에 따른 장애의 분류와 확대 예정 장애범주를 정리하면 다음의 〈표 9-1〉과 같다.

〈표 9-1〉 장애인복지법에 따른 장애유형 분류

<table>
<tr><th>대분류</th><th>중분류</th><th>소분류</th><th>세분류</th><th>확대예상 장애범주</th></tr>
<tr><td rowspan="13">신체적 장애</td><td rowspan="6">외부 신체 기능의 장애</td><td>지체장애</td><td>절단장애, 관절장애, 지체기능장애, 변형 등의 장애</td><td rowspan="13">소화기장애, 비뇨기장애, 만성통증, 기타 암</td></tr>
<tr><td>뇌병변 장애</td><td>중추신경의 손상으로 인한 복합적인 장애</td></tr>
<tr><td>시각장애</td><td>시력장애, 시야결손장애</td></tr>
<tr><td>청각장애</td><td>청력장애, 평형기능장애</td></tr>
<tr><td>언어장애</td><td>언어장애, 음성장애, 구어장애</td></tr>
<tr><td>안면장애</td><td>안면부의 추상, 함몰, 비후 등 변형으로 인한 장애</td></tr>
<tr><td rowspan="7">내부 기관의 장애</td><td>신장장애</td><td>투석치료 중이거나 신장을 이식받은 경우</td></tr>
<tr><td>심장장애</td><td>일상생활이 현저히 제한되는 심장기능 이상</td></tr>
<tr><td>간장애</td><td>일상생활이 현저히 제한되는 만성 중증의 간기능 이상</td></tr>
<tr><td>호흡기 장애</td><td>일상생활이 현저히 제한되는 만성 중증의 호흡기기능 이상</td></tr>
<tr><td>장루·요루장애</td><td>일상생활이 현저히 제한되는 장루·요루</td></tr>
<tr><td>뇌전증장애</td><td>일상생활이 현저히 제한되는 만성 중증의 뇌전증</td></tr>
<tr style="display:none"></tr>
<tr><td rowspan="3">정신적 장애</td><td colspan="2">지적장애</td><td>지능지수가 70 이하인 경우</td><td rowspan="3">만성알코올·약물중독, 기질성 뇌증후군, 치매, 기타 정신발달장애</td></tr>
<tr><td colspan="2">정신장애</td><td>조현병, 조현정동장애, 양극성 정동장애, 재발성 우울장애</td></tr>
<tr><td colspan="2">자폐성 장애</td><td>소아자폐 등 자폐성장애</td></tr>
</table>

장애 및 장애인의 정의는 그 나라의 사회적·문화적·경제적·정치적 여건 및 수준에 따라 변화하는데, WHO에서는 1980년 국제장애분류(ICIDH : International Classification of Impairments, Disabilities and Handicaps)를 발표하면서 장애에 관한 개념적 틀을 정립하고, 이 분류법에 의해 장애를 분류할 것을 권장하였다. 이 분류법은 장애를 손상(impairment), 불능(disability) 및 불리(handicap)의 세 가지 단계로 분류하고, 이 세 가지를 포괄적으로 장애의 분류로 포함시켰다. 그 후 1997년 기존의 ICIDH의 개념을 더욱 발전시킨 ICIDH-2를 발표하였는데, 이는 기본적으로 환경과 개인이라

는 상황적 요인을 포함한 장애개념을 채택한 것으로, 개인이 접하게 되는 장애를 손상(impairment), 활동(activities), 참여(participation)로 구분하고 있다. 이 구분의 특징은 환경과의 상호적인 관계성 속에서 보다 포괄적인 장애를 규정하는 것이라 할 수 있다. 2001년에는 ICIDH의 개정판에 해당하는 ICF(국제기능 · 장애 · 건강분류 : International Classification of Functioning, Disability and Health)가 발표되어 현재에 이르고 있는데, 이는 기능에 대한 풍부한 정보를 제공하도록 구성되어 있다. 즉, 건강 또는 건강과 관련된 상태를 표현하는 체계와 통일된 표준분류를 제시하기 위한 것으로 '건강영역'과 '건강관련 영역'이 포함되어 있다. 따라서 한 사람의 기능과 장애는 건강조건(질병, 질환, 상해, 외상 등)과 배경요인, 인간의 복합적인 상호관계로 인식하는 것이다. 여기서 배경요인에는 개인적 · 환경적 요인이 포함된다.

이 장에서는 장애인복지법에서 규정하고 있는 장애의 정의를 기본으로 하고 있다. 따라서 WHO에서 권장하고 있는 국제기능, 장애, 건강분류와 비교해 볼 때 아직 미흡한 수준이기는 하나 점차적으로 손상상태에서 능력장애상태로, 그리고 지금은 참여(환경)의 상황적 요인을 고려하고 있다.

2) 장애청소년의 정의

일반적으로 사회통념 및 장애청소년의 복지와 밀접한 관련을 맺고 있는 장애인복지법, 생활보호법, 특수교육진흥법, 아동복지법 등을 고려할 때 장애청소년이란 중 · 고등학교 시기에 해당되는 청소년, 만 13세 이상에서 18세 미만으로서 장애인복지법에서 규정한 바의 장애를 가진 사람이라고 정의할 수 있다.

장애인 중에서 청소년을 구분하여 분류한다는 것은 상당히 어려운 일이지만, 장애청소년에 대한 연령규정은 장애의 특성을 고려해야 한다는 차원에서 청소년기본법에 의한 연령규정에 따르고 있으며, 사회통념 및 장애청소년의 복지와 밀접한 관련을 맺고 있는 장애인복지법, 특수교육진흥법 등을 고려할 때 장애청소년이란 중 · 고등학교 시기에 해당되는 청소년으로 장애인복지법에서 규정한 바의 장애를 가진 사람이라고 정의할 수 있다(노용오 외, 2005).

그러나 이러한 정의는 아동복지와 청소년복지와의 차이를 모호하게 하는 문제점을 가진다. 또한 장애인에 대한 규정에서 무엇보다 장애의 특성을 고려하는 것이 필요하기 때문에 연령범위를 보다 확대하는 것이 유용할 것이다. 이러한 점을 고려하여 청소년기본법과 장애인복지법의 규정을 바탕으로 장애청소년을 정의하자면, 장애청소년은 장기간에 걸쳐 일상생활 또는 사회생활에 상당한 제약을 받는 9세 이상 24세 미만의 자를 말한다(이종복 외, 1998).

우리나라 특수교육진흥법(법제처, 2005)과 장애인복지법(보건복지부, 2005)에 장애인과 청소년의 개념에 대한 정의를 살펴보면, 장애인은 선천적 내지 후천적 원인에 관계없이 신체적 혹은 정신적 능력의 장애 때문에 부분적으로 또는 완전히 일상생활을 스스로 유지하기가 어려운 사람, 지체장애, 시각장애, 청각장애, 언어장애 또는 지적장애 등 정신적 결함으로 인하여 장기간에 걸쳐 일상생활 또는 사회생활에 상당한 제약을 받는 자로 대통령령으로 정한 기준에 해당하는 자, 신체적 · 지적 · 정서적 · 언어적 등의 어느 영역에 있어서 일정한 결함이나 편차로 인해 한 사회가 요구하는 보통의 성취수준에 도달하지 못하는 상태 등으로 정의하고 있다. 따라서 장애의 정의에는 신체적 또는 정신적 장애라는 의학적 원인이 존재하며, 이러한 원인에 의하여 일상생활이나 사회생활에 상당한 제약을 받고 있는 상태라는 두 가지 조건에 의하여 규정된다. 그리고 특수교육 대상자로 선정된 자는 적절한 교육을 받을 수 있도록 교육권과 학습권을 보장해 주고 있다(김정란, 2006). 이와 같이 장애청소년은 법적으로 제도적으로 규정하고 있는 바에 따라 인권적인 차원에서 그에 적합한 교육과 치료를 받을 권리가 있는 것이다.

2. 장애청소년의 특성

1) 장애청소년의 유형별 특성

교육인적자원부의 2007년 특수교육 실태조사서의 장애영역별 특수교육 대상 현황을 살펴보면, 지적장애(54.7%), 정서장애(11.6%), 학습장애(10.6%) 순으로 조사되었다. 이에 이 세 가지 장애의 구체적인 특성을 살펴보면 다음과 같다.

(1) 지적장애 청소년

① 사회 · 정서적 특성

첫째, 지적장애 청소년은 일반 청소년에 비해 사회적, 대인관계능력 기술이 부족하다. 대부분의 적응행동에서 결함을 보이기 때문에 긍정적인 사회적 관계와 대인 간 능력 향상을 위해서는 이들에게 적절한 사고, 판단, 사회적 기술을 지도할 필요가 있다.

둘째, 지적장애 청소년들의 사회적 · 정서적 발달에는 생활연령이나 정신연령이 영향을 미치게 된다. 이들은 정신연령은 낮지만 사회연령이 높기 때문에 같은 나이 또래의 생활내용을 배우기를 원하지만 대인관계가 원만하지 못하고 여러 상황에 부적응하는 등 혼동이 일어날 수 있다. 특히 자기지향성, 책임감, 사회적 기술 등의 부족으로 인해 부적절한 행동을 나타내어 주위 사람들로부터 거부당하는 것을 알 수 있다(이수진, 2005). 또한 이들은 선천적 · 후천적인 지적 능력의 결함으로 언어능력, 통찰능력, 판단력 등에 결함이 있을 뿐 아니라, 후천적인 경험의 여러 가지 제한으로 인해 사회 · 정서적 발달에 있어 많은 제약을 받고 있다.

셋째, 여러 가지 정서적 · 사회행동적인 문제점을 보인다. 정상적인 발달과정에 있는 학생들과 함께 있다 보니 학교환경에서 자신들의 반응의 양이나 질과 상관없이 결과가 부정적이라고 믿는 '학습된 무기력'을 경험하게 된다. 또한 과거에 부정적인 경험을 했던 상황에 처하면 좌절에 대한 내성이 부족하여, 쉽게 좌절하거나 거부하게 되고 공격적인 반응양상을 보이기도 한다. 문제해결능력에 있어서는 스스로의 힘에 의존하기보다는 상황적 혹은 외부적인 단서들을 길잡이로 삼는다. 이들은 자신들 스스로의 능력을 믿지 못하도록 학습되었고, 과거에 그들이 경험했던 작은 실패 때문에 이러한 경향이 그들 사이에서 널리 퍼져있다고 주장하고 있다. 이는 반복되는 실패가 가져오는 악영향인 것으로 보인다.

이러한 문제점들로 인해 지적장애 청소년들에게 나타나는 사회적 · 정서적 특성을 요약하면, 의존심이 지나치게 많아 타인에 대해 건강하게 반응하지 못하고 대인관계에 있어 심한 긴장감을 나타낸다. 더불어 의사소통능력과 일상적 생활에 적응하는 능력이 부족하다(장은미, 2007). 결과적으로, 장애청소년들의 문제행동을 사회 · 행동적 접근으로 다루기보다 정서적으로 접근함으로써 내면의 문제를 파악하는 것이 필요하다.

② 인지적 특성

지적장애 청소년은 사고의 발달에 영향을 미치는 다양한 사회 · 환경적인 자극으로부터 격리되어 있는 경우가 많고, 일반 교육체계와 분리된 교육을 받고 있어 다양한 또래집단 활동에 참여하는 기회가 제한된다.

따라서 이들은 후천적으로 인지발달이 충분히 이뤄지지 못하게 되어 기억과 학습 등 기초생활유지에 필요한 기술능력 등이 뒤떨어진다(최소림, 2006). 또한 이들은 학습상에서 주의집중의 시간과 범위에 있어 심한 어려움을 느낀다. 주어진 투입정보를 재생하기 위해 정보를 조직하고 구성하는 기술이 부족하여 이들의 장기기억은 일반 청소년에 비교할 만하나 단기기억은 결함이 있다. 그리고 새로운 일이나 문제상황에서 지식이나 기술을 적용하는 능력에 결함을 보이기 때문에 선행경험을 미래의 문제해결에 사용하지 못한다. 또한 추상적으로 사고하는 능력이나 자료를 가지고 일하는 능력이 제한되어 있다.

지적장애 청소년의 경우 일련의 학습과정에서 요구되는 모든 능력에 제약이 있다. 일반적으로 지능지수 70을 전후해서 판별의 기준으로 삼기 때문에 지적장애는 학업능력이 일반 청소년의 평균수준에 비해 상당히 낮다. 그래서 많은 지적장애

청소년들이 새로운 기술을 학습하는 데 실패를 나타내기 때문에 새로운 과제를 학습할 때 실패를 예견할 뿐만 아니라 새로운 과제에 대한 시도조차 거부하곤 한다(신현기 외, 2000). 이와 같이 지적장애 청소년은 일반 청소년과 지적 수준이 다르기 때문에 수준에 맞는 교육과 주의 집중력을 키워줄 수 있는 프로그램이 필요하다.

③ 운동 · 신체적 특성

지적기능장애가 주요 원인이기 때문에 정신적 기능과 신체 모든 기관의 운동과 밀접한 관계가 있다. 이런 경우 신체의 각 부위의 형태나 기능면에서도 다양한 특성을 나타내는 경우가 많은데, 앉기, 서기, 보행, 뛰기, 손가락 사용 등의 기능이 지체되고 민첩성도 결핍된 경우가 많다(최평임, 1992 재인용). 이들의 신체적 과제 수행에 요구되는 힘, 지구력, 협응, 달리는 속도, 유연성, 그리고 반응시간은 정상 또래들에 비해 매우 낮은 단계에서 이루어진다고 많은 연구들이 보고하고 있다(Bruininks, 1974; Rarick, 1973; Thomas, 1996). 이와 같이 지적장애 청소년은 운동 · 신체의 움직임에서 부자연스러운 것을 확인할 수 있다.

④ 언어적 특성

지적장애 청소년들은 인지능력이 매우 느리게 발달하며, 이로 인해 언어발달이 방해를 받는다(Kirk et al., 1993). 이들은 거의 대부분 언어장애가 있는데, 특히 인지, 사회, 정서적인 성장을 방해한다. 지체의 정도가 심해질수록 뇌 속의 언어발달을 관장하는 영역의 잠재적인 신경학적 손상 때문에 언어발달은 더 지체되게 된다.

말과 언어의 발달은 지적 발달과 밀접하게 연관되어 있기 때문에 지적장애 청소년들은 일반 청소년보다 언어지체가 두드러지는 특징으로 나타난다. 또한 음의 대치와 생략과 같은 조음장애가 자주 발생하고, 구어발달의 지연, 제한된 어휘, 정확하지 않은 문법사용 등을 포함한 언어장애를 가지고 있다. 이와 같이 지적장애 청소년은 인지부족과 언어지체로 의사소통에 많은 어려움을 겪고 있다.

(2) 정서장애 청소년

① 사회 · 정서적 특성

애저튼(Edgerton, 1990)은 정서장애는 열등감, 불안, 자아의식 도취, 과민, 우울증 등 내향적이며 자책적인 감정이 지배적인 것이 특징이며, 열등감과 불안 그리고 무기력으로 인한 반복되는 실패의 경험을 통해서 학습된 무기력을 갖게 되고, 능력의 부족으로 인해 대체로 낮은 자존감을 가지고 있다고 하였다. 이처럼 정서장애로 인해 나타나는 큰 특징들을 살펴보면 부적절한 자기표현과 낮은 표현력, 사회성 기술의 결여, 무기력과 낮은 자존감, 자아통제력의 결여 등으로 볼 수 있다. 일반적으로 정서장애 청소년들은 문제행동으로 인하여 가정, 학교 및 지역사회환경에 적응하는 데 여러 가지 문제를 갖게 되며, 동료나 부모, 교사 및 기타 주요 인사들과 사회적으로 책임 있는 관계를 형성하거나 유지하는 데 어려움을 겪는다. 또한 자신의 문제, 생각, 욕구 그리고 감정들을 언어화하여 표출하는 것에 어려움을 가지고 있다. 이들은 일상생활 중 실패와 욕구좌절의 누적으로 늘 불행감을 경험하며, 자신에 대한 부정적 개념을 발전시켜 차후에는 정서적으로나 사회적으로 여러 가지 적응상의 문제를 야기할 위험성이 크다. 또한 정서적으로 기복이 심하여 교우관계가 원만하게 이루어지지 않으며, 사람과의 관계형성에 문제가 있어 사회적으로 고립될 수도 있다. 이와 같이 정서장애 청소년들은 사회 · 정서적으로 고립되고 소외되어 있어서 불안정한 현실이다.

② 인지 · 학업적 특성

정서장애 청소년은 공격행동, 불안-위축행동, 미숙행동, 사회화된 공격행동 등의 행동 특성을 보이며 학업에도 어려움을 겪는다. 정서장애를 정의함에 있어서도 하나의 기준이 지적 · 신체적 및 감각적 요인으로 설명할 수 없으나 학습에 심한 부진을 보이는 경우로 규정하고 있다. 물론 정서장애 학생들이 모두 학업에 문제를 가지는 것은 아니며, 정의에서 규정하고 있는 여러 가지 영역 중에 한 가지 이상을 나타내는 경우로 규정하므로 획일적으로 말하기는 어렵다. 이것은 학습에 직접적인 영향을 미치므로 고려해야 할 중요한 영역이다.

대체로 정서장애를 가지고 있는 것으로 판별된 학생들은 자신의 정신연령에 맞는 성취 기대 수준에 미치지 못하는 것으로 보고 있다. 특히 학업성취가 극히 부진하고 정서 및 행동 면의 문제가 가벼울 때는 학습장애로 분류되는 경향이 있다.

③ 운동·신체적 특성

정서장애 증세가 있는 경우 대근활동, 소근활동, 지각운동능력이 일반인에 비교하여 낮게 나타난다. 특히 감각기관과 연관된 운동능력은 일상생활에 필요한 기능과 연관되므로 이에 관한 지도와 훈련이 요구된다.

체력이나 대근활동의 부족은 일반적으로 훈련부족이 원인인 것으로 추측된다. 이들에게 가장 문제가 되는 신체능력은 지각운동기능이다. 이들은 동작이나 복잡성, 숫자, 색깔 혹은 크기로 인하여 심리적인 충동을 일으켜 운동수행을 거부하는 경우가 많이 나타난다.

일반적으로 정서장애 학생에게 나타나는 지각운동기능의 문제점은 첫째, 박자(청각자극)에 맞는 박수를 치지 못한다. 둘째, 물건의 조작능력이 부족하다. 셋째, 모방기술이 부족하다. 넷째, 자기 스스로를 돌볼 수 있는 능력이 부족하다(장명재 외, 1998). 이와 같이 정서장애 청소년들은 가장 큰 정서적인 문제를 비롯해서 운동·신체적으로도 많은 어려움을 겪고 있다.

④ 언어적 특성

자폐장애 청소년들은 언어사용에 있어 억양의 결여와 리듬의 이상도 보고되고 있는데, 리듬과 언어의 상징적 사용의 이상이 청소년기까지 지속된다고 보고하였다(Rutter & Cox, 1975). 자폐학생의 발음은 비교적 정확하며 명료도가 높은 편이나 어떤 경우에는 지나치게 정확한 발음 때문에 운율적인 구어의 흐름이 방해받기도 한다(김영태, 2002).

또한 다른 특성으로 다른 사람의 말을 따라하거나 들은 내용을 의미 없이 반복하여 말하는 반향어의 특성을 보인다. 의사소통상황에서 적절한 언어를 사용하는 데 어려움이 있고(Landry & Loveland, 1989), 자기중심적인 언어사용이 많으며, 사회적 언어나 자발어의 사용이 거의 없다(김영태, 2002). 이와 같이 정서장애 청소년은 언어적인 특성 때문에 원활한 의사소통에 어려움이 있다.

(3) 학습장애 청소년

① 사회 · 정서적 특성

학습장애 학생은 주된 문제가 인지적인 측면에 있으며, 이에 근거하여 학습에서의 결함이 학습장애의 주요 특징으로 강조되지만 동시에 여러 가지 심리 · 정서적인 문제를 보인다. 예를 들어, 부정적 자아개념, 낮은 좌절 극복의지, 사회적 위축, 사회적 거절과 회피, 열악한 자기경영능력 및 수행력의 지체 등이 있다. 이러한 문제들은 더 나아가 사회적인 적응에서의 어려움까지도 연결된다. 학습장애로 인해 욕구가 좌절되면, 많은 학습장애 학생들은 사회적 상황에서 혼란되고 그들 자신의 가치에 대해 부정적 감정을 가지게 된다. 따라서 그들의 정서 발달은 비장애 학생들의 정서 발달과 다를 수 있다.

학습장애 학생들이 사회 · 정서적인 문제를 보이는 이유 중의 하나는 이들이 사회적 인지(social cognition)능력에 있어서 결함을 보인다는 것이다. 특히 상대방과의 대화 등의 사회적 상호작용 중에 사회적 단서(social cues)를 잘 해석하지 못하고 다른 사람들의 감정이나 느낌, 상태를 잘못 해석할 가능성이 있기 때문에 성공적인 사회적 상호작용을 유지하기 어렵다. 이러한 사회 · 정서적인 문제는 학업성취에 있어서의 문제로 인해서 나타나기도 하며, 부정적인 영향을 미치기도 한다(이소현 · 박은혜, 2005). 또한 학습장애 학생들은 비장애 학생과 비교하였을 때 과잉행동이나 문제행동을 더 많이 보이기도 하며, 불안감과 충동조절의 어려움으로 인하여 학교생활에서 문제점을 보이기도 한다(허묘연, 1990). 학습장애 학생의 사회적 어려움은 사회적 상황을 이해하거나 다른 사람의 입장을 조망하는 사회적 지각능력의 부족, 자기중심적–상대방의 요구에 덜 반응적인 의사소통양식의 문제, 사회적으로 기능하는 데 방해가 되는 공격이나 위축, 주의력 결핍과 같은 행동문제, 대인관계 문제해결능력의 부족 등을 포함한다.

이와 같이 학습장애 청소년들은 사회 · 정서적으로 불안정하며 자존감이 낮고, 위축되어 있는 것을 확인할 수 있다.

② 인지 · 지각적 특성

학습장애 학생들은 조직적으로 사고하는 능력이 결핍되어 있는 경우가 종종 있으며, 이로 인해서 자신의 생활을 계획하고 구성하는 데 문제를 보이곤 한다. 이때 조직적으로 사고하는 능력이란 인지능력을 의미하는데, 좀 더 정확하게 말한다면 인지(cognition)란 사고하고 전략을 사용하고 문제를 해결하는 능력을 말한다. 이와 같은 인지능력에 문제를 보이기 때문에 기억력에 있어서도 결함을 보인다. 다시 말해서, 이들이 기억에 있어서 빈약한 수행을 보이는 가장 큰 이유 중의 하나는 이들이 암기를 위한 전략을 사용하지 못하기 때문이다. 연구들을 살펴보면, 학습장애를 지닌 학생들은 그렇지 않은 학생들에 비해서 암기 과제에 훨씬 더 큰 어려움을 보이는데, 이것은 비장애 학생들이 사용하는 암기전략을 사용하지 않기 때문인 것으로 나타났다. 그러나 중요한 것은 학습장애 학생들에게도 이와 같은 암기전략을 사용하도록 학습시킬 수 있다는 사실이다(이소현 · 박은혜, 2005).

학습장애 학생은 인지적 결함으로 인해 사회적 상황을 잘못 이해하거나 일상생활의 기본적 요구에 반응하는 데 어려움을 갖기도 하며, 타인의 입장을 조망하고 감정을 이해하는 데 어려움을 보이기도 한다(허묘연, 1990).

학습장애 학생들의 인지문제는 과제를 효과적으로 수행하기 위해서 필요한 기술이나 전략들을 이해하고, 과제를 성공적으로 완수하기 위해서 자기조절기제를 사용하는 능력인 초인지(metacognition)문제와 밀접하게 관련된다. 일반적으로 기억, 인지, 초인지의 세 가지 중 한 영역에서 문제를 보이면 나머지 두 영역에서도 결함을 보이기 때문에, 학습장애 학생들은 보편적으로 이 세 가지 영역에서 문제를 보이곤 한다.

학습장애 학생들 중에는 시각 · 청각에 있어서 지각장애(perceptual disorder)를 보이는 학생들도 있다. 지각상의 장애는 시각장애나 청각장애에서와 같이 얼마나 정확하게 보고 들을 수 있는가 하는 감각능력의 정확도의 문제가 아니라 시청각 자극을 받아들이고 정리하고 해석하는 데 있어서의 결함을 의미한다. 이러한 문제는 이들의 학업성취에 부정적인 영향을 미치게 되는데, 예를 들어서, 시·지각장애를 지닌 학생의 경우 퍼즐 맞추기나 도형을 기억하는 데 문제를 보이기도 하며, 글자를 거꾸로 읽거나 비슷한 글자를 혼동하기도 한다. 또한 청·지각에 문제가 있는 학생은 비슷한 소리를 식별하지 못하거나 언어지시를 따르는 데 어려움을 보이기도 한다(김승국, 1997). 이와 같이 학습장애 청소년들은 인지적인 결함으로 인해 특히 학습적인 측면에 많은 어려움을 겪고 있다.

③ 운동·신체적 특성

이들은 신체·지각적인 측면에서 전반적으로 동작이 어설프고 민첩하거나 꼼꼼하지 못한 부분이 있다. 특히 시각–운동협응 능력이 낮아서 세밀한 동작을 요하거나 지각과 동작 간에 협응을 요하는 과제수행능력이 또래에 비해 현저히 떨어짐을 보인다(김동일, 1998).

음악치료활동을 통하여 바람직한 행동조절을 유도할 수 있는데, 이는 학습기술의 발달을 위해서는 행동조절이 반드시 뒤따라 주어야 하기 때문이다.

이러한 행동조절은 음악치료의 처음 몇 회기 동안 성취되어야 하는 영역으로, 이 시기의 음악치료를 통해 학습장애 학생의 행동유지 수준이 어느 정도 높아졌다고 생각될 때에 다른 영역의 기술을 습득하는 데 도움을 주는 활동을 적용하면 효과적이다(임명희, 2004). 이와 같이 학습장애 청소년은 운동·신체적으로 민첩하지 못하지만 음악치료활동을 통하여 바람직한 행동조절을 유도할 수 있다.

④ 학습적 특성

학습장애 학생은 공부를 하는 양에 비해서 성취도가 대단히 저조한 경우가 많다. 공부를 하는 시간은 많더라도 의도한 과제에 집중하는 시간이 적을 뿐만 아니라 학습하는 방법에 대한 지식이 거의 없기 때문에 성취도가 낮을 수밖에 없다. 이에 대한 학습장애 학생들의 학습 특성(김윤옥, 2000)을 살펴보면 다음과 같다.

첫째, 학습장애 학생은 학습에 있어서 타인의 지시에 의존하는 경향이 있다.

둘째, 학습장애 학생은 수행을 관리하는 데에 있어서 어려움을 느낀다.

셋째, 과제의 변화에 따라 전략을 적절하게 수정하여 적용하지 못한다.

넷째, 이들은 언어의 문제를 가지고 있기 때문에 읽기와 쓰기에도 어려움을 느끼며 90% 이상이 읽기에 어려움을 보인다(Vaughn, 1998).

다섯째, 하나의 상황에 맞는 기술이나 개념을 이해하여 실행하는 능력은 있으나 다른 상황에 배운 것을 전이하는 일반화의 어려움을 가진다.

여섯째, 과제에 대한 긍정적인 접근보다는 실패를 전제하면서 과제에 접근한다. 즉, 발달상 준비가 되어있지 않은 데서 오는 과제수행요구는 좌절, 실패, 의존성을 만들어 낸다(김윤옥, 2000).

학업 성취상의 문제는 학습장애의 주요 특성으로 학업상의 문제가 발생하지 않을 경우 학습장애도 존재하지 않는다고 할 수 있다. 학습장애 학생들 중에는 한두 과목에서만 문제를 보이는 경우도 있지만 대부분의 학습장애 학생들은 학과목 전반에 걸쳐서 성취의 문제를 보이곤 한다.

읽기영역에서 보편적으로 나타나는 문제는 단어적인 문제와 본문에 나타나는 정보를 기억하기 위해서 효과적으로 학습전략을 사용하지 못하는 문제이다. 일반적으로 초등학교 아동들은 1~2년 정도의 지체를 보이며, 중학교에 진학해서는 기대치보다 약 3년 이상의 지체를 보인다.

다시 말해서, 성장할수록 읽기영역에서의 문제는 더욱 심각해진다고 할 수 있다. 이와 같이 학습장애 청소년들은 글에 대한 의미파악과 전달이 원활하지 않아서 학습적인 측면에 많은 어려움을 겪고 있다.

3. 장애청소년의 자아정체감

자아정체감(ego identity)이란 자기 자신의 독특성에 대한 안정된 느낌을 말하는 것으로 대부분의 심리학자들은 정체감의 위기를 극복하고 정체감을 형성하는 것을 청년기 동안에 이루어야 할 주요 발달과업으로 든다. 이러한 정체감 형성과 관계되는 것으로는 가치 있는 행동 및 기준, 자신의 능력이나 성역할 등에 대한 느낌과 생각 등이 포함된다. 안정된 정체감을 형성하기 위해서는 신체적 · 성적 성숙, 추상적 사고발달과 정서적 안정감이 필요하다. 정체감 확립은 시간 경과에도 불구하고 자신이 동일한 사람이라는 인식이 이루어질 수 있어야 하고, 자아의 다양한 특성들이 일관성 있는 하나의 체계로 통합될 수 있어야만 가능하다.

자아정체감(ego identity)은 에릭슨(Erikson, 1968)이 처음 사용한 용어인데, 한마디로 정의하기는 어려운 개념이다. 에릭슨(Erikson)은 개인의 정체감을 객관적인 측면과 주관적인 측면으로 구분하고 있다. 즉, 그는 정체감을 객관적 측면인 심리사회적 정체감(psychosocial identity)과 주관적인 측면인 개별적 정체감(individual identity)으로 구별하고 있다. 여기서 심리사회적 정체감이란 개인이 속하고 있는 집단에 대한 귀속감 또는 일체감을 의미한다. 그리고 개별적 정체감이란 이러한 집단적인 정체감 속에서도 개인이 자신은 타인과 다른 고유한 존재라는 의식을 갖게 된다는 것을 의미한다.

개별적 정체감은 개인적 정체감(individual identity)과 자아정체감(ego identity)으로 이루어졌다. 개인적 정체감이란 시간이 흐르거나 상황이 바뀌어도 자기 자신이 동일한 존재라는 자기 동질성(self-sameness)과 자기 연속성(self-continuity)에 대한 자각으로 자기존재의식을 말한다.

에릭슨(Erikson)은 자아정체감 형성이 고정되거나 불변의 것이 아니라 환경과의 상호작용을 통해 계속 수정되는 것으로 한 개인으로서 자아가 경험하는 모든 대상들을 자기의 고유한 방식으로 조직하고 통합하는 과정에서 일관성, 동일성, 연속성을 가지고 주체적으로 사고 · 인식 · 행동하게 하는 능력이며, 자기의 통합된 구조라고 정의하였다. 이것은 자아정체감의 형성이 청소년기의 주요한 과제이지만, 그 전의 다른 시기가 이것의 형성에 무관하지 않다는 것을 의미한다. 무엇보다 자기에 대한 동질감은 자아정체감의 중요한 요소다. 즉, 과거의 나와 현재의 내가 동일한 사람이라는 연속성이야말로 '나'를 생각할 때 중요한 부분이다.

에릭슨(Erikson)과는 대조적으로 뉴만과 뉴만(Newman & Newman, 1976)은 청소년기를 집단정체감(group identity) 형성과 개인적 정체감(personal identity) 형성의 두 시기로 구분하였다. 그들은 청소년들이 독특한 개인적 정체감을 형성할 수 있기 이전에 또래들과의 집단정체감을 먼저 형성하게 된다고 가정하고 사춘기부터 18세까지의 기간을 '집단 정체감 대 소외(group identity versus alienation)'의 시기로 그리고 18세부터 21~22세까지의 기간을 '개인적 정체감 대 역할혼란의 시기'로 명명하였다.

박아청(1995)은 자아정체감이란 한 개인이 자기가 누구이며, 어디에 있으며, 어디로 향하여 가고 있는가에 대한 과거, 현재, 미래의 연속성을 인식하고 자신을 독특한 의미를 지닌 존재로서 인지하여 여러 가지 동일시와 자신의 능력, 사회적 역할을 융합하여 하나의 자아를 찾으려는 자아 통합적인 과정인 동시에 그와 관계있는 어떤 집단과의 동일시와 어떤 이념, 신념, 직업의 의존을 통해 자신을 규정하려는 것으로 보았다.

마샤(Marcia, 1966)에 의하면, 자기 동질성과 연속성을 유지하면서도 변화하는 세계 속에서 새롭게 부딪히는 내적 충동이나 욕구들, 외적인 자극들 그리고 도덕적 가치들을 수용하여 자기 나름대로의 독특한 방식으로 자신을 재통합한다. 그렇게 함으로써 우리는 자신이 타인과 구별되는 고유한 존재라는 전체감(wholeness) 내지는 통합감(integrity)을 갖게 된다. 즉, 우리가 사회적 상호작용 속에서 다양한 충동과 욕구, 능력, 역할, 가치 등을 통합하여 추출해 낸 통합된 자기구조(self-structure) 내지는 자기 참조적 실상들(self-referent images)을 자아정체감이라고 하였다.

자아정체감은 사회적 상호작용을 통하여 발달하는 것으로, 자기를 묘사해 주는 자기감정적인 상들의 집합(Dignan, 1972)이다. 청소년 자신이 경험한 다양한 동일시를 소재로 그것을 사춘기 특유의 강한 자아와 생명력의 에너지로 통합하여 부모, 교사, 친구, 서적이나 매체를 통해 알게 된 사람들 등 다양한 과정을 통하여 동일시하는 것은 자신의 자아정체감을 형성하는 데 활용될 수 있는 내적 자산이 된다. 그러나 이러한 것을 끌어 모으거나 찢어 붙이는 것으로 자아정체감이 형성되는 것은 아니다.

여러 이론을 종합해 보면, 자아정체감이란 지금까지의 경험을 단순히 더하는 것이 아니라 점진적으로 통합해 가는 것으로(Erikson, 1968), 자신이 타인과 구별되는 고유한 존재라는 전체감(wholeness) 내지는 통합감(integrity)을 갖는 것이다. 타인들과 다른 여러 가지 개인적 특성을 소유하고 있으면서도 그런 특성을 조화롭게 통합해 나가며, 시간의 흐름과 경험의 변화 속에서도 자기 지각의 일관성을 지닐 수 있는 것이다. 즉, '나는 이런 사람이다'라는 자신의 연속성과 독특성을 일관성 있게 고양시켜 나가는 것이라고 하겠다.

성공적인 정체감 발달은 자신감을 증진시켜 생활에서 부정적인 사건과 긍정적인 사건을 잘 조절하여 변화할 수 있게 한다고 하였다(Baumeister, 1995). 긍정적 정체감을 가진 청소년은 자신의 미래에 대하여 보다 낙관적이며 높은 자존감을 가졌고(Meeus, 1996), 최상의 심리적 상태로 건강을 유지하고 대인관계에서 친밀감을 보여주었다(Baumeister, 1995).

자아정체감은 인생주기의 생애초기, 즉 유아기부터 청년기의 다섯 단계 동안 개인이 경험하고 관계를 맺는 결과로 나타나는 발달적 산물이며(Bourne, 1978), 아동기와 청년기를 통해서 계속 발달된다(Jacobson, 1964). 만일 청년들의 장래 전망이 어둡거나 단절되어 있을 때 자아정체감의 혼미를 초래하거나 부정적인 정체감이 형성되기도 한다(Maier, 1975). 통합교육을 받은 학생들이 특수학교에 다니는 학생보다 더 높은 자아개념을 보인다(Sarfaty & Katz, 1978). 그러나 장애인들은 자신의 신체이미지에 대한 올바른 인식이나 자아개념의 발달이 비장애인에 비해 늦거나 결여되어 있으며, 열등감과 자신에 대한 과소평가로 자아개념 발달에 부정적인 영향을 받는다고 하였다. 또한 감각, 이동, 지적 능력에 대한 결손으로 사회적 · 물리적 환경과의 상호작용의 경험이 부족하기 때문에 바람직한 자아개념의 발달이 지체되거나 부정적인 자아개념을 갖게 된다고 하였다(Stainback, 1994). 장애청소년은 문제상황을 해결하기 위하여 일반적으로 다른 사람에게 의존하는 경향이 있는데, 이런 점은 자신의 능력을 불신한 결과에서 초래된다. 이런 부정적인 자아개념은 생활에서의 부적응과 중요한 상관관계를 가진다. 긍정적인 자아개념을 가진 경우 자기존중감과 자기신뢰감을 가지며 다양한 생활상의 변화에 잘 적응하는 한편, 부정적인 자아개념을 지닌 경우는 당면한 상황에 잘 적응하지 못하여 실패와 좌절을 자주 경험한다(Walrren, 1976).

성인기로의 성공적인 전이를 위해 장애청소년들도 긍정적인 정체감이 필요하다. 장애인복지의 목적이 장애인이 지역사회에서 독립적인 성인으로 삶의 질을 누리고 자기 자신에 대한 자신감과 자존감을 누리며 사는 것이라고 할 때, 장애인이 자기 자신에 대한 자신감과 자존감을 높일 수 있는 긍정적인 자아정체감을 발달시키는 것은 매우 중요하며(Gliedman & Roth, 1980), 장애인들이 자신의 장애를 수용하고 긍정적인 자아정체감을 형성하는 것은 지역사회에서 타인과의 적절한 상호작용을 하며 생활하도록 한다는 점에서 그 의의를 찾아볼 수 있다.

임명숙(2009)은 철학교육이 지적장애 학생에게는 적합하지 않다고 인식되었으나 가정과 사회, 자연 속에서 나를 발견하고 '우리'라는 개념을 명확히 인식하고 관계성의 새로운 변화를 가져오는 계기가 되었고, 자신과 삶 속에서 지속적으로 경험을 재구성하여 삶에 관한 물음을 던져 올바르고 주체적인 판단과 행동을 할 수 있도록 하였다고 보고하였다. 여가활동 프로그램이 지적장애 학생의 주체성, 자기수용성, 미래확신성, 목표지향성, 주도성, 친밀성의 하위영역을 가진 자아정체감에 긍정적인 영향을 줄 수 있다고 하였다(서지훈 · 신진숙, 2010). 김명섭 · 신혜숙(2011)은 청각장애 청소년에게 '참여하기, 표현하기, 협력하기'로 요약되는 뇌교육 프로그램 참여전략을 토대로 자신을 바라보고 자신을 바꾸어 가는 자기이해 경험을 하는 과정에서 자아정체감 발달을 이루어 갔다고 하였다. 이익섭 · 신은경(2006)의 연구에서 장애인의 정체성은 장애인의 주관적 장애수용과 장애를 받아들이는 수용과 태도의 통합된 의미를 지닌다고 하였다. 장애인의 장애인됨을 의미하는 장애정체성(disability identity)은 장애인의 자아정체성(ego identity)과는 다른 의미를 지니지만 장애정체성이 주관적 · 객관적 자아를 함께 포함하고 있는 개념이며, 장애에 대한 심리정서적 영향의 사회적 이해를 가능하게 하는 개념이라고 하였다.

이순금(2011)은 지적 · 학습장애를 중심으로 한 특수학급 학생의 자아정체감 향상을 위한 음악치료연구를 통하여 자기수용과 주도성을 제외한 모든 영역, 즉 주체성, 미래확신성, 목표지향성, 친밀성의 영역에서 효과적이었음을 보고하였다.

장애청소년의 자아정체감 형성을 위한 여러 연구들(김명섭 · 신혜숙, 2011; 서지훈 · 신진숙, 2010; 이순금, 2011; 이익섭 · 신은경, 2006; 임명숙, 2009)은 장애청소년의 자아정체감 형성을 위하여 철학교육, 여가활동 프로그램, 뇌교육 프로그램 참여전략을 토대로 자신을 바라보고 자신을 바꾸어 가는 자기이해 경험, 음악치료연구 등 다양한 각도에서 사회복지적인 실천이 이루어져야 함을 제시하고 있다.

4. 장애청소년의 권리

지금까지 우리나라에서 추진되어 온 장애인 복지제도나 지원은 다분히 자선적 혹은 시혜적 입장에서 시행되어 왔다. 또한 보다 근본적으로는 장애인을 그저 복지정책의 수혜대상자 정도로 가볍게 여겨온 것이 사실이다. 그러나 이제 장애인을 단순한 사회복지서비스의 수혜자가 아니라 자기결정권이 인정되는 재활의 '소비자(consumer)'로 인식해야 할 것이다.

장애인이 실질적으로 자기 권익을 스스로 보호받고 옹호하기 위해서는 정부나 지방자치단체가 베풀어 주는 혜택을 받는 것이 아니다. 장애인이라 하더라도 한 개인의 마땅한 권리로서 받는 복지, 다시 말해 소비자로서의 주권을 인정받아야 한다. 이 말은 장애인이 자신의 재활에 필요한 시설입소나 각종 재활 프로그램이나 혹은 필요한 복지서비스를 스스로 선택하고 결정할 수 있는 '자기결정권(self-determination)'을 인정하는 것을 말한다(Albrecht, 1992).

적어도 장애인이 주체가 되어 다양한 재활 · 복지사업과 프로그램에 참여하여 장애인 스스로가 선택하고 결정하게 될 때 장애인에 대한 우리 사회의 새로운 인식을 정립시켜 나갈 수 있으며, 장애인의 인권이 실질적으로 보장되고 각 장애인도 한 인격체로 이 사회에 통합될 수 있을 것이다.

현재 미국이나 유럽 등 선진 복지국가에서의 장애인 권익운동의 핵심은 독립생활 이념이다. 즉, '정상화(normalization)'의 이념에서 독립생활로 그 철학적 기저가 변화되고 있다(Szymanski & Parker, 1993).

장애인의 독립생활 이념에 포함되는 것은 '탈시설화 · 탈병원화'와 함께 '지역사회 중심 재활(community-based rehabilitation)'의 주역으로 스스로 살아갈 수 있는 법적 ·

제도적 권익을 확보하는 것이다. 더구나 이 독립생활운동의 이념에는 장애인도 정치적 · 경제적 권리를 완전히 확보할 때 사회참여가 가능하다는 것이 내포되어 있다(Albrecht, 1992). 장애인지도자들이 정치적 · 경제적 측면에서 실질적 권리와 힘을 가지는 것은 지역사회 장애인복지를 통하여 근본적인 사회참여를 촉진시킬 수 있고 명실공히 장애인도 권리의 주체가 된다.

5. 장애청소년의 사회참여

전통적인 우리 사회는 서로 돕고 살아가지 않으면 안 되는 사회였다. 그래서 사람들은 함께 더불어 살아가기 위해 필연적으로 공동체 의식이 발달되었다. 계나 품앗이 등과 같은 미풍양속은 지금도 일부 농촌지역에 남아있다. 그런데 산업사회는 우리의 좋은 전통을 한꺼번에 단절시켰다. 이제 우리 사회는 완전 경쟁사회가 되어버렸다. 경쟁에서 승리하는 사람만이 결과적으로 살아남을 수 있는 사회에서 밀려날 수밖에 없는 장애인을 포함한 소외계층은 이러한 환경 변화에 대처하지 못하고 매우 힘든 삶을 살고 있다.

특히 장애를 가진 사람의 경우는 그 정도가 매우 심각하다. 장애를 가진 사람들 중에는 심지어 물리적인 환경에서조차도 사회와 격리된 삶을 살아가고 있는 사람들도 있다. 또한 지역사회에서 살아가고 있는 장애인이라 할지라도 사회에서 자기의 역할이 없는 경우 또한 사실상 사회 속에서 격리된 삶을 살고 있기는 마찬가지다.

장애인의 격리가 정당화된다면, 그 사회는 최악의 인권침해현장으로 보아도 무방하다. 이러한 오명에서 벗어나기 위해서도 장애인의 사회참여가 가능하기 위한 노력이 절실히 요구된다. 장애인의 사회참여를 위해 국제기구는 장애인의 인권 차원에서도 그렇고, 사실상 생존의 조건이기도 하다는 이런 의미에서 특히 장애인의 사회참여를 강조하고 있다.

그렇다면 장애인의 사회참여가 어려운 이유는 무엇인가? 사회참여를 방해하는 여러 요인이 있겠지만 '낙인론(labelling theory)'이 우리 사회에서 설명할 수 있는 적절한 이론이라고 볼 수 있다. 사회적인 낙인은 인간관계에 있어서 이해하기 어렵거나 불편한 상황을 처리하기 위해 당사자들에게 얼마나 치명적인 것인가를 인간의 사회화과정을 살펴보면 쉽게 알 수 있다.

치료와 보호라는 미명하에 장애인들을 '문제집단'이나 '문제를 가진 개인'으로 낙인찍어 결과적으로 서비스 대상자들을 거의 반영구적인 보호대상자나 의존적인 존재로 전락시켜 사회참여와는 거리가 먼 삶을 살아가게 했음을 알 수 있다.

장애인들이 아무리 사회참여를 원한다고 할지라도 일반사회의 '배제(exclusion)' 때문에 어쩔 수 없이 소외된 사회생활을 할 수밖에 없다는 것이다. 장애인이 사회참여를 희망한다고 할지라도 일반사회에서 정상적인 성원으로 용납할 수 있는 기회와 공간을 만들어 주지 않고 방치한다면, 장애인들은 사회로 접근하지 못하고 자연히 '격리(segregation)'된 생활환경을 취할 수밖에 없다.

참여를 희망하는 장애인과 참여를 거부하는 일반사회와의 관계는 하나의 지속적인 갈등관계로밖에 표현될 수 없으며, 결과적으로 방어력이 없고 힘도 없는 장애인이라는 격리집단은 힘있는 다수인 비장애인집단에 의하여 계속해서 격리당할 수밖에 없을 것이다. 장애인 사회참여를 저해하는 요소를 제거하기 위해서는 비장애인들이 가지고 있는 제반 부정적 가치관을 변화시키고 장애에 관련된 중요한 결정과정에 장애인의 참여기회를 높여야 한다.

장애인 참여란 장애인이 정상적인 지역사회 안에서 가치 있는 방법으로 인격적 개인으로서 성공적인 참여를 하는 것이다. 여기서 중요한 것은 개인과 참여이다. 참여는 개인의 관점에서 보아야 하며, 단순한 참여가 아닌 가치 있는 참여의 관점에서 보아야 한다. 그러므로 장애인에게 필요한 지원 없이 사회로 사람만 밀어 넣는 것은 참여이념에 맞지 않는다. 사람만 밀어 넣는다는 것은 오히려 투매라고 볼 수 있다는 것이다. 다시 말하면, 진정한 의미에서의 장애인 사회참여가 가능하려면 사회적으로 가치 있는 역할이 있어야 한다는 말이다.

장애청소년의 사회참여란 정치적 · 사회적 · 문화적 · 경제적 수준에서 장애인에 대한 인간으로서의 존엄한 권리를 보장하고 국민으로서, 그리고 시민으로서 동등한 대우를 받도록 하는 제반 조치로 이해되어야 한다. 이러한 입장은 장애인의 시민적 권리를 인정한다는 것과 같은 것인데, 장애인이 사회참여를 통하여 시민적 권리를 확보한다는 것은 근본적으로 지역사회 안에서 법적으로 완전한 신분을 인정받아 사회참여를 할 수 있게 되는 것을 의미한다. 따라서 장애청소년의 참여는 장애청소년으로 하여금 사회구성원으로서 정상적인 사회생활을 할 수 있도록 하는 구체적인 조건을 갖추어 주어야만 가능하다.

다행스러운 것은 1975년 '제30차 유엔 총회'에서 채택한 '장애인 권리'의 아홉 번째 권리로 '장애인은 그 가족이나 또는 양친과 함께 생활하고 모든 사회적 활동 · 창조적 활동 · 레크리에이션 활동에 참가하는 권리를 갖는다. 장애인은 그 거주에 관하는 한에서 그 상태로 인하여 필요하든가 또는 그 상태에 유래해서 개선하게 될 경우 이외에는 차별적인 취급을 면한다. 만일 장애인이 전문시설에 입소하는 것이 절대로 필요할 때에도 그곳에서의 환경이나 생활조건은 동년배의 사람의 일상생활과 가능한 한 유사한 것이라야 한다'라고 분명히 명시한 것은 장애인의 사회참여를 강조하기 위해서이다.

이를 기초로 유엔은 1981년에 '세계 장애인의 날'을 선포하면서 장애인의 경우 '완전참여와 평등(full participation and equality)'이 가능해야 인권이 보장된다고 보고 있다. 다시 말하면, 장애인의 사회참여가 가능하기 위해서는 사회 모든 분야에 접근이 가능해야 하고, 기회에 있어서는 물론 결과에 있어서도 평등해야 한다는 말이다.

1980년대 초에 들어와 유엔에서는 '세계 장애인의 해 10년(UN Decade of Disabled Persons, 1983~1992)'을 선언한 바 있다. 앞서 소개한 '세계 장애인의 해'의 표어인 '완전참여와 평등'의 효과적인 수행을 위해 '세계 장애인의 해 10년'을 결의하게 된 것이다. 이러한 노력의 효과가 있다는 평가 속에 아직도 아 · 태지역에 속한 많은 나라의 경우 장애인의 현실이 별로 진전된 바 없다는 판단에 따라 '아 · 태지역 장애인의 해 10년'을 선포하기로 했고, 이를 위해 12가지 행동계획(action plan)을 채택했다. 12가지 행동계획에 사회참여를 위한 절대적인 요소인 장애인의 교육과 관련하여 행동강령은 통합교육의 이념에 그 기초를 두고 있다.

즉, '모든 국민의 교육목표 달성을 위한 국가의 공식 · 비공식 프로그램에 장애

아동과 장애인을 포함시키고 문맹퇴치 및 교육 프로그램과 프로젝트의 대상임을 명확히 하며, 장애인 교육을 지원하는 프로그램에 대한 국가 및 지방정부 예산의 배정비율을 조정하는 등 다양한 형태의 장애를 지닌 아동과 성인이 교육체계에 참여, 주류화하도록 지원한다'라고 명시함으로써 그 실행안을 구체적으로 제시하고 있다.

우리나라의 경우도 장애인의 사회참여를 법적으로 명시하고 있어 정부 정책을 수립함에 있어 이를 기초로 하고 있다. 장애인복지법 제3조는 '장애인복지의 기본 이념은 장애인의 완전한 사회참여와 평등을 통한 사회참여를 이루는 데 있다'라고 기본 이념을 규정하고 있다. 1998년에 대통령이 서명한 「한국장애인인권헌장」에 나타난 아홉 번째 권리로 '장애인은 사회로부터 분리, 학대 및 멸시받지 않을 권리를 가지며'라고 규정함으로써 장애인의 사회참여를 강조하고 있다.

「장애인 등에 대한 특수교육법」 제21조는 '① 각급 학교의 장은 교육에 관한 각종 시책을 시행하는 경우 통합교육의 이념을 실현하기 위하여 노력하여야 한다. ③ 일반학교의 장은 제2항의 규정에 의하여 통합교육을 실시하는 경우에는 법률이 정하는 기준에 따라 특수학급을 설치 · 운영하고, 대통령령이 정하는 시설 · 설비 및 교재 · 교구를 갖추어야 한다'라고 규정하여 교육에 있어서의 통합을 강조하고 있다.

결국 장애인의 평등은 타 시민과 동등한 생활을 영위할 수 있는 평등이 보장될 때 실현가능한 것이고, 이러한 평등은 정상적이고 일반적인 환경 속에서 실천될 때에만 정당화되며, 평등하고 정상화된 장애인의 권리는 또한 사회참여라는 형태를 달성할 때에야 비로소 완성된다고 할 수 있다.

참고문헌

권영효(2002). 소년원학생 재비행 방지에 관한 연구. 경희대학교 대학원 석사학위논문.

김경식 · 이현철(2007). 청소년 비행의 영향요인. **교육사회학연구**, 17(2).

김달곤 외(2006). 불확실성과 성과 간의 관계에서 역동적 긴장의 매개효과. **대한경영학회지**, 20(5).

김선남(1999). 청소년 자존감 향상을 위한 가족기능화 집단상담 프로그램. **학생생활연구소보**, 24.

김선형(2011). 사회적 지지와 자기효능감이 청소년 비행에 미치는 영향. 한림대학교 대학원 석사학위논문.

김종연(2006). 설계기준 분석방법을 이용한 청소년의 흡연 관련요인. 경북대학교 대학원 박사학위논문.

김준호(1999). 불건전한 청소년 문화의 진단. **학교경영**, 12(5).

김지선(2000). 청소년비행연구 동향에 대한 수량적 고찰. **청소년학연구**, 7(2).

김지수(2006). 남자중학생의 성 허용성에 영향을 미치는 요인 연구. **청소년학연구**, 12(4).

김철현(2009). 소년원 학생의 인성교육 프로그램 만족도와 학교적응에 관한 연구. 계명대학교 대학원 석사학위논문.

김태훈(2009). 여자 비행청소년의 재비행에 영향을 주는 요인 탐색. 경기대학교 대학원 석사학위논문.

김헌수 · 김현실(1997). 한국비행 청소년의 가정환경 및 개인내적 특성. **소아 · 청소년정신의학**, 8(1).

김현실(2007). 청소년비행의 가정환경적 요인. **청소년행동연구**, 12.

소윤희(2010). 청소년의 레저활동유형과 비행유형의 관계에 관한 연구 : 부산 소년원생을 중심으로. 부경대학교 대학원 석사학위논문.

송인섭(1993). 수업과 학습평가와의 관계에 대한 논의 : 수업개선과 학습평가. **교육연구**, 270.

양봉환(2007). 소년보호교육기관의 효율적 운영과 변화전략에 관한 연구. **소년보호논집**, 7.

원호택(1993). 청소년상담이론 모형의 모색. **대학생활연구**, 11.

이용교(2012). **한국청소년복지론**. 정민사.

이용교 · 이희길(1997). 한국 청소년을 위한 인권교육의 모색. **아동권리연구**, 1(1).

정혜미(2009). 부모와의 애착관계가 청소년 비행에 미치는 영향. 경기대학교 대학원 석사학위 논문.

조한일(2006). 청소년 인성교육 프로그램의 효과에 관한 연구. 공주대학교 대학원 석사학위 논문.

천정웅(2012). **청소년복지론-발전적 관점**. 양서원.

천정웅 · 김 민 · 김진호 · 박선영(2011). **차세대청소년학총론**. 양서원.

한국청소년개발원(2007). **청소년문제론**. 교육과학사.

한상철(2004). **청소년학(청소년 이해와 지도)**. 학지사.

한상철 · 조아미 · 박성희(2001). **청소년심리학**. 양서원.

홍봉선 외(2010). **청소년문제론**. 공동체.

CHAPTER 10

다문화가정과 청소년복지

| 제10장 | 다문화가족과 청소년복지

1. 다문화의 의의

1) 다문화가정 개념과 현황

다문화가정(multicultural families)은 다문화가족지원법상 재한외국인처우기본법 결혼이민자와, 국적법에 따라 대한민국 국적을 취득한 자로 이루어진 가족을 말한다. 우리나라 국제결혼은 2000년대 중반에 급증했다. 당시 국내 젊은 노동계층의 3D업종 기피현상과 노동인구 감소에 다른 다양한 사회 · 경제적 원인으로 인해 저출산 · 고임금 시대의 부족한 노동력 문제를 해결하기 위한 외국인근로자의 국내이주가 활성화되고, 다른 한편으로는 한국여성들의 농촌기피현상이 심화되면서 농촌 총각들의 배우자로서 이주여성들이 대거 국내로 유입되어 다문화가정들이 형성된 것이다. 2002년부터 2019년까지의 국제결혼건수는 |그림 10-1|과 같다. 2002년에 15,202건이던 국제결혼이 2005년도는 42,356건으로 증가했다가 그 이후 하향세를 보여 2019년 기준 23,643건으로 기록되고 있다.

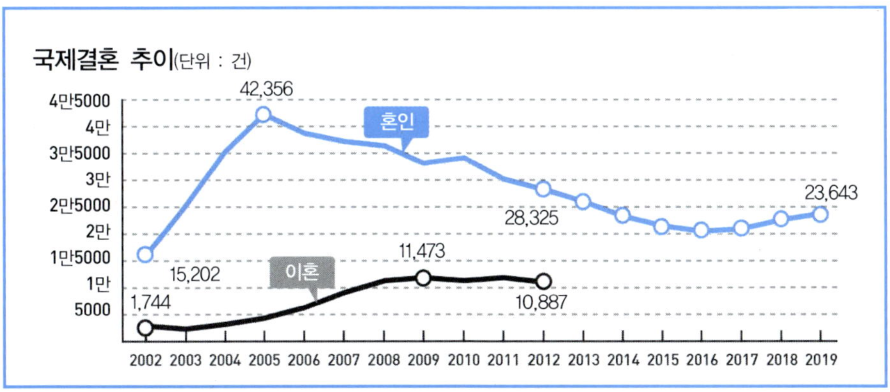

|그림 10-1| 국제결혼 추이(통계청)

여기서 우리가 주목해야 할 것은 다문화가정 자녀의 출생비율이다. 2009년부터 2019년까지 우리나라 출생 중 다문화가정의 출생비율은 꾸준히 증가하여 2019년을 기준으로 5.9%(17,939명)에 해당한다. 전년대비 다문화가정의 출생아 수는 감소하고 있지만, 우리나라 전체 출생률이 현격하게 감소하고 있는 상황에서 다문화가정의 출생비율은 높아진 것을 알 수 있다. 향후 다문화가정의 출생비율은 점점 더 증가할 것으로 예상된다.

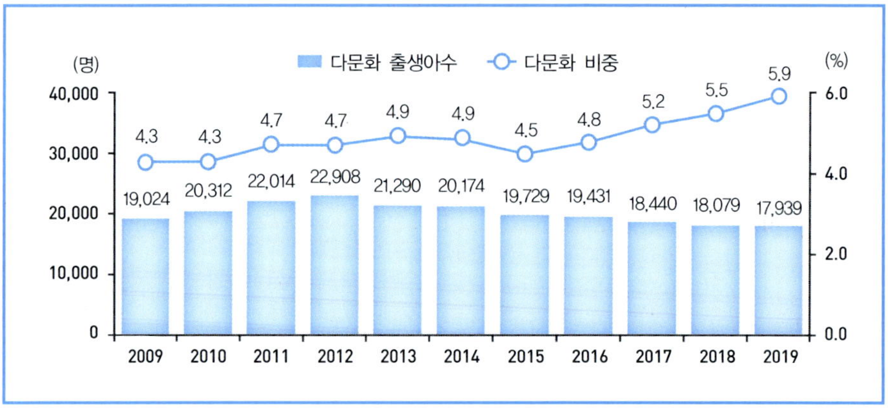

|그림 10-2| 다문화 출생아 수 및 전체 출생 중 다문화 비중 추이(2009~2019)

출처 : 통계청(2020).

2019년 우리나라 전체 혼인 중 다문화 혼인 비중은 10.3%로 전년대비 1.1% 증가한 것으로 나타났다. 이중 외국인이 아내인 경우가 69.3%로 가장 많았다(통계청, 2020).

2) 다문화가정 청소년의 개념 및 현황

다문화가정이란 사회·문화적 배경을 달리하는 두 사람 혹은 그 이상의 결합으로 발생되는 모든 가족형태로 정의될 수 있다. 그러므로 다문화가정 자녀는 국제결혼가정 자녀와 외국인근로자 자녀를 의미한다고 볼 수 있다. 여기서 말하는 국제결혼가정 자녀는 한국인 아버지와 외국인 어머니 사이에서 태어난 자녀와, 한국인 어머니와 외국인 아버지 사이에서 태어난 자녀를 말하며, 외국인근로자 가정의 자녀는 외국인근로자가 한국에서 또 다른 외국인근로자를 만나 결혼하여 낳은 자녀와, 본국에서 결혼하여 형성된 가족이 국내에 이주한 가정의 자녀를 말한다.

특히 외국인근로자 가정은 부부가 국적이 같은 가정도 있고, 국적이 서로 다른 가정도 있다. 이들은 모두 자신들의 모국문화와 한국문화를 경험하면서 여러 문화를 흡수하며 살기 때문에 다문화가정으로 포함시키는 것이 마땅하다.

따라서 '다문화가정'은 교육부의 다문화가정 학생교육지원 정책대상에 근거하여 국제결혼가정뿐만 아니라 외국인근로자 가정의 가족구성원까지를 포함하는 것으로 정의한다. 그리고 '다문화가정 청소년'이란 초 · 중 · 고등학교에 재학 중인 학생에서부터 중도입국자녀 등 다문화가정의 자녀 전부를 의미한다고 볼 수 있다.

2000년 이후 국제결혼가정의 자녀의 취학은 계속 늘어나고 있다. |그림 10-3|은 학교급별 다문화가정 학생비율을 나타내고 있다. 이에 따르면 2014년에 전체 초등학생의 1.8%였던 다문화 초등학생은 2020년 4.0%로 증가했으며, 다문화 중학생도 0.7%에서 2.0%로 증가했다. 다문화 고등학생도 0.4%에서 0.9%로 증가하며 전체적으로 2014년에 비해 2020년에 두 배 이상 다문화 학생의 수가 증가한 것을 알 수 있다. 2020년을 기준으로 다문화 가정 학생의 수는 초등학생이 가장 많고 그 다음으로 중학생, 고등학생 순이었다.

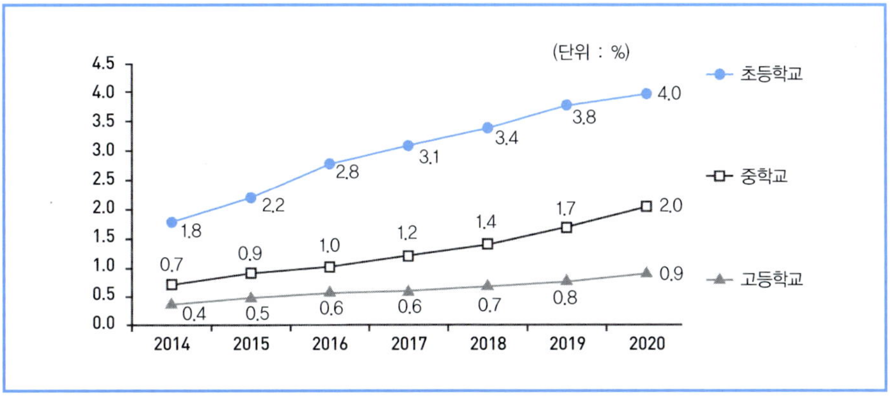

|그림 10-3| 학교급별 다문화 학생의 비율

출처 : 통계청(2020). 청소년통계; 교육부(2020). 2019 다문화 인구동태 통계.

2. 다문화가정의 형성

1) 국제결혼가정의 자녀

1990년대에는 한국 사회에서 주변화된 농촌 남성들과 경제적으로 빈곤한 국가의 여성들과의 결혼으로 국제결혼이 급증하게 되었다. 즉, 결혼문제로 어려움을 겪고 있는 농촌 남성과 타국의 여성이 결혼하는 것인데, 초반에는 중국동포와의 결혼이 많았다. 그 후 중국동포 여성과의 결혼에서 사기결혼 · 위장결혼 등의 피해사례가 보고되면서 그 대안으로 동남아시아, 중앙아시아, 러시아 등 다른 지역 여성들과의 국제결혼이 등장하게 되었다. 국제결혼으로 이주해 온 여성들은 한국어 부족으로 인한 의사소통의 어려움과 한국인과 다른 외모로 결혼생활 및 사회생활 적응에 어려움을 겪게 되었다. 그럼에도 불구하고 한국남성들에게는 성격이 온순하고 시부모를 잘 모실 것이라는 선전과 더불어 외국여성에게는 한국 사람과 결혼하면 돈을 모국에 보낼 수 있다는 국제결혼 중개업자들의 선전에 의해 국제결혼은 급격히 증가하였다. 국제결혼의 증가는 다문화가정의 자녀수의 증가로 이어지게 되었다.

국제결혼가정 자녀들이 말을 배우는 가장 중요한 시기인 유아기에는 한국말이 서투른 외국인 어머니의 교육하에 성장하기 때문에 언어발달이 늦어지고, 의사소통이 어려워 학습부진을 초래한다. 물론 일상적인 의사소통에는 큰 문제가 없으나 읽기나 쓰기 능력은 현저히 떨어지는 것으로 나타났다.

이러한 결과로 국제결혼가정 아동의 언어수용능력은 보통 아동들보다 1년 정도 지체를 보인다고 한다.

이처럼 언어적인 부분에서 학습부진은 집단따돌림까지 경험하는 악순환을 낳는다. 동 자료에 의하면, 현재 자녀와 동거하고 있는 응답자들 중 그들 자녀가 또래 아이들로부터 집단따돌림을 경험했다는 비율은 17.6%이다. 도시보다는 농촌에 거주하는 결혼이민자의 자녀가 집단따돌림을 당할 가능성이 더 높다고 한다.

2) 외국인근로자 자녀

우리나라는 1980년대 급속한 경제성장으로 인해 3D직종을 중심으로 외국인근로자들이 국내에 유입되었다. 이후 우리나라는 외국인근로자의 이주가 급격히 증가하게 되었고, 외국인근로자들의 장기체류가 증가하면서 그들이 이룬 가정의 자녀들이 늘어나게 되었다. 외국인근로자 자녀의 현황을 살펴보면, 2005년 5월 기준으로 외국인근로자 중 취학연령대 자녀(7세 이상 18세 이하)는 17,300명으로 추정되며, 이 중 외국인학교 재학생 7,800명을 제외하면 국내학교 유입 가능인원을 약 9,500명으로 추정한다.

외국인근로자 자녀들 중 저개발국의 불법체류 외국인근로자 가정의 경우에는 거주지의 불안정, 경제적 어려움, 신분노출 우려 등의 이유로 자녀를 정규학교에 보내지 않는 경향이 있다. 위와 동일한 자료에 의하면, 외국인근로자 자녀의 취학률은 약 1만 명 중 1,574명으로 15.7%에 불과하며, 나머지는 제도교육의 사각지대에 놓여있는 실정이다. 이와 관련하여 외국인근로자 자녀를 대상으로 실시한 표본조사에 의하면, 정규학교에 다니지 않는 이유로 '돈을 벌기 위해서'(35%), '한국말을 못해서'(20%), '불법체류 아동이기 때문에'(15%) 등으로 나타났다. 이 외에도 외국인근로자 자녀의 부모들 역시 언어적인 문제로 인해 학교에 재학하는 자녀의 교육과 관련하여 거의 도움을 주기 어려운 상황 때문에 방치를 하고 있다. 외국인근로자 자녀들 중에서도 도시 전문직 외국인근로자 자녀와 도시 비전문직 노동에 종사하는 외국인근로자 자녀, 지방 비전문직 노동에 종사하는 외국인근로자 자녀 등으로 구분할 수 있으며, 이들 속에서도 도시 전문직 외국인근로자 자녀를 제외하고는 다른 외국인근로자 자녀들은 경제적·문화적·언어적·인종적으로 사회취약집단에 속해 많은 이들이 정규학교에 가지 못하거나, 정규학교에 가더라도 방과 후에는 방치되고 있다.

3) 중도입국자 자녀

중도입국자 자녀는 부 또는 모가 한국에서 재혼을 하여 한국으로 입국한 경우가 제일 많다. 중도입국자 자녀는 주로 한국에 오기 전에는 부모가 직접 양육비를 보내주다가 데리고 오는 경우가 있는데, 특히 중도입국자 자녀 중 청소년의 경우에는 양육비 부담문제 등 다양한 문제로 한국으로 데려오고 있는 실정이다. 중도입국자의 입국과정을 살펴보면, 결혼이민자들은 한국인 남성과 결혼 이전에 혼인해서 출생한 자녀가 있는 경우, 입국 후에 보통 2~3년 이후에 입양형태로 자녀를 데리고 오는 경우가 많다.

중도입국자 아동들은 한국에서 결혼하기 전 본국에서 결혼을 하여 아이를 출생한 경우이다. 이런 경우 한국남성들은 결혼할 때 대부분 자녀가 있다는 걸 모르고 있는 경우가 대부분이다. 한국남성이 결혼 전에 본국에 자녀가 있는 것을 미리 알고 있는 경우는 결혼 후 남편과 합의하여 데려온다. 이때 합의까지 걸리는 기간은 2~3년이 걸리는 것으로 파악되고 있으며, 한국으로 데려오기 전까지는 본국에 있는 조부모나 친척에게 맡겨두고 전화나 편지로 연락하고 있다가 합의 후 데려온다.

특히 결혼 후 바로 결혼 이전 혼인에서 출생한 자녀를 데려오지 못하는 이유는 이주여성이 한국에서 자녀들의 적응이 걱정되어 데려오지 못하거나, 남편과의 합의가 어려워 데려오지 못한다고 한다. 본국에서 자녀를 데려오는 경우는 입양을 하거나 자녀가 어릴 경우 인우보증 등을 통해 입적을 바로 시키는 경우도 있다. 그런데 중도입국자 자녀의 대부분은 한국인 자녀로 입양하여 데리고 온다. 그 이유는 교육 등 각종 혜택의 대상이 되기 때문이다. 입양절차의 경우에도 출신국에서 하는 것이 아니라 한국에서 한다. 그 이유 역시 한국에서는 입양절차가 출신국에 비해 복잡하지 않고, 비용 역시 많이 들지 않기 때문이다.

(1) 미취학 자녀

행정자치부(2008)의 통계자료에 의하면, 다문화가정의 미취학 자녀는 2007년도 26,445명, 2008년에는 33,140명으로 6,695명이 증가하였다. 즉, 1년 사이에 증가율이 약 57%이다.

중도입국자 자녀들 중 미취학 자녀들, 즉 영유아인 경우 일부는 엄마와 떨어진 시간과 낯선 환경으로 인해 정서적으로 불안정한 모습을 보이기도 한다. 그러나 나이가 어리면 어릴수록 한국어를 빨리 습득할 수 있는 가능성이 크기 때문에 한국생활 적응에 언어적인 문제는 적게 나타날 것으로 보인다. 그렇기 때문에 보통 입양을 하고 한국국적을 획득하면, 어린이집이나 유치원에 보내 한국생활에 적응시키려고 하고 있다.

이와 관련하여 다문화가정 미취학 자녀의 보육시설 이용현황을 살펴보면, 2008년 12월 기준으로 보육시설을 이용하는 다문화가정 미취학 아동들은 총 20,920명으로 민간보육시설에는 10,408명(48.8%), 가정보육시설에 3,891명(18.6%), 법인보육시설에 2,959명(14.1%), 국공립시설에 2,287명(10.9%)이 다니고 있으며, 지역별로는 농어촌에 8,075명(38.6%), 대도시에 6,811명(32.6%), 중소도시에 6,034명(28.8%)이 거주하고 있다.

(2) 취학자녀

중도입국한 취학연령 자녀들의 경우 대부분 한국 일반학교로 진학해서 학업을 계속한다. 그러나 한국어능력에 대한 사전평가 기회나 절차가 없으므로 학업능력에 대한 충분한 평가나 배려가 부족하다. 초등학생의 경우 한글을 배울 수 있는 기회가 있는 1~2학년은 비교적 학교생활 적응에 어려움이 적지만, 고학년으로 갈수록 교육내용이 심화되면서 한국어를 몰라서 학교수업을 따라가지 못하거나 적응을 힘들어 하고 있었다.

중도입국자들이 경험하는 지원 프로그램은 방문 한국어지도사를 통해 한국어를 배우는 것이 대부분이었고, 드문 경우로 다문가족지원센터에서 악기를 배우는 경우도 있었다. 학교에서는 다문화 관련 프로그램을 따로 운영하거나 특별과외를 해준다는 사례는 찾지 못하였다.

(3) 청소년자녀

중도입국자 자녀 중 청소년 자녀는 아직 그 수가 많지 않다. 그래서 이들을 위한 정책도 많이 부족한 편이여서 많은 문제를 안고 있는 집단이기도 하다. 대부분 중도입국자 청소년은 가정형편이 어려워서, 또는 한국어를 몰라서 한국에서 학교에 들어가지 못하는 경우가 있으며, 이 외에도 학력문제 등으로 학교에 들어가지 못하는 경우가 있다. 물론 2001년 법의 개정으로 저학년의 아동(초등학생)은 입학이 쉬운 반면, 중학생 이상인 경우는 학교에 입학하기가 쉽지 않기 때문이기도 하다. 그 이유는 다문화가정 아이 중 본국에서 한국으로 들어와 중학교에 입학하려는 경우 외국학력 인정이 쉽지 않고, 인정할 수 있는 서류가 제대로 제출되지 않기 때문에 학교에 들어가지 못하고 있기 때문이다. 물론 입학은 허락이 안 되지만 청강이 가능한데, 이 경우도 문제인 것이 중학생이 청강생으로 학교를 졸업해도 정규졸업장을 받을 수 없기 때문에 고등학교 입학이 되지 않고, 고등학교 역시 청강생으로 입학하면 똑같이 정규수업을 받고도 청강생이라는 신분으로 졸업장을 받을 수 없기 때문에 학력은 여전히 초등학교 졸업으로 되기 때문이다.

중도입국자 자녀들을 대상으로 하는 한국어교육은 다문화 관련센터에서 일주일에 2~3회 정도 공부할 수 있다. 하지만 이 횟수로는 한국어 실력을 높이는 데 어려움이 있을 수 있다. 특히 저학년의 경우에는 크게 문제될 것이 없지만 고학년에게는 문제가 발생할 수 있는 것이다. 그래서 일부 중도입국 청소년 자녀들은 한국어를 별도의 시간을 내어서 공부할 기회도 갖지 못한 채 바로 일용직 아르바이트를 시작하는 경우도 있다.

3. 다문화가정 청소년의 기본 관념

1) 다문화가정 청소년의 사회적 인식

다문화가정 부모의 한결같은 소망은 1차적으로 자신이 한국 사회에 적응하는 것이며, 2차적으로 자녀들이 한국 사회에서 건강하게 살아가는 것이다. 그렇기 때문에 변화하는 다문화사회에서 가장 큰 관심을 가져야 할 부분이 다문화가정의 청소년문제이다. 그런데 우리 사회는 다문화가정 청소년을 쉽게 받아들이지 못하는 경우가 대부분이다.

다문화가정 청소년들은 하나 이상의 문화 속에서 생활하는 어려움도 있으나, 일반가정 청소년들로부터 받는 편견을 경험하고 있다. 특히 차별, 멸시의 경험은 심리적 상처를 주어 자신감의 상실을 가져올 수 있다.

다문화에 대한 부정적 인식은 강한 단일민족의식에 기인한다. 그동안 순수혈통을 중시하던 사회에서 다문화가정 청소년들을 보는 시각이 엄마 혹은 아빠가 외국인이라는 입장에서 사회병리적인 또는 그와 관련된 법률적인 차원에서 접근함으로써 이들을 구조적인 모순의 희생자라는 신분에 처한 사람들로 보는 경향이 있기 때문이다.

2) 다문화가정 청소년 정책의 필요성

앞에서 살펴본 바와 같이 2019년 국제결혼은 23,643건으로 같은 해 전체 결혼의 10.3%에 달한다(통계청, 2020). 다문화 가정 학생의 80% 이상이 국제결혼가정의 자녀에 해당한다.

즉, 국제결혼건수가 늘어나면서 다문화가정 역시 늘고 있고 그들의 자녀 역시 늘어난다는 것이다. 이에 다문화가정 청소년을 위한 정책 중에서도 국제결혼가정 청소년에 대한 정책이 중요하다. 물론 교육부는 이들의 교육지원을 위해 대안학교와 예비학교 설치 · 운영을 대폭 확대하고 있으나, 다문화가정 청소년들이 차별적 시각을 느끼며, 다수집단 안에서 동등한 인격체로 인식하기에는 너무 많은 사회적 제약이 따르고 있고, 또한 다문화가정 청소년들이 입국하여 정착하기까지 법적 · 제도적 기반과 지원체계는 아직 미비하다.

청소년은 앞으로 우리 미래를 책임지는 인적 자원이다. 그렇기 때문에 이들이 올바르게 성장할 수 있도록 많은 지원이 필요하다.

현재 발생하는 다문화가정 청소년에 대한 문제해결 위주의 정책이 운영되다 보니 실질적인 정책은 실효성을 보이지 못하는 면이 있다. 아직까지 우리나라에 팽배한 단일민족이라는 의식으로 인해 우리 사회의 다문화화에 대해 긍정적으로 받아들이지 못하는 사회적인 인식도 변화할 필요가 있다. 지금까지 증가세를 보이는 다문화 청소년의 비율은 앞으로도 계속 증가할 것으로 보인다. 이들이 우리나라의 민주시민으로 성장할 수 있도록 지원정책뿐만 아니라 사회의 인식변화를 위한 다각적인 접근이 요구된다.

4. 다문화가정 청소년의 생활실태

1) 다문화가정 청소년의 생활실태

(1) 다문화가정 청소년의 증가 실태

① 다문화가정 자녀의 증가 실태

여성가족부(2021) 통계에 의하면 다문화가정 자녀는 2019년 기준 264,626명이다. 이 중 만 6세 이하는 117,045명, 만 7~12세는 104,064명, 만 13~15세는 26,524명, 만 16~18세는 16,993명으로 6세 이하 영유아의 비중이 가장 높다. 다문화가정의 영유아 비중은 계속해서 높아지고 있는 추세이다.

초 · 중 · 고등학교에 재학 중인 다문화가정 학생 수는 2016년 99,186명에서 2020년에는 147,378명으로 증가하였다. 그중 초등학생이 107,694명으로 가장 많았고, 그 다음으로는 중학생 26,773명, 고등학생 12,478명 순이었다. 그 외 각종 학교에 다니는 다문화가정 학생은 433명이다. 2012년 전체 학생 수의 0.7%를 차지하던 다문화가정 학생의 비율은 2020년 2.8%로 증가하였다. 다문화가족의 영유아 자녀수의 증가로 인해 앞으로 다문화가정 청소년의 수도 꾸준히 증가할 것으로 예상된다.

2011년 다문화 혼인은 30,695건으로 전년(35,098건)보다 4,403건(12.5%) 감소하였고, 전체 혼인이 전년대비 0.9%, 한국인(출생기준) 간 혼인이 2.5% 증가한 데 비해 다문화 혼인은 12.5% 감소한 것으로 나타나고 있으며, 전체 혼인에서의 비중은 9.3%로 전년(10.8%)보다 1.5% 감소한 것으로 나타났다.

2011년 다문화인구 동태 통계를 보면, 다문화 출생아는 22,014명으로 전년(20,312명)보다 1,702명(8.4%) 증가하였고, 한국인(출생기준) 부모의 출생아가 전년대비 0.1% 증가한 데 비해 다문화 부모의 출생아는 8.4% 증가하였다. 전체 출생에서의 비중은 4.7%로 전년(4.3%)보다 0.4% 증가하였다.

또한 이들의 평균 결혼생활기간은 4.9년으로 지속적인 상승추세에 있고, 부모의 이혼과 재혼으로 인해 중도입국하는 청소년들도 늘어가는 추세다. 2012년 다문화가정 초·중·고등학교 학생 수는 46,954명이고, 전체 학생대비 다문화가정 학생 비율은 0.7%이다.

② 중도입국자 청소년 증가 실태

한국에 일자리를 찾아 입국하는 외국인근로자나 한국남성과 재혼하는 외국인 여성이 증가함에 따라 다문화가정 자녀의 출신국적이 한층 다양화되고 있으며, 외국에서 출생하여 성장하다 부모를 따라 한국에 중도입국하는 자녀가 늘어나고 있다. 2020년 기준으로, 중도입국 청소년은 3,587명이다(법무부, 2020). 여기서 말하는 중도입국 청소년은 외국인 부모 사이에서 출생하여 외국에서 자라다 성장하는 도중에 한국에 입국하였다는 점에서 외국인이주노동자 가정의 자녀와는 유사하다고 볼 수 있다.

국제결혼으로 입국하는 여성 중에는 출신국에서의 결혼가능(적령기) 연령이 우리나라보다 훨씬 어린 경우들이 있다. 예를 들어, 베트남에서는 15세 정도부터 결혼한다고 한다. 그러다 보니 20대 중반 이후에 한국남성과 재혼하는 이들은 모국에 이전 남편과의 사이에서 태어난 자녀가 있기도 하다.

이들 중에는 한국남편과 재혼해 몇 년이 지난 후 본국에 자녀가 있음을 밝히고 데려오기를 원해, 남편의 허락하에 아이를 데리고 오는 경우도 있다. 이러한 중도입국 아동·청소년 중에는 본국에서 어머니가 결혼하기 위해 떠난 후, 제대로 된 교육을 받지 못하며 한국에 입국한 후에도 오랜 기간 동안 교육공백기간을 경험하는 아동·청소년도 있다.

③ 다문화 구성원 증가

현재의 '다문화가정의 자녀'로 불리는 집단은 크게 국제결혼가정 자녀와 외국인 근로자 자녀로 구분할 수 있다. 물론 그 구분은 단순하지 않으며 다양한 분화 및 중첩이 이루어지고 있다. 예를 들면, 이주노동자 자녀만 해도 같은 나라 출신 부모가 아이를 데리고 입국하는 경우, 부모 중 한 명이 아이를 데리고 입국하는 경우, 부모가 한국에서 일을 하다가 어느 정도 기반이 잡힌 후 아이를 데리고 입국하는 경우, 나아가 미혼인 외국인근로자끼리 결혼을 하여 자녀를 출산하는 경우, 출신국이 다른 외국인근로자끼리 가정을 이루어 자녀를 출산하는 경우 등 매우 다양하다. 만일 미혼인 외국인근로자가 한국인 배우자를 만나서 가정을 이루면 이는 한국에서 일반적으로 생각하는 국제결혼의 가정이 된다(조혜영 외, 2007 : 218).

이와 관련하여 교육과학기술부(2010)의 다문화가족 청소년 현황에 따르면, 현재 학교에 재학 중인 다문화가정 자녀 가운데 일본 출신 자녀가 많은 수를 차지하고 있지만, 최근 몇 년간 국제결혼의 추이를 살펴볼 때, 중국, 몽골, 필리핀, 베트남 및 러시아와 기타 중 · 남부 아시아 출신 자녀비율이 증가하고 있다. 동일 자료에 의하면, 부모의 출신국적이 일본과 중국 등 동남아시아의 국적이 70%를 차지하고 있다(경기도가족여성연구원, 2010b : 11).

이 외에도 통계청(2010) 자료에 의하면, 2009년 국제결혼은 약 3만 건으로 우리나라 전체 혼인비율 중 약 10%를 차지하였다. 또한 이와 동일한 자료에 의하면, 재학 중인 다문화가정 자녀의 수는 2005년 6,121명에서 2010년 약 3만 명으로 5년 새 약 5배 이상이 늘어났다.

이처럼 외국인 혼인건수가 점점 늘고 있고, 이들의 자녀 역시 급증하고 있는 것을 알 수 있다. 즉, 다문화 구성원이 증가하고 있다는 것을 알 수 있는 것이다.

(2) 다문화가정 청소년 학교생활실태

① 자아존중감

사람은 누구나 자기 자신이 인정받고 존중받기를 원하며 자신을 존중할 때 비로소 자신의 중요성과 인간으로서의 존엄성을 스스로 느끼게 된다.

여기서 말하는 인간으로서의 존엄성을 자아존중감으로 볼 수 있고, 자아존중감(self-esteem)은 인간발달에 있어서 핵심적인 역할을 수행하는 것으로서, 개인의 바람직한 환경적응과 건강한 성격발달에 가장 중요한 요소가 되는 것을 말한다(양순미 외, 2003 : 124).

김기예 · 이소은(2004)의 아동 · 청소년의 자아존중감 발달의 연구에 의하면, 자아존중감이 높은 학생은 실패에 대한 두려움이 적어서 자신의 능력을 최대한 발휘하고, 매우 적극적이며 학교생활에서 성공할 가능성이 높으며, 낮은 질병발병률을 보인다. 반면 자아존중감이 낮은 학생은 우울증 발병률이 높고, 집단에 참가하는 것을 두려워하고 자신의 판단과 능력에 대해 회의적이며, 스트레스를 높이 지각한다고 보고하고 있다(김기예 · 이소은, 2004 : 43). 이처럼 자아존중감은 개인의 성격발달 및 사회적 행동결정에 중요한 요인이고, 학업성취, 대인관계 등 적응에 필수적인 요인이며, 우울, 불안, 중독, 비행과 같은 정신건강 및 문제행동을 완화하는 데 관련이 있는 요인임을 알 수 있다(김순규, 2012 : 113).

그런데 다문화가족 자녀의 경우 실제로 일반아동들과 다른 외모와 상황으로 또래와 주변사람들로부터 차별을 경험하는 경우가 많고, 이로 인해 학교적응과 발달에 부정적 영향을 받는 것으로 나타났으며, 사회적 편견 등으로 친밀한 교우관계를 형성하기 어렵고, 친구들과 다른 외모로 이들로부터 놀림과 따돌림을 경험하는 것으로 나타나고 있다(김순규, 2012 : 113). 이로 인해 다문화가정 자녀는 자신이 사랑받을 만한 소중한 가치이자, 유능한 사람이라고 믿는 마음보다는 일반아동들과 다른 외모, 상황 때문에 점점 위축되고, 나아가 특별한 이유 없이 차별과 따돌림을 경험함으로써 자존감이 떨어지는 아이들이 많다.

② 교육환경 만족감

사회의 발전과 함께 형식적인 교육기간이 연장됨에 따라 아동 · 청소년들은 대부분의 시간을 학교에서 보내게 되면서 학교는 청소년들의 인격형성 및 성장 · 발달에 절대적인 영향을 주는 공간이 되었다. 이처럼 학교는 청소년들이 학업성취를 잘하고 또래와 잘 어울리며, 학교생활에서 긍정적 행동을 유지할 수 있는 사회적 유능성을 성취하기 위한 유용한 장이다(양국선 · 장선숙, 2001 : 130). 그렇기 때문에 학교생활 적응은 청소년기에 습득해야 하는 중요한 발달과제이며, 학교에 잘 적응하는 것은 청소년기 이후 직업적 성취 및 성인기로의 전환 시에 성공적인 적응을 예측하는 중요한 요인이 된다고 볼 수 있다(강유진 · 문재우, 2005 : 288). 특히 교사 및 또래와의 긍정적인 관계는 자아존중감과 더불어 학교에서의 균형 있는 심리 · 사회적인 적응을 이끄는 주요 요소이다.

교육환경만족에 대한 정의는 학자들마다 다르지만, 일반적으로 학교의 규범과 질서를 준수하고 수업에 대한 참여도가 높으며, 교우 및 교사와의 관계가 원만하여 적절하고 조화로운 학교생활을 하여 학교생활에 만족하는 것을 의미한다(이정윤 · 이경아, 2004 : 272). 그런데 다문화가정 자녀의 경우 중 중도입국자의 자녀는 한국어 실력부족으로 학습의 참여도가 낮고, 의사소통이 원만하지 못해 교육환경이 열악한 편이다. 그러나 우리나라에서 태어나 한국어를 모국어로 여기고 한국어 습득이 완료되어 의사소통이 원만한 경우 이들의 학교생활 만족도는 대체로 높았으며, 선생님과의 관계 및 교우관계 역시 대체로 좋았다(김종식, 2011 : 60). 그러나 중도입학 등 한국어 습득이 되지 않거나, 우리와 문화나 외모가 판이하게 다른 경우에는 문제가 발생할 가능성이 높다고 볼 수 있다.

③ 다문화가정 청소년학교생활

학교는 사회적 환경 속에서 바르게 적응할 수 있도록 교육적으로 힘을 길러주는 역할을 수행하는 사회기관이다. 초등학교는 자아형성과정에 있는 학령기 아동들이 신체적 · 정서적 · 지적 발달과정에 가장 중요한 영향을 미치는 환경체계로서 의미가 있으며, 중 · 고등학교는 학문적 기술뿐만 아니라 중요한 비인식적 능력의 발달에 영향을 미칠 수 있다(김은경, 2004 : 15). 더구나 대학입시가 최고 목표가 되는 우리 사회의 특성상 아동이나 청소년들은 대부분의 시간을 학교에서 보내며, 방과 후에도 사교육에 시달려야 한다.

그만큼 학교생활과 학습활동이 청소년 일상의 대부분을 차지한다는 것이다. 그런데 다문화가정의 자녀는 점점 증가하고 있지만 이들을 위한 정책, 연구, 이해부족 등으로 인해 다문화가정 청소년이 학교생활의 부적응을 느끼고 있다.

다문화가정 청소년의 학교생활 부적응에 관해 경기도 가족여성연구원(2007)의

자료에 따르면, 다문화가정 청소년의 20%가 한국어 이해부족으로 수업의 어려움을 겪는다고 보고했으며, 1/5 정도가 학교에서 놀림이나 차별을 경험하고 있는 것으로 나타났다. 놀림이나 따돌림 경험의 이유로는 '엄마나 아빠가 외국인이기 때문에(36.1%)', '특별한 이유 없이(26.2%)'를 가장 많이 들고 있었는데 태도와 행동이 다르다든가, 대화가 잘 안 통하는 등 다문화가정 청소년 당사자가 지니고 있는 태도, 행동, 의사소통의 문제가 아니라 단순히 그들의 부모가 외국인이거나 심지어 특별한 이유 없이 차별과 따돌림을 경험하고 있는 데에 문제의 심각성이 내재되어 있다. 특히 저개발국가 출신자 부모를 둔 다문화가정의 청소년들이 상대적으로 학교에서 따돌림을 경험하고 있다(이학춘, 2009 : 150).

2) 외국인 부모에 대한 인식실태

다문화가정 청소년들에게는 외국인 부모에 대한 피해의식과 자긍심이 공존하고 있다. 그 이유는 한 가지로 설명할 수 없다. 다만, 피해의식을 가지는 구조에 대해 한 가지를 언급하고자 한다.

다문화가정 자녀의 교육은 주로 여성이 도맡아 한다. 특히 결혼이주자 여성 등 타국에서 우리나라로 온 여성의 경우 한국어가 서투르거나, 한국문화나 풍습에 익숙하지 못해 자녀교육 시 많은 어려움을 겪는다. 이때 모가 한국어에 익숙하지 못한 경우 언어소통이 자유롭지 못해 자녀의 언어학습시기를 놓치는 경우가 대부분이며, 언어학습시기를 놓치면 언어발달이 늦어지게 되고, 나아가서 학습부진으로 이어져 학교생활에 적응하기가 어렵게 된다. 이미 앞에서 언급한 바와 같이 학교생활에 적응하지 못하는 경우 대부분이 사회생활에도 적응하지 못하는 악순환이 반복된다고 볼 수 있다. 특히 학교생활을 하는 시기는 사춘기 시기로 이때 다문화가정 자녀가 부모 때문이라는 생각을 하게 되면서, 부모를 원망하고 피해의식에 사로잡히게 된다.

이와 관련하여 경기도가족여성연구원(2010)의 다문화가정 청소년 생활실태조사에 의하면, 엄마 혹은 아빠가 외국인이라는 것을 친구들한테 알리기 싫어하는 경우는 상당수(31.8%)에 해당하며, 부모가 외국인이므로 공부도움을 못 받는다거나(16.4%), 말이 잘 안 통한다(8.8.%)고 느끼는 경우도 있다.

이러한 현상은 부모에 대한 원망과 가출충동에도 영향을 미쳐, 부모가 원망스러울 때가 있다(27.9%)거나 집이 싫어서 가출하고 싶을 때도 있다(21.%)는 경우도 상당수에 이른다는 조사결과가 있다.

3) 지역사회실태

최근 우리 사회에서 다문화사회가 이슈가 된 이후, 지역사회의 중요성은 더욱 커지고 있다. 다문화사회의 성립 자체가 지역사회의 통합, 지역주민의 사회적 합의, 지역자원의 효율적 이용이 이루어질 때 가능하기 때문이다.

특히 이 중에서도 다문화가정 자녀의 건강한 발달과 균형 잡힌 사회화를 위해서는 청소년들이 일상생활을 영위하고 있는 가정, 학교, 지역사회의 고른 기능수행이 중요하다. 즉, 가정이나 학교제도가 기능을 잘 수행하기 위해서는 지역사회와의 연계, 협력이 중요하다는 것이다. 이처럼 지역사회의 연계는 청소년에게 생활자원, 교육자원, 문화자원, 여가자원이 될 수 있다.

앞에서 언급한 바와 같이 다문화 청소년들은 대부분 방과 후에 가정이나 지역사회에서 제대로 보호를 받고 있지 못하는 것으로 나타났다. 이에 관하여 노충래와 홍진주(2006)는 다문화가정의 학생들이 일반가정의 학생들보다 방과 후에 방치되는 경우가 많기 때문에 이에 대한 적극적인 조치가 필요하다고 주장하였다(노충래·홍진주, 2006 : 30). 장덕희와 신효선(2010)에 의하면, 다문화가정 자녀에 대한 학교부적응 문제를 다루는 것은 매우 적절하며, 이를 간과하면 이들이 상급학교로 진학했을 때 더 심각한 부적응 문제를 일으킬 수 있어 이를 조기에 접근하고 예방하기 위해서는 학령기 아동의 대부분을 차지하고 있는 국제결혼가정의 자녀를 대상으로 한 연구가 시급하다고 하며(장덕희·신효선, 2010 : 125), 임한나(2008)의 연구에 의하면, 다문화가정 아이의 경우 방과 후에 학원에 다닌 적이 없는 경우가 40%에 이르렀다는 연구가 있다(임한나, 2008 : 105).

지역사회에서 적극적으로 보호를 받지 못하기 때문에 이들의 만족도 또한 낮게 나타났다. 신효선(2008)은 다문화가정 청소년의 지역사회생활 만족도가 다른 생활 환경의 요인, 즉 가정이나 학교보다 낮다고 보고있다.

지역사회로부터 적극적인 지지를 받지 못하고 있으며, 지역사회자원 활용에도 아직은 미진한 상황이었다(신효선, 2008 : 31).

5. 다문화가정 청소년의 문제점

1) 욕구수준의 문제

다문화가정 자녀를 대상으로 한 욕구수준에 관한 연구자료에 의하면, 다문화가정 청소년의 가장 큰 욕구가 학습인 것으로 나타났다. 학업욕구 다음으로는 여가 및 취미에 관한 욕구였다. 이하에서 이와 관련한 연구자료를 보면, 첫째, 노충래와 홍진주(2006)의 자료에 의하면, 몽골 출신 이주노동자 자녀가 희망하는 도움욕구는 한국어 교육(27%)이 가장 높았고, 학교공부에 대한 지원(24.1%), 기술교육(10.7%)의 순으로 나타났다고 보고하였다(노충래 · 홍진주, 2006 : 150). 둘째, 임한나(2008)의 자료에 의하면, 학습증진에 가장 효과적인 방법은 방과 후 학습이며, 이를 지도해 줄 선생님이 필요하다고 지적했다(임한나, 2008 : 105). 셋째, 김경준 외(2006)의 자료에 따르면, 다문화 농촌가정 청소년에게 가장 시급한 교육욕구가 외국어 교육이었다(김경준 외, 2006 : 90). 넷째, 전경숙(2008)의 연구자료에 의하면, 다문화가정 학생들은 오히려 일반 청소년보다도 더 학업욕구가 강하다는 사실을 지적하면서 소외나 차별 같은 정서적 문제의 대응도 중요하지만 실질적인 학업욕구 충족을 위한 대책이 필요하다고 주장하였다. 이들 연구는 일반가정의 청소년과 마찬가지로 다문화가정 청소년 대부분이 학생이기 때문에 학습욕구가 강하다는 사실을 알려주고 있다(전경숙, 2008 : 170).

학업욕구 다음으로 강한 욕구는 다양한 여가활동과 취미생활을 즐기고자 하는 것이었다. 김교정과 정교석(2008 : 278)이 다문화 청소년이 필요한 서비스가 무엇인지에 대해 질문한 결과, 문화 · 취미 · 여가활동(24.7%)이 한국어 학습(7.2%)보다 더 필요한 것으로 나타났다. 이러한 연구결과는 일반가정의 청소년, 그중에서도 농촌 청소년 등 소외지역이나 저소득층 청소년들에게 공통적으로 나타나는 욕구들이었다(김경준 · 오해섭 · 김진모, 2006 : 90).

이러한 연구자료로 알 수 있듯이 다문화가정 자녀들의 학습 · 문화욕구 충족에 많은 문제가 있다는 것을 알 수 있다. 먼저 다문화가정의 자녀들은 일반가정 아이들보다 한국어 교육이 더욱 필요하지만 이들을 대상으로 한 한국어 교육정책은 부족한 실정이다. 물론 다문화를 위한 한국어 교육은 각 부처별로 시행되고 있지만 이는 대부분 결혼이주자를 대상으로 하기 때문이다. 둘째, 다문화가정 자녀들은 경제적 어려움 등의 이유로 사실상 방과 후에 방치가 되는 경우가 있다. 물론 방과 후 돌봄서비스를 각 지역별로 운영하고 있지만 이는 다문화가정 아이들보다 현재 저소득층을 대상으로 하기 때문에 일정 소득 이상이 되면 이 서비스를 이용하지 못한다. 또한 다문화가정은 경제적 어려움으로 대학진학보다는 취업을 원하는 경우가 있는데, 이들을 대상으로 하는 기술교육이 준비되어 있지 않다. 마지막으로 다문화가정 자녀들 역시 한 인간으로서 문화 등 여가생활을 즐길 필요가 있다. 하지만 현 상황에서 많은 다문화 자녀들이 취미생활을 즐기기 힘든 것이 현실이다.

2) 다문화의 문제

한국은 전통적인 단일민족적 정서에 따라 인종적 편견을 가지고 있다. 특히 일반가정 청소년들이 가지는 국가나 인종에 대한 선호도는 또래 다문화가정 청소년에 대한 선호로 이어지고 있는 것을 알 수 있는데, 이와 관련하여 경기도가족여성연구원(2010)의 다문화가정 청소년 생활실태조사에 따르면, 일반가정 청소년들이 가장 많이 친구로 삼고 싶어 하는 국가는 북미와 유럽인으로, 전체의 61.3%를 차지했다. 그 다음은 일본으로 14.3%였고, 나머지 중국, 몽골, 베트남, 필리핀, 인도네시아, 방글라데시, 파키스탄, 러시아, 태국 등 기타 국가는 매우 낮은 수준이었다. 이처럼 경제적으로 강국이며 인종적으로 우위라고 인식되는 북미나 유럽인을 친구로서 가장 선호하고 있고, 기타 아시아나 아프리카처럼 경제적으로 어려운 국가나 유색인종은 낮은 선호도를 보이고 있다. 이러한 조사결과는 현재 일반가정 청소년들에게 있어 국가나 인종에 대한 편견이나 고정관념이 비교적 높다는 것을 입증하고 있어 다문화교육에 대한 필요성을 시사하고 있다.

우리 민족을 포함하여 세계적으로 단일민족이 없다는 것이 통설이며(심우엽, 2010 : 50), 전 세계가 다문화로 변해가는 지금, 우리는 다문화를 받아들일 준비를 해야 한다. 그러나 우리나라는 다문화를 받아들임에 있어 이제 막 준비를 시작하는 단계여서 많은 문제점이 발생하고 있다. 먼저 앞에서 여러 차례 언급한 인종차별이 발생한다는 것이다. 경기도가족여성연구원(2010)의 다문화가정 청소년 생활 실태조사에서 알 수 있듯이 북미와 유럽인은 차별 없이 받아들이는 반면, 동남아 계열에 대하여는 차별적 인식이 있다는 것이다. 이는 현재 우리의 인식이 우리보다 잘 사는 나라는 차별 없이 받아들이고 선호하는 반면, 경제적으로 어려운 국가의 출신은 비선호하는 것이다. 다음으로는 다문화가정 자녀를 한국인이 아닌 외국인으로 받아들이는 것이다. 이는 인종차별과 마찬가지로 단일화 민족의식 때문인 것으로 보인다. 즉, 다문화에 대한 이해보다는 인종 또는 우리나라 또는 외국으로 각각 구분한다는 것이다. 마지막으로 다문화가정에 지원되는 복지혜택과 다양한 무료 프로그램이 오히려 역차별을 한다는 의식과 함께 반다문화정서가 형성되고, 이는 다문화에 대한 잘못된 이해와 왜곡된 정보를 생성하는 문제를 낳는 것이다. 즉, 다문화가정의 한국어 부족 등으로 교육의 필요성은 인정하지만 무차별적으로 정책을 지원하고 있어, 혜택이 필요없는 가정까지도 지원을 받는 문제와, 내국인에게는 지원되지 않는 역차별이라는 생각을 갖게 하는 것이다. 이 외에도 다문화가정 청소년에 대한 경기도가족여성연구원(2010)의 자료에 의하면, 전체 응답자의 반수 내외가 다문화가정 청소년에 대한 관심과 호기심이 없고(47.8%), 낯설게 느끼며(56.4%), 함께 있으면 어색할 것 같다(47.4%)고 생각하는 경향이 있다. 거부감을 느껴 피하는 경우(15.2%)와 친구가 되는 것을 거부하는 경우(23.8%)도 상당수에 달한다.

3) 다문화가정 청소년의 환경적 문제

주 정(2011)의 연구자료에 따르면, 다문화가정 청소년의 환경요인의 현안 문제를 다음과 같이 정리하고 있다.

첫째, 가족공동체에서 이중문화의 존재로 인해 갈등이 빚어지게 되며, 이러한 고통과 긴장으로 인해 발생하는 스트레스는 학교생활 자체를 불안정하게 만든다. 또한 이중문화의 환경에서 가치관이나 국가관 등 혼돈을 겪고 있기 때문에 사회부적응 현상을 불러온다.

둘째, 일반가정 청소년과의 관계형성에 문제가 드러나고 있다. 청소년들의 대인적 상호활동은 학교생활이라는 사회화과정을 통해 성장된다. 그만큼 다양한 사회적인 관계는 개개인의 정체성 확립이나 사회고찰의 출발점이 된다는 점에서 다문화가정이나 일반가정의 청소년들에게 중요한 의미를 부여한다. 그럼에도 불구하고 다문화가정 혹은 외국인과 접촉경험이 없는 청소년일수록 그들에 대한 사회적 거리감이나 편견 및 고정관념 정도가 높다는 것은 통합사회로 갈 수 있는 속도를 지연하게 만들 개연성이 있다.

셋째, 최근 들어 다문화정책에 대한 사회적인 관심은 고조되고 있지만, 다문화주의 전통이 없이 순혈주의 중시풍토가 여전히 잔재되어 있어서 여성결혼이민자에 대한 편견 및 차별이 존재하고 있다.

넷째, 다문화가정 청소년이 경험하는 학교문제는 일반가정 청소년과 매우 다르다는 점이다. 다문화가정 청소년은 어려서부터 한국어에 미숙한 어머니와 생활하다 보니 언어능력이 제대로 발달하지 못해 학습이해도가 낮고, 외국인 부모라는 이유로 친구들에게 따돌림 받는 경우가 많다. 특히 우리 사회 특유의 이질된 문화에 대한 배타성으로 인해 맹목적인 편견과 차별의 대상이 되는 경우도 있다. 더구나 교육열에 합류하기 어려운 결혼이주여성의 특성상, 청소년의 문제는 가정과 학교 및 지역사회에서 소통부족과 관계미숙에서 비롯된다는 점에서 일반가정 청소년문제와는 다른 성격을 지닌다(주 정, 2011 : 92).

4) 다문화가정 청소년 지원정책의 문제

우리 사회의 새로운 교육소외계층으로 대두되고 있는 다문화가정 청소년 상당수가 한국어능력 부족 및 한국문화 부적응으로 인하여 학습부진과 사회적 편견에 따른 정체성의 혼란을 경험하고 있다. 그래서 경제적 · 사회적 기반이 취약한 이들을 위하여, 교육부는 교육복지 차원의 대책을 마련하여 교육양극화를 방지하는 측면에서, 여성가족부는 가정생활 적응 및 자녀양육 지원의 측면에서, 보건복지부는 빈곤 다문화가정을 지원하는 측면에서, 문화체육관광부는 문화소외방지 측면에서, 그리고 법무부는 안정적인 체류 및 인권보장의 측면에서 정책이 이루어지고 있다. 이하에서는 청소년 지원정책을 관리하는 체계와 청소년 지원정책의 문제를 보면, 먼저 다문화가정 청소년 지원정책을 관리하는 문제로는 첫째, 다문화정책을 각 부처별로 상호 협력이나 소통보다는 독자적인 계획을 세워 운영하고 있어 중복적으로 교육 프로그램이나 관련 행사를 추진한다는 것이다(김종세, 2011 : 354). 둘째, 중앙정부이든 지방정부이든 다문화정책을 추진하기 위하여 개별 법률을 적용함에 있어서 실제 법률을 적용 및 집행하는 담당자의 잦은 인사이동으로 인해 업무를 제대로 파악하지 못한 경우나, 하위규범을 정확하게 숙지하지 못하는 경우로 인해 실제 현장에서 원활한 업무추진이 제대로 이루어지지 못하는 점이다(김종세, 2011 : 354).

다음으로는 다문화가정 청소년의 지원정책에 관한 문제점을 살펴보면, 주 정(2011)은 청소년 지원정책의 문제점을 다섯 가지 언급하였다. 이하에서는 주 정(2011)의 자료를 토대로 압축해서 언급해 보면, 첫째, 중앙부처 간 · 지방자치단체 · 교육청 등 유관기관의 협력체계가 미흡하다는 점이다.

둘째, 수요자의 요구에 근거한 정책수립과 사회추진이 미흡하다는 것이다.

셋째, 일회적인 행사성 프로그램이 많다는 것이다. 가족 간 화합과 친목을 도모하기 위한 행사, 각종 문화공연 및 문화체험 마당 등 일회성 행사에 그치는 프로그램이 다수이다.

넷째, 정책 및 사업에 대한 홍보가 부족하다는 점이다. 시행되고 있는 정책이나 사업에 대한 홍보가 부족하여 정책수혜자인 청소년이 접근하기 어려운 경우가 많다.

다섯째, 다문화가정의 청소년 개인별로 차별화된 정책지원이 없다는 것이다. 이들의 이주배경 유형별, 즉 국제결혼가정과 외국인근로자가정, 중도입국가정 등의 청소년 개인별 특성을 고려한 다양한 정책지원이 없다(주 정, 2011 : 92-94).

참고문헌

강유진 · 문재우(2005). 청소년 학교적응에 대한 가족요인의 영향. **한국청소년연구**, 16(1).

교육부(2020). 2019 다문화 인구동태 통계.

김경준 외(2006). 농촌청소년의 생활실태 및 복지욕구 분석. **한국농촌지도학회지**, 13(1).

김순규(2012). 다문화가족 아동의 자아존중감에 영향을 미치는 요인에 관한 연구. **청소년학연구**, 19(6).

김은경(2004). 교회의 외국인노동자 복지사업을 위한 욕구실태조사에 관한 연구. 총신대학교 대학원 석사학위논문.

김종세(2011). 다문화사회 전문가와 대학의 역할. **법학연구**, 44.

김종식(2011). 결혼이주여성 동반자녀의 학교적응에 영향을 미치는 요인 연구. 서남대학교 대학원 박사학위논문.

노충래 · 홍진주(2006). 이주노동자 자녀의 한국사회 적응실태 연구. **한국아동복지학**, 22.

류방란 · 오성배(2012). 다민족 · 다문화사회로의 이행을 위한 정책패러다임 구축. 한국여성정책연구원.

손종국(2003). **중 · 고등부 지도자와 교사를 위한 청소년교육**. 예루살렘.

신효선(2008). 다문화가정 자녀의 생활환경이 학교부적응에 미치는 영향에 관한 연구. 대구대학교 대학원 석사학위논문.

심우엽(2010). 초등학생의 다문화 아동에 대한 인식과 태도. **초등교육연구**, 23(4).

양국선 · 장선숙(2001). 중퇴경험 청소년의 학교적응 유연성과 관련된 보호요인 특성 연구. 가톨릭대학교 대학원 석사학위논문.

양순미 외(2003). 자아존중감, 가족의 건강성, 사회인구학적 변인이 농촌청소년의 학교생활적응에 미치는 영향. **대한가정학회지**, 41(9).

오만석(2011). 다문화가정 자녀교육의 현실과 과제. **다문화교육연구**, 4(1).

이동성 · 김영천 · 황철형(2012). 다문화가정 아동들의 삶과 교육. **다문화교육연구**, 5(1).

이복희 · 김종표 · 김지환(2010). **청소년교육론**. 학지사.

이정윤 · 이경아(2004). 초등학생의 학교적응과 관련된 개인 및 가족요인. **한국심리학회지 : 상담 및 심리치료**, 16(2).

이학춘(2009). 다문화사회의 가족정책 패러다임 변화. **복지동향**, 138.

임한나(2008). 다문화주의 관점에서 본 세계사 교육의 문제점과 극복방안의 모색. 서강대학교 대학원 석사학위논문.

장덕희 · 신효선(2010). 다문화가정 자녀의 학교부적응에 미치는 환경요인. **청소년학연구, 17**(3).

전경숙(2008). 경기도 지역의 다문화가정과 일반가정 청소년의 생활실태조사. **청소년상담연구, 16**(1).

조혜영 외(2007). **한민족청소년 인적 자원 활용을 위한 글로벌 네트워크 구축방안 연구**. 한국청소년정책연구원.

천정웅(2012). **청소년복지론-발전적 관점**. 양서원.

천정웅 · 김 민 · 김진호 · 박선영(2011). **차세대청소년학총론**. 양서원.

통계청(2020). 인구동향조사.

______(2020). 청소년통계.

한국청소년개발원(2007). **청소년문제론**. 교육과학사.

한국청소년정책연구원(2010). **청소년학개론**. 교육과학사.

홍봉선 외(2010). **청소년문제론**. 공동체.

11
CHAPTER

탈북청소년 복지

1. 탈북청소년의 개념과 특성
2. 탈북청소년의 현황
3. 탈북청소년의 사회적 지지와 문화적응 스트레스

| 제 11 장 | 탈북청소년 복지

1. 탈북청소년의 개념과 특성

1) 탈북청소년의 개념

협의적 개념에서 탈북청소년이란 '북한에서 출생하여 현재 한국에 살고 있는 만 6세 이상 24세 이하의 북한이탈주민'을 말한다(탈북청소년교육지원센터, 2021). 북한이탈주민이란 북한을 벗어난 후 외국 국적을 취득하지 않은 사람으로(북한이탈주민의 보호 및 정착지원에 관한 법률), 북한이탈 주민 가운데 교육지원 대상이 되는 초·중·고등학교 학령과 청소년기본법에서 규정하는 만 24세까지의 연령을 포함하여 탈북청소년을 정의할 수 있다.

광의적 개념에서 탈북청소년에는 '부모 중 한 사람 이상이 북한이탈주민이고 중국 등 제3국에서 출생한 아동·청소년'을 포함한다. 또한 이들은 원칙적으로 법에서 정의하는 북한이탈주민의 범주에는 포함되지 않지만, 탈북가정의 자녀로 교육지원이 필요한 경우 그 대상에 포함된다.

기존에는 탈북자라는 용어에 대한 거부감이 있어 통일부에서는 2005년부터 "새로운 터전에서 삶을 시작하는 사람"이라는 의미의 '새터민'을 사용하도록 권장하면서 '새터민 청소년'이라는 용어를 사용했지만, 이후 법적 용어와 맞지 않는 등의 이유로 '탈북청소년'이라 칭하고 있다.

한편 탈북청소년들의 경우는 남한의 일반적인 청소년들과 다른 기준으로 규정되어야 할 필요성이 있어서 더욱 규정하기가 어렵다. 일반적으로 탈북청소년이라 함은 여러 가지 이유로 북한을 탈출하여 북한 이외의 다른 나라에 살고 있는 청소년을 일컫는다. 하지만 청소년이란 용어 자체가 학자나 국가, 법률 등에 따라 다양하게 규정되고 있으며, 게다가 탈북청소년들은 북한이탈이라는 한반도의 특수상황을 함께 설명해야 하기 때문에 그 정의가 쉽지 않다(길은배 · 문성호, 2003). 이 책에서는 탈북청소년을, 연령의 범위는 청소년기본법에 의한 '9세 이상 24세 이하의 자'로 하고, 북한을 탈출했거나 그 가족 사이에서 태어나 남한에서 새로운 삶을 시작하는 청소년으로 정의하고자 한다.

2) 탈북청소년의 특성

탈북청소년이 한국으로 입국하는 경로는 여러 가지가 있다. 우선 북한에서 두만강 도강 등 국경을 넘어 중국으로 간다. 그 후 중국에 있는 각국 대사관, 영사관에 보호를 요청하기도 하고, 위조여권으로 중국에서 한국으로 곧장 입국하기도 한다. 또 중국에서 몽골, 베트남, 라오스, 캄보디아 등 제3국을 거쳐 한국에 도착한다. 이 과정에서 중국 공안과 국경 수비대에 잡혀 북송되기도 하고, 가족과 헤어지는 등 위험한 상황에 처하기도 한다. 지금까지 살아왔던 북한사회를 멀리하고 목숨을 걸고 사선을 넘어 자유를 찾아 남한에 온 탈북 청소년들은 그동안 북한이라는 특수한 사회의 아주 다른 환경에서 살아왔다. 이들 대부분은 북한에서 기근과 가족해체 등을 경험한다.

또한 탈북과정에서 입은 정신적 · 신체적 · 심리적 상처를 안고 있는 경우가 대부분이다. 이러한 생각하기조차 싫은 아픈 경험들을 안고 사는 이들은 남한 청소년들과는 상당히 다른 특성을 갖고 있다.

김경미(2002)는 탈북청소년의 특성을 다섯 가지로 나누어서 제시하였는데, 탈북과정의 어려운 상황을 헤쳐나온 삶에 대한 적극성과 추진력, 결단력의 행동주의 성향과 강한 자아의식과 저항의식 때문에 극단주의적 성향을 지닌다. 자신의 신분과 능력, 역할에 비해 과도한 기대수준을 가지고 있고, 새로운 체제에 적응하면서 겪는 이중적 심리, 죄의식과 소외감, 열등감 등의 원인으로 인한 불안정성을 가지고 있다. 마지막으로 신변의 위협을 무릅쓴 탈출과 특수한 신분과 상황으로 인한 극도의 안전욕구이다. 이러한 그들만의 특성들이 해소되지 않으면 결국 문화적응 스트레스로 나타날 가능성이 매우 크다.

홍순혜와 정익중, 박윤숙, 원미순(2003)에 의하면 탈북청소년은 연령이 낮을수록 가족단위로 입국하는 경우가 많고, 나이가 많을수록 독립된 개인단위로 탈북, 입국하는 사람이 많으며, 직업별 분포면에서 학생이 가장 많아, 대부분의 연령층이 교육대상이다. 그리고 입국과정에서 선교사의 도움을 받았기에 기독교신자가 가장 많았으며, 입국 후에도 의존대상이 종교와 종교인일 가능성이 크다. 생활비의 출처는 국민기초생활보장의 생계지원이 가장 많았고, 입국 이후 남한사회의 시장경제원리에 적응하는 것에 어려움이 있다. 이들은 제3국에서의 생활에 매우 힘들어했으며, 남한사회에서 도움을 받는 주요 대상은 부모와 형제인 가족들이다. 마지막으로 새로운 세계에 대한 적응과정에서 심리적인 기대감이 크고, 남한에서의 성공조건으로 공부를 많이 해야 하며, 새로운 지식정보의 습득이 자본주의 사회에서 살아남기 위한 수단이라는 것을 의식하고 있다.

이와 더불어 탈북청소년의 특성을 다음과 같이 신체적 · 심리적 · 사회적 특성으로 나누어 살펴볼 수 있다.

먼저 신체적 특성을 식량난과 관련해서 살펴보면, 1990년 들어 북한에서 식량의 배급량이 현저히 줄어들었다. 최근 수년간은 배급의 우선순위에서 밀려나 스스로 먹는 문제를 해결해야 하는 주민들이 생기게 되면서 북한 당국은 거의 모든 계층에 대한 배급량을 줄이거나 배급이 제대로 이루어지지 않아 영양상태가 극히 취약하다(임원혁, 1998). 윤여상(1998)은 중국에 있는 탈북청소년들의 체격을 보고서 나이를 판단하는 것은 불가능할 정도이며, 4~16세까지 연령의 탈북어린이를 만났으나, 이들 모두가 믿어지지 않을 정도의 작은 체구였다고 한다. 이향규(2007)는 탈북청소년들의 신체발달은 남한청소년에 비해서 현저히 지체되어 있고, 모든 연령대에서 남한의 동일연령집단에 비해 평균키가 작다고 하였다. 이들의 발달지체는 여자의 경우보다 남자의 경우 더 심각하게 나타나는데, 기근과 극심한 영양부족은 남자에게 더 많은 영향을 미치고 있다. 이러한 영양부족은 몸무게보다 키에 더 큰 영향을 미치는데, 남북한 청소년의 경우 몸무게 차이보다 키 차이가 훨씬 심각하며, 영양상태가 좋아지면 체중의 경우 정상회복이 가능하나 신장이 급속히 커지는 것은 어려운 일이라고 주장하였다. 이러한 결과를 토대로 살펴볼 때, 탈북청소년들은 전반적으로 신체적 발육이 지체되고 있음을 알 수 있다.

사회적인 특성을 이장호 외(1998)는 탈북청소년들은 경제적인 여건, 시간부족과 적극적인 문화생활교육을 전혀 받지 못함으로 인하여 한 사회의 다양한 문화생활을 영위하는 데 있어서 자연스럽지 못하다고 했다. 임민순(1998)은 남한사회에서 개인적 · 심리적 유대관계를 형성하는 데 있어서의 장애요인으로 의사소통이 곤란할 정도의 언어적응의 문제를 들고 있다. 탈북청소년들은 대부분 단신 탈출하였기 때문에 삶의 배경이었던 가정, 이웃, 친구 등 사회적 관계망을 모두 잃어버린 상태에서 새로운 인간관계를 형성하는 데 어려움을 갖고 있다(이금순 · 송정호, 1997). 탈북청소년들은 교우관계에 있어서는 친구관계와 성적을 가장 많이 걱정한다. 남한학교에 편입할 때 당시에 나이가 남한의 학생들보다 평균 1~2세 많아, 그 때문에 학교에서 친구를 사귀는 데 어려움을 겪고 있다(장창호, 2001). 이처럼 문화적 적응, 사회적 관계망, 대인관계 등에 있어서 탈북청소년들은 많은 어려움을 겪고 있는 것을 알 수 있다. 그러므로 이러한 문제해결에 대한 대안의 모색과 더불어 사회적 지지망을 더욱 강화할 필요성이 크다고 하겠다.

심리적인 특성으로는 남한문화의 적응과정에서 심리적 불안정을 겪고 있는데, 특히 고독감과 소외감 등에 시달리고 있다(이상만, 1999). 그리고 부부나 부모-자녀 간의 상호작용을 하는 과정에 있어 문화적 괴리감, 공감대 부재, 경직된 의사소통 등을 겪는다(박미석 · 이종남, 1999). 또한 양가감정적 갈등은 이들의 건강한 심리적 적응에 장해물이 되고 있다(전우택, 1999). 이를 통해 볼 때 탈북청소년들은 심리적으로 외로움과 불안함을 겪고 있음을 알 수 있으며, 이런 어려움을 스스로 다룰 수 있도록 하는 방법이 필요하다는 것을 시사한다.

더불어 탈북청소년들은 불안이나 공격성, 또는 과거 힘든 경험으로 인한 '외상 후 스트레스 장애(PTSD : Post-Traumatic Stress Disorder)' 등의 어려움을 겪고 있다. 이들은 북한에서 겪은 기아의 고난과 가족의 죽음과 생이별의 경험, 탈북과정과 중국 체류기간에 겪은 극심한 공포 등으로 다수가 불안증상을 나타낸다. 남한의 평균적 또래들에 비해 공격적이고 폭력적인 행동을 많이 보이고, 남북한의 문화적 가치관의 차이로 인한 심리적 혼란과 갈등을 겪고 있으며, 고립된 생활경험 때문에 자아통제력이 아직 덜 발달해 있다(정진경 · 정병호 · 양계민, 2006). 이와 더불어 최명선과 최태산, 강지희(2006)는 탈북청소년의 심리적 특성을 불안, 외상 후 스트레스, 정체감의 혼란, 죄책감과 공포, 또래관계에 대한 어려움, 가치관의 차이, 감정표현에 대한 어려움, 가족의 해체와 부모역할의 부재를 들고 있다.

탈북청소년들은 남한청소년과는 다른 정치 · 경제 · 사회 · 문화적인 환경에서 자라왔다. 따라서 남한청소년과는 다른 의식구조가 형성되어 있으며, 가치지향과 현실인식에서 차이가 있는 상태로 남한사회에 진입하였다. 특히 다른 나라에 대한 정보가 부족한 폐쇄적인 사회에서 생활하다가 서구화가 상당히 진전된 남한사회에서 겪게 되는 혼란과 불안, 현실인식을 바탕으로 하지 않은 지나친 기대 등은 이러한 차이에서 오는 자연스러운 현상이다(김형태, 2004).

이와 같은 기존 연구에서 나타난 탈북청소년의 특성을 요약해 보면 다음과 같다.

첫째, 일반적인 특성은 적극성과 추진력, 결단성이 있다. 그리고 극단주의적이고 과도한 기대수준을 가지고 있다. 신체적인 특성은 북한에서의 영양상태가 취약하여 신체적으로 정상적인 성장 · 발달이 이루어지지 않았으며, 신체의 위협을 느껴 자신의 노출을 꺼리며 안전의 욕구를 갖는다.

둘째, 사회적인 특성으로 언어적응과 새로운 인간관계 형성, 친구관계 등에 어려움을 느낀다. 또한 문화생활이 자연스럽지 못하다.

셋째, 심리적인 특성으로 외상 후 스트레스 장애로 인해 외로움과 불안감을 많이 느끼고 불안정한 행동을 한다. 자아통제력이 덜 발달되어 있고 심리적 혼란과 고독감과 소외감을 느낀다. 타인에 대한 강한 불신과 더불어 지나친 경계심을 가지며, 정서조절 곤란으로 대인관계에 갈등과 상당한 어려움을 드러내는 것으로 나타났다. 이들의 특성에서도 문화적응의 어려움이 나타났고, 사회적 지지가 필요하며, 또한 문화적응 스트레스를 많이 받고 있음을 알 수 있다.

2. 탈북청소년의 현황

북한을 이탈해 남한에 들어오는 탈북민은 1990년대 초반에는 10명 내외의 적은 수였다. 1994년 이후 극심한 식량난과 체제불안 등의 이유로 북한을 이탈하는 사람의 수가 급격히 증가하기 시작하였는데, 1998년에는 72명, 1999년에는 148명, 2000년 312명, 2001년에는 583명으로 해가 갈수록 증가하였다. 2000년대에 들어서 입국자의 수가 가파르게 증가하여 2002년에 1,000명을, 2006년부터 2011년까지는 해마다 2,000명을 넘기게 되었다. 2012년 후에도 계속해서 1,000명 이상이 입국하고 있다. 자세한 내용은 〈표 11-1〉과 같다(통일부, 2020).

〈표 11-1〉 탈북입국자 현황

연 도	계	~1997	1998	1999	2000	2001	2002	2003	2004	2005	2006	2008	2009	2010	2011	2012	2013	2014	2015	2016	2017	2018	2019
명	9,706	875	72	148	312	583	1,139	1,281	1,894	1,383	2,019	2,803	2,914	2,402	2,706	1,502	1,514	1,397	1,275	1,418	1,127	1,137	1,047

출처 : 통일부 · 교육인적자원부(2007). 새터민현황 자료.

한국에 도착한 북한이탈주민은 정부합동조사기관에서 일정 기간 조사를 받은 후 경기도 안성에 있는 북한이탈주민 정착지원사무소인 하나원에서 3개월 동안 교육을 받게 된다. 이때 초등학생들은 하나원 인근의 삼죽초등학교에서 위탁교육을 받게 되고, 중 · 고등학교 학생들은 하나원 내의 하나둘학교에서 기초교육을 받게 된다. 하나원 하나둘학교는 탈북 아동 및 청소년이 한국 입국 초기 3개월 간 적응교육을 받는 곳이다.

탈북청소년의 교육현황을 살펴보면 [그림 11-1] 및 〈표 11-2〉와 같다. 2019년을 기준으로 전국 초 · 중 · 고등학교에 재학중인 탈북청소년의 규모는 2,531명으로 2005년 421명이었던 것에 비교하면 크게 증가하였다.

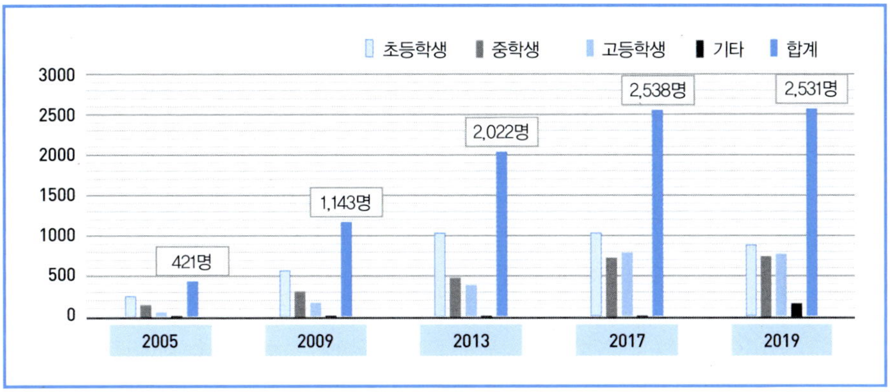

|그림 11-1| 탈북청소년 현황

출처 : 탈북청소년교육지원센터.

〈표 11-2〉 탈북청소년 교육현황

연 도	초등학교	중학교	고등학교	기타학교	계
2005년도	247	131	43	–	421
2007년도	341	232	114	–	687
2009년도	562	305	276	–	1,143
2011년도	1,020	288	373	–	1,681
2013년도	1,159	478	385	–	2,022
2015년도	1,224	824	427	–	2,475
2016년도	1,143	773	601	–	2,517
2017년도	1,027	726	785	–	2,538
2018년도	932	682	751	173	2,538
2019년도	877	738	752	164	2,531

*기타학교 : 특수학교, 공민학교, 고등공민학교, 고등기술학교, 각종학교, 방송통신중·고등학교 등

탈북청소년의 학업중단율은 2008년 10.8%에 달할 정도로 심각했다. 특히 고등학교에서의 학업중단율이 28.1%로 매우 심했으나 그 이후 계속 낮아지고 있어 2019년 기준으로 탈북청소년의 전체 학업중단 비율은 3.0%였고 그중 고등학교에서의 학업중단율이 4.7%로 나타나고 있다.

〈표 11-3〉 탈북청소년의 연도별 학업중단율

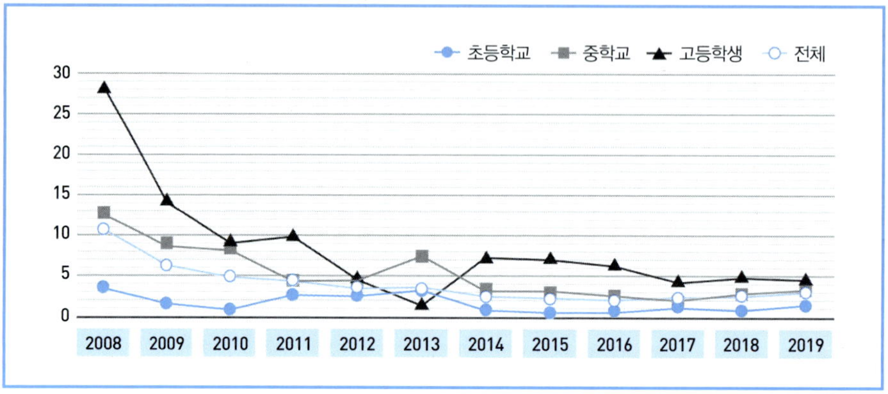

※ 학업중단율 산출식 : (해당연도 학업중단자 총수/전년 재학생 총수)×100
- (2017년 이전) 전년도 재학생 수 및 해당연도 학업중단자 수에 기타학교를 포함하여 산출
- (2018년 이후) 유초중등교육통계 학업중단율 산출 방법* 준용
*재학생 및 학업중단자에 기타학교(각종학교, 공민학교 등) 학생 제외

연도	초등학교	중학교	고등학교	합계(%)
2008년도	3.5	12.9	28.1	10.8
2009년도	1.4	9.0	14.2	6.1
2010년도	0.9	8.5	9.1	4.9
2011년도	2.5	4.4	10.1	4.7
2012년도	2.6	3.8	4.8	3.3
2013년도	3.1	7.4	1.6	3.5
2014년도	0.6	3.1	7.5	2.5
2015년도	0.2	2.9	7.3	2.2
2016년도	1.6	1.6	4.0	2.1
2017년도	1.0	1.8	4.3	2.0
2018년도	0.7	2.9	4.8	2.5
2019년도	1.4	3.2	4.7	3.0

출처 : 탈북청소년교육지원센터.

3. 탈북청소년의 사회적 지지와 문화적응 스트레스

1) 탈북청소년 사회적 지지

(1) 사회적 지지의 개념

사회적 지지는 한 개인이 그가 사람들과 가진 대인관계로부터 얻을 수 있는 모든 긍정적인 지원(Cohen & Hoberman, 1983)을 의미한다. 청소년의 경우 성인이나 아동과 마찬가지로 부모, 형제, 이웃, 친구, 교사 등의 다양한 사람들로 구성된 사회적 지지원 속에서 생활하며 이들은 청소년의 발달에 중요한 역할을 한다(김만지, 2002). 사회적 지지는 몇 가지 하위개념으로 구성되어 있다. 사회적 지지를 정서적 지지, 실제적 지지, 정보적 지지, 평가적 지지로 나누기도 하고, 정서적 지지, 자존감 지지, 관계망 지지로 나누기도 한다(Cobb, 1976).

사회적 지지는 개인이 처한 환경에 대응하는 데 필요한 지식과 방향을 제공해 주는 기능을 하는데, 즉 개인이 자신의 정체감을 유지하고 자존심을 지키며 환경에 대한 적응능력을 향상시키는 데 도움을 준다(이동원, 1984). 또한 다양한 변화와 스트레스를 극복해 가는 데 많은 도움이 되는 것으로 보고되었다(장미애, 1999; Dubow & Tisak, 1989; Dubow & Ullman, 1989, 한유진 · 최나야, 2004 재인용). 김성이(1997)도 부적응하는 청소년들을 도와주는 방법으로 사회적 지지를 활용하는 것이 효과적이라고 주장하면서 많은 청소년들이 부적응 행동을 하는 중요한 요인의 하나가 충분한 사회적 지지를 확보하고 있지 못하기 때문이라고 하였다.

한편 청소년의 사회적 지지원을 친구, 형제, 가족, 교사의 측면에서 살펴보면 다음과 같다. 우선 친구의 경우, 또래 친구들과의 상호작용이 증가하면서 사회적 지지원으로서의 친구의 역할도 중요하게 된다. 그래서 친구관계가 원만하고 친구지지에 대한 지각이 높을수록 자신의 사회적인 능력인 지각 또한 높게 나타났고(강민주 · 전경숙, 1995), 청소년기의 또래와의 긍정적인 관계는 스트레스, 자아존중감과 더불어 학교에서의 균형된 심리 · 사회적인 적응을 이끄는 주요 요소이며, 청소년에게 있어 또래 친구가 가장 중요한 지지원이라고 한다(Santrock, 1996). 둘째, 형제는 부모나 친구가 대신할 수 없는 중요한 사회적 지지 제공원으로 형제와의 상호작용을 통해 사회적 · 인지적 기술을 습득하고(Furman & Buhrmester, 1987), 애정, 도움, 인정 등의 다양한 지지를 제공받는다(DeRoise & Kupersmith, 1991). 형제관계는 동료애를 바탕으로 한 평등관계로 이후 성인기의 수평적 사회관계망의 시초가 될 것으로 여겨진다(윤혜정, 1992). 셋째, 사회적 지지원으로서의 부모는, 부모지지가 부적응의 전반적인 영역에 영향을 미친다는 사실로 보아 부모는 자녀에게 지속적이고 강력한 영향을 줄 수 있는 매개체임을 입증해 주고 있다. 부모의 지지나 애착이 강할수록 자녀의 음주, 비행 등의 부적응이 나타났으며(Bames & Windle, 1987), 부모의 지지와 감독이 청소년의 알코올남용과 비행을 예방해 주는 중요한 사회화 요인임을 지적하였다(Bames & Farrell, 1992, 이경주 · 신효식, 1997 재인용). 넷째, 교사는 학교 안에서 청소년에게 중요한 사회적 지지원이다. 청소년들은 교사와의 작용을 통해 장차 건강한 사회의 성원이 되는 데 필요한 지식과 기술, 신념, 가치태도 등을 형성하게 된다(최성렬, 2000). 보웬과 채프먼(Bowen & Chapman, 1996)은 교사의 지지적인 역할이 특히 위기에 처한 청소년들의 심리적 복지를 향상시키는 데 중요한 역할을 한다는 것을 밝혔다. 관심을 보이고, 칭찬하며, 인정하고, 존중해 주는 교사가 청소년들에게 심리적 안정감을 제공한다는 것이다. 부모의 지지가 빈약한 상황에서 교사의 지지는 대안적 지지로서 그 역할이 중요하다고 주장하였다. 특히 양부모 또는 한부모 가정 수가 적고, 대부분 남한에 아무 연고가 없이 홀로 살거나 친구들과 함께 생활하는 탈북청소년의 경우 교사가 부모를 대신한 중요한 지지자가 될 수도 있을 것이다.

(2) 탈북청소년과 사회적 지지

탈북청소년들이 남한사회에서 살아가기 위해서는 최소한의 주거지 확보 및 생활을 유지할 수 있는 수입이 확보되어야 한다. 앞으로의 진로나 살아가는 데 필요한 일상적인 정보를 얻을 수 있어야 하며, 자신이 소속되어 있는 학교나 직장생활을 지속하기 위한 능력을 키워야 한다. 그리고 이들이 탈북과정에서 사랑하는 가족과 정든 고향을 상실한 그리움과 아픔을 나눌 수 있는 대상도 필요하다. 탈북청소년들이 심리적인 안정과 더불어 남한의 문화적응에 필요한 지지가 제공되고, 그 효과를 얻기 위해서는 이들에게 적절한 사회적 지지망의 확보와 함께 긍정적인 지지가 제공되어야 한다.

탈북청소년들은 복합적인 욕구를 갖고 있으나, 이를 해소하거나 충족시킬 사회적 지지망이나 지지자원은 상대적으로 적게 가지고 있다는 것이 특징이다. 이들은 이전의 삶의 배경이었던 북한에서의 가족, 이웃, 친구 등의 사회적 지지망과 모두 단절된 상태에서 새로운 인간관계를 형성해야 하고, 일상생활 적응에 필요한 사회적 지지망을 다시 형성해야 하는 어려움을 갖고 있다.

이소래(1997)는 탈북민에게 있어서 사회적 지지는 새로운 사회에서 가질 수 있는 문화충격을 보다 현실적이고 덜 위협적인 수준으로 평가할 수 있도록 도우며, 제공되는 지지가 많을수록 대처행동이 증가하여 스스로 환경을 통제하는 능력까지 발휘할 수 있다고 하였다. 탈북청소년의 남한사회 적응에 사회적 지지는 남한사회 적응에 심리적 안정감과 대인관계 형성에 도움을 주고 개인의 자존감을 높여주는 것으로 조사되었다. 민성길 · 전우택(2000)도 난민과 유사한 충격적인 사건을 경험한 탈북청소년들의 정신건강문제를 우려하면서 이러한 문제를 완화하는 데 사회적 지지가 필요하다고 하였다. 남한주민들과의 사회적 거리감을 해소할 수 있는 기회와 자신들과 유사한 경험을 겪은 북한주민들 간의 상호 의미있는 접촉을 할 수 있도록 지지체계를 확대해 주어야 함을 강조하고 있다.

한희선(2004)은 탈북민이 지각하는 사회적 지지는 그들의 적응에 긍정적인 요인으로 작용한다고 하였다. 사회적 지지가 높아짐에 따라 문화적응 스트레스가 줄어들고, 문화적응 스트레스가 사회적응에 미치는 부정적인 영향은 사회적 지지를 통하여 극복할 수 있는 가능성을 보여준다고 하였다.

박윤숙과 윤인진(2007)의 연구에서는 사회적 지지수준은 탈북청소년의 심리 사회적 적응과 일상생활 적응에 긍정적으로 영향을 미치는 것으로 나타났다. 공식적인 지지망에는 교사가 가장 높은 비중을 차지하고 그 다음으로는 종교관계자, 민간단체관계자, 자원봉사자, 사회복지사, 공공기관 관계자 순으로 나타났다.

비공식적인 지지망에는 가족이 가장 높은 비중을 차지하고, 그 다음으로 남한친구와 북한친구, 공동체 가족, 후견인 순으로 나타났다. 특히 공식적 관계에 의해서 맺었던 사람들보다 혈연, 우정, 애정으로 맺어진 비공식적 관계의 사람들로부터 받는 지지가 탈북청소년의 심리·사회·문화적 적응과 안정에 긍정적인 효과를 미치는 것으로 밝혀졌다. 따라서 탈북청소년의 원만한 문화적응을 위해서는 개인적으로 친밀하고 신뢰할 수 있는 비공식적 지지망의 확보가 무엇보다 시급하다.

탈북청소년이 남한에서 건강하게 살아가기 위해서는 그들에게만 적응을 요구하는 것이 아니라 남한사회의 학교와 지역사회가 이들에게 적응해야 한다. 학교는 탈북청소년들의 학교생활을 돕는 적절한 지원체제를 갖추어야 한다. 또한 남한의 청소년들이 다른 문화권에서 온 친구를 그 자체로 존중해 주는 성숙한 태도를 가져야 한다. 더불어 사회적 네트워크를 갖지 못해 고립되어 있는 이들에게 기본적인 사회적 관계망이 제공되는 사회구조가 만들어져야 한다(이향규, 2007).

이러한 기존 연구들에 의하면 사회적 지지는 탈북청소년들의 문화적응에 긍정적인 영향을 끼칠 뿐 아니라 문화적응 스트레스를 줄이는 데 기여하고 있으므로, 우리 사회에서 이들의 지지망 확보를 위한 방법적인 개선 노력이 더욱 필요하다. 더불어 심리적 상흔으로 고통받고 끝없이 자기를 부정하며 위축되는 이들의 아픔을 어루만져 주는 지지원들뿐 아니라 전문적인 도움을 줄 수 있는 체계가 갖추어져야 한다. 이런 사회가 만들어지면 탈북청소년만이 아니라, 우리 사회의 소수자 집단, 나아가 다수자 집단 모두가 건강하게 살 수 있는 여건이 마련될 것이다.

2) 탈북청소년 스트레스

(1) 스트레스의 개념

스트레스는 경고반응이라 번역되는 의학·생물학 용어이다. 예를 들어, 중요한 과제를 앞두고 있다든지 누군가에게 위협을 받았을 때처럼 어떤 위험에 처했을 때 경험하는 상태가 스트레스이다. 라자러스와 포크만(Lazarus & Folkman, 1991)은 스트레스를 부모의 이혼, 새로운 학교로의 전학, 가까운 사람의 죽음 등의 경험이라고 했다.

일반적으로 스트레스는 개인과 환경 간의 특별한 관계가 안녕을 위협하고 개인이 가진 자원을 초과하는 것을 지칭하여 스트레스와 병화의 의미가 중복되어 있어 스트레스가 매개체이자 동시에 반응이라는 것을 말해주고 있다.

스트레스를 구성하는 요소로는 통증, 추위, 산소결핍, 굶주림, 심한 운동, 소리, 빛, 독소 등과 같은 신체적 요소와 감정의 격동, 공포, 번민과 같은 정신·심리적 요소들이 있다. 또한 스트레스의 내부적 요인은 자신에 대해 비현실적인 높은 기대를 갖는다든지 상황을 비관적으로 해석하는 성향, 지나치게 완벽을 기하거나 일을 좋아하는 성격, 폭음, 카페인, 수면부족 등 잘못된 생활양식 등이다. 외부적 요인은 소음, 좁은 공간 등 물리적 환경, 인간관계의 갈등, 친지의 사망 등 생활상의 큰 사건, 복잡한 일상 등을 꼽을 수 있다(김만지, 2002).

스트레스 유형은 크게 다음의 세 가지로 구분할 수 있다. 첫째, 다수인에게 격변을 일으키거나 영향을 주는 중대한 변화(자연재해, 전쟁, 추방 등 통제할 수 없는 사건)와, 둘째, 한두 사람 정도의 소수인에게 영향을 줄 수 있는 중대한 변화(사별, 불치병, 실직, 이혼 등과 같은 해롭거나 위협을 줄 수 있는 부정적 경험), 셋째, 대부분의 사람들이 일상생활에서 경험하는 일상적인 문제(과중한 업무부담, 부모와의 언쟁, 짜증나고 고민하게 하는 사소한 일 등), 즉 일상적 스트레스로 구분한다. 일상적 스트레스는 몇 가지가 동시다발적으로 발생하여 복합적인 효과를 낼 수 있기 때문에 단순한 하나의 생활사건보다 더욱 위협적이다(Schaefer& Lazarus, 1981).

이러한 개념에 따라 탈북청소년들의 스트레스를 구성요소를 살펴보면 신체적 요인보다는 새로운 남한사회에서 느끼는 감정의 격동이나 두려움 같은 정신·심리적 요소들과 비현실적인 높은 기대나 인간관계의 갈등 등과 문화적응의 과정에서 겪게 되는 일상사들이다.

(2) 탈북청소년과 스트레스

청소년기는 그 특성상 스트레스가 많은 시기이다. 그로 인해 청소년들의 육체적 및 심리적 건강이 크게 위협받고 있다. 청소년기는 신체적·인지적·심리적·사회적인 큰 변화를 경험하는 시기로 이런 많은 변화는 다른 어떤 발달단계보다 높은 수준의 스트레스를 경험하게 만든다. 특히 청소년들이 경험하는 심리사회적 문제는 그들을 둘러싸고 있는 가정, 친구, 학교 등의 사회환경적 요소들과 맞물려 여러 가지 적응문제를 유발하게 한다(한건환 · 장휘숙 · 안권순, 2004).

그뿐만 아니라 청소년기는 인지발달과 사회적 요구 등으로 많은 내적 및 외적 스트레스를 경험하게 되는 시기이다. 이성보다는 감정에 치우쳐 판단할 경향이 크고 과격하고 격렬한 행동을 표출하기 쉬운 특수한 발달단계에 놓여있기 때문에 다른 연령집단이 경험하지 않는 독특한 스트레스를 경험하고 있어 그 어느 연령보다 스트레스가 많은 시기라 할 수 있다(황정규, 1990). 이 시기에 일상생활에서 스트레스를 많이 지각하면 공격적 성향이 높아진다. 또한 청소년들이 스트레스를 경험할 때 느끼는 정서는 본능적 정서반응의 경향을 띤다. 미움, 원망, 죽이고 싶음, 증오, 울고 싶음 등의 1차적 정서반응이 수반된다. 청소년의 경우는 그 강도가 심하고 타인에게 공격적이며 스트레스가 심할수록 폭력을 행사한다(문용린, 1992).

김창기(1992)는 청소년은 동성친구와의 관계, 선생님과의 관계, 부모와의 관계, 신체변화 등에서 스트레스를 지각하며, 그 외에도 사회문제, 진학문제, 이성문제, 가정문제, 용돈문제 등과 관련해서 스트레스를 경험하기도 한다고 하였다.

임영식과 양동규(1998)는 학교생활에서의 과중한 성취압력, 부모의 기대와 요구, 새로운 문화의 유입과 적응으로 다른 어느 집단보다도 심각한 스트레스를 경험한다고 하였다. 윌리엄스와 리시(Willams & Lisi, 2000)는 청소년기는 신체적 변화, 과도기적인 사회적 위치로 인한 갈등, 장래에 대한 부담과 불안, 과중한 학업부담 등 일상생활에서 많은 스트레스를 겪으며, 스트레스로 인한 다양한 정서적 · 사회적 · 신체적 부적응을 경험한다고 하였다(김만지, 2002 재인용). 이현지와 남현주(2003)는 청소년기에 도달하는 것 자체가 스트레스의 근원이 되는 다양하고 새로운 국면에 도입을 의미한다고 하였다. 또한 위 휘(2005)는 청소년은 새로운 문화유입과 적응, 학교생활에서 오는 과중한 성취압력, 맹목적인 부모의 기대와 요구 등으로 다른 어떤 집단보다 심각한 스트레스를 경험하고 있다고 하였다.

청소년기의 부적응에 있어 간과할 수 없는 것이 청소년 스트레스다. 청소년기는 주변환경과 상호작용하는 과정에서 부조화와 불균형이 쉽게 나타나는 스트레스의 홍수기이며, 스트레스는 많은 부적응과 연결되어 있다(강영자 · 이재연, 1996; 장휘숙, 1999; 최경휘, 2007). 이러한 기존 연구의 결과들을 종합해 보면, 청소년기에는 발달단계상 대부분 신체적 · 인지적 · 심리적 · 사회적인 변화를 겪게 되며, 청소년들은 새로운 환경에 직면할 때나, 가정, 학교, 친구 등의 관계에서 여러 적응문제를 일으켜 이로 인해 스트레스에 직면하게 된다는 것이다.

3) 탈북청소년 문화적응 스트레스

(1) 문화적응의 개념

사람들이 하나의 문화 속에 살다가 다른 문화 속에 들어가 살게 되면서 겪게 되는 현상을 문화적응(acculturation)이라고 한다. 문화적응이란 개인이나 집단이 새로운 문화와 접촉할 때 경험하는 변화로, 이에 대한 연구는 집단적 차원에서는 인류학과 개인적 차원에서는 심리학에 근본을 두고 발달하여 왔다. 집단차원에서의 문화적응은 경제적 · 기술적 · 사회적 · 문화적 · 정치적으로 다양한 변화를 포함하는 것이며, 심리학적 문화적응이라고도 하는 개인적 차원에서의 문화적응은 개인이나 행동이나 가치, 태도, 정체감 등의 변화를 가져온다(William & Berry, 1991).

문화적응의 개념에 대해서는 여러 학자들이 여러 가지 정의를 제시하고 있다. 베리(Berry, 1980)는 문화적응을 두 문화 간 계속적이고 직접적인 접촉의 결과로 생긴 변화로 정의하였다. 그는 첫째, 주택, 인구밀도, 공해와 같은 물리적인 변화와, 둘째, 음식의 차이로 생기는 생물학적 변화 등을 이야기했다. 무엇보다도 가장 중요한 변화로 정치, 경제, 기술, 언어, 종교, 사회제도의 변화와 대인관계의 심리 내적인 변화를 들고 있다. 이러한 심리와 행동의 변화는 새로운 환경에 적응하는 개인에게서 필연적으로 나타나는 것으로 설명하고 있다.

깁슨(Gibson, 2001)은 문화적응이 서로 다른 문화를 갖는 사람들이 접촉을 하면서 발생하게 되는 문화의 변화와 적응의 과정이라고 정의하였다. 문화적응이란 두 문화 간의 계속적이고 직접적인 접촉의 결과로 생긴 변화로서 정치, 경제, 기술, 언어, 종교, 사회제도의 변화와 대인관계와 심리 내적인 변화를 말한다. 이러한 심리와 행동의 변화는 새로운 환경에 적응하는 개인에게서 필연적으로 나타나지만 문화적응에 있어서 모든 이주자가 경험하는 공통의 심리적 과정이란 존재하지 않는다고 하였다(김형태, 2004).

여러 학자들의 문화적응에 대한 정의를 종합해 보면, 어느 한쪽 문화만의 일방적인 변화가 나타나는 것이 아니라 서로 다른 두 개의 문화가 서로의 영향을 받아 함께 변하는 것을 의미한다.

이와 같은 문화적응의 개념정의를 바탕으로 탈북청소년들의 문화적응을 정의하면, 탈북민들이 사회 · 문화적으로 우리 사회의 기본적인 이념과 가치체계를 수용하면서 환경과의 상호작용에서 스스로 선택하고 결정할 수 있는 자율성을 유지하고, 심리적으로는 자아정체성을 확립하고 자신에 대한 긍정적인 시각을 갖고 찾아가는 것을 의미한다.

(2) 탈북청소년 문화적응 관련요인

탈북청소년들이 지금까지 살아왔던 북한이라는 삶의 터전을 멀리하고 새로운 남한사회에 들어와 적응하며 살아가는 데에는 많은 어려움이 뒤따른다.

그동안 이들은 남한사회와는 전혀 다른 체제와 이념으로 무장된 억압받고 경직된 사회에서 살아왔다. 북한의 독재체제와는 전혀 다른 자유민주주의와 시장경제 원리에 의해 움직이는 모든 것이 경쟁적인 남한사회에 적응하며 살아가는 일은 결코 간단하지 않다. 그러나 다행스러운 것은 탈북청소년들의 정착지인 남한은 자신이 태어나서 성장하며 살아왔던 북한사회와 같은 역사와 같은 언어를 사용하는 같은 민족이라는 점이다. 그럼에도 불구하고 이들이 남한사회의 새로운 문화에 적응하며 살아가기까지는 많은 장애를 겪게 될 것이다.

서로 다른 이념체계를 가지고 분단된 지 두 세대를 지나면서 남북한의 사고방식과 행동은 엄청난 차이를 만들어 왔다는 것을 가볍게 넘길 일은 아닌 것 같다. 북한의 특수한 사회체제는 그 유래를 찾을 수 없을 정도이며, 남한과 북한 간의 이러한 차이가 정체감 형성기에 있는 탈북청소년들을 혼란에 빠뜨릴 수 있기 때문이다. 따라서 이들을 이해하고 이들의 적응에 영향을 미치는 요인들을 고려함에 있어 북한사회에서의 삶의 배경을 이해하려는 세심함이 요구된다.

지금까지 몇몇 연구자들은 탈북청소년의 남한 문화적응에 영향을 미칠 수 있는 다양한 변인들을 제시하였다. 전우택(2000)은 탈북청소년들이 남한사회에 적응하는 데 큰 어려움은 자신이 남한사람과는 다르다는 것 때문에 친구들과 잘 어울리지 못하는 심리적인 문제를 제기했다. 새로운 생활환경인 학교생활, 거주지 환경, 이웃과의 관계 등 사회환경적인 문제를 들면서 이들의 남한 문화적응의 영향요인들로 심리적인 면과 사회환경적 요인을 고려할 것을 주장했다. 이기영(2001)은 탈북청소년들의 심리·정서적 부적응에 영향을 미치는 요인으로 탈북과정에서 헤어진 가족에 대한 그리움과 죄책감, 탈북자라는 사실을 다른 사람들이 아는 것을 꺼리는 데서 오는 예민함과 스트레스를 들었다. 백혜정과 길은배, 윤인진, 이영란(2006)은 적응에 영향을 미치는 주요 변인들을 구분하였는데, 첫째, 개인적인 측면으로 연령, 성별, 신체적 특성, 종교 등을 포함했다. 둘째, 사회적 특성으로 가족, 남북한 출신 친구, 후원자 등의 사회적 지지원, 셋째, 교육적 측면으로 남한입국 후 거치게 되는 하나원 및 하나둘학교에서의 교육과 거주지 정착 후 다니는 학교교육을 들었다. 넷째, 시간적 측면은 탈북 시기 및 제3국에서의 거주기간, 그리고 남한 거주기간 등을, 그리고 마지막으로 기술적 측면으로 의사소통과 정보를 탈북청소년의 문화적응에 영향을 끼치는 요인들로 구분하였다. 한편 박윤숙(2006)은 문화적응의 주요 요인들로 성별, 연령, 남한거주기간, 보호자 유형, 탈북청소년의 사회적 역할, 경제생활 수준, 사회적 지지를 들고 있다.

탈북민들의 문화적응요인은 본질적으로 우리 민족이 오랫동안 단일민족 문화권을 유지해 왔음에도 불구하고 반세기가 넘게 이질화된 남북의 인격체가 갑자기 접촉되는 과정에서 필연적으로 발생할 수밖에 없는 문화충격의 문제로 탈북민을 대하는 남한주민의 의식과 태도, 그리고 탈북민에 대한 정부의 정책 등 삼각관계로 엮어지는 복합현상으로 압축해 볼 수 있다.

그러므로 탈북민들의 문화적응문제는 당사자 본인을 위한 인도적 차원, 우리 사회의 안정적 차원, 그리고 통일 후 북한과 남한의 제반 통합정책 개발을 위한 차원에서 시급히 해결해야 할 과제로 부상하고 있다.

참고문헌

길은배·문성호(2003). 북한이탈 청소년의 남한사회 적응실태 및 지원방안 연구. 한국청소년개발원.

김경미(2002). 북한이탈주민의 남한사회 적응을 위한 프로그램 개발에 관한 연구. 인천대학교 대학원 석사학위논문.

김성이(1997). 청소년복지학. 양서원.

김영하(2009). 새터민의 지역사회 이해-교육 프로그램 개발. 대한정치학회보, 16(2).

김형태(2004). 북한이탈 청소년의 남한사회 적응유형에 관한 통합적 비교연구. 숭실대학교 대학원 박사학위논문.

노귀남(2012). 새터민의 이방성 이해. 한국여성철학, 17.

문용린(1992). 통일시대에 대비하는 교육. 민족지성, 69.

민성길·전우택(2000). 북한 청소년의 생활과 발달에 대한 연구. 신경정신의학, 152.

박미석·이종남(1999). 탈북가족의 남한사회 적응 시 겪는 어려움과 그에 따른 대처방안. 통일논총, 17.

박윤숙·윤인진(2007). 탈북 청소년의 사회적 지지 특성과 남한사회 적응과의 관계. 한국사회학, 41(1).

박윤숙(2006). 북한이탈 청소년의 사회적 지지 특성과 남한사회 적응에 관한 연구. 서울여자대학교 대학원 박사학위논문.

백혜정·길은배·윤인진·이영란(2006). 남한 내 북한이탈 청소년들의 심리적응에 영향을 미치는 적응준비도에 관한 연구. 한국청소년연구, 18(2).

손종국(2003). 중·고등부 지도자와 교사를 위한 청소년교육. 예루살렘.

오만석(2011). 다문화가정 자녀교육의 현실과 과제. 다문화교육연구, 4(1).

윤여상(1998). 귀순북한동포의 남한사회 적응에 관한 연구. 영남대학교 대학원 석사학위논문.

위 휘(2005). 청소년 스트레스 영향요인에 관한 연구. 정신간호학회지, 14(2).

이경주·신효식(1997). 청소년 자녀가 경험하는 부모의 학대 유형과 부적응 행동. 대한가정학회지, 126.

이금순·송정호(1997). 북한이탈주민의 사회적응 교육방안. 통일연구논총, 6(1).

이기영(2001). 탈북인을 통해 본 북한의 시간생활 실태 및 남한과의 차이점 분석. 한국가족자원경영학회지, 4(2).

이동성 · 김영천 · 황철형(2012). 다문화가정 아동들의 삶과 교육. **다문화교육연구, 5(1)**.

이동원(1984). 남북통일의 기본적 과제와 새로운 시각. **인간개발, 57**.

이복희 · 김종표 · 김지환(2010). **청소년교육론**. 학지사.

이상만(1999). 북한이탈주민의 사회적응 현황과 정책방향. 국회인권포럼.

이소래(1997). 남한이주 북한이탈주민의 문화적응 스트레스에 관한 연구. 이화여자대학교 대학원 석사학위논문.

이장호 외(1998). **남북한 사회통합과 통일교육 : 문제와 대비책**. 민족통일연구원.

이향규(2007). 남북한 평화체제의 건설과 통일교육. **국가전략, 9(4)**.

이현지 · 남현주(2003). **세계 국방인력 편람**. 한국국방연구원.

임민순(1998). 북한이탈주민의 사회적응능력 제고방안에 관한 연구. **한국통일연구, 4**.

임원혁(1998). 북한의 식량위기실태와 북한주민지원의 방향. **북한경제논총, 3**.

장미애(1999). 중 · 고등학생이 지각하는 사회적 지지에 따른 스트레스 및 공격성의 차이에 관한 연구. 서강대학교 대학원 석사학위논문.

장창호(2001). 탈북청소년의 적응에 관한 사회 · 사업적 고찰. 강남대학교 대학원 석사학위논문.

전우택(2000). **사람의 통일을 위하여 : 남북한 사람들의 통합을 위한 사회정신의학적 고찰**. 오름.

정진경 · 정병호 · 양계민(2006). **웰컴 투 코리아 : 북조선 사람들의 남한살이**. 한양대학교출판부.

조정아(2008). 새터민 학생들의 학교생활 실태 및 지원방안. **학술저널**, 11-38.

천정웅(2012). **청소년복지론-발전적 관점**. 양서원.

천정웅 · 김 민 · 김진호 · 박선영(2011). **차세대청소년학총론**. 양서원.

최명선 · 최태산 · 강지희(2006). 국제결혼가정의 심리 · 사회적 특성에 관한 연구. **학생생활연구, 12(1)**.

최성렬(2000). 우리나라 사회복지행정서비스 전달체계 개선방향. 대전대학교 대학원 석사학위논문.

한건환 · 장휘숙 · 안권순(2004). 청소년들의 스트레스 경험, 대처방식 및 문제행동에서 자기존중감의 역할. **청소년학연구, 11(3)**.

한국청소년개발원(2007). **청소년문제론**. 교육과학사.

한국청소년정책연구원(2010). **청소년학개론**. 교육과학사.

한유진 · 최나야(2004). 초기 청소년의 사회적 지지 지각 및 생활만족도가 대인관계상황 귀인양식에 미치는 영향. **청소년학연구, 11(3)**.

홍봉선 외(2010). **청소년문제론**. 공동체.

홍순혜 · 정익중 · 박윤숙 · 원미순(2003). 북한이탈주민에 대한 대학생 태도 연구. **학생생활연구, 16**.

황정규(1990). **한국인의 청소년기 사회화과정 연구**. 한국정신문화연구원.

12

CHAPTER

인권과 청소년복지

1. 청소년 인권의 역사
2. 청소년 인권의 내용

| 제 12 장 | 인권과 청소년복지

청소년은 어떤 인권을 보장받고 있으며, 그들의 인권을 정당화할 수 있는 근거는 무엇인가? 우리 사회에서 인권에 대한 관심이 최근에 와서야 확대되면서 인권 일반이나 학생인권에 대한 체계적인 연구물들이 조금씩 나오고 있다. 기존의 국가권력에 의한 인권탄압과 IMF 이후 구조조정에 따른 실업문제와 소득 불균형의 심화로 나타난 소득분배의 불평등 문제가 제기되면서 인권에 대한 문제의식이 어느 정도 확산되었음에 반해, 아동과 청소년의 인권이라는 주제는 최근에서야 인권시민단체의 적극적인 노력으로 주목받기 시작하였으나 아직까지도 논의의 수준은 미흡하다. 그럼에도 불구하고 새로운 인권의 영역으로서 국제사회의 관심이 모아지고 인권주체로 나서고자 하는 청소년들의 자발적인 노력과 더불어 아동과 청소년의 인권이 정당성을 확보해 나가는 과정과 국제사회에서 합의한 청소년의 인권 내용을 알아보고, 최근에 청소년들이 인권의 주체로 나서고자 주장하는 내용들을 파악해 보는 것이 필요하다.

1. 청소년 인권의 역사

1) 인권의 개념과 성격

인권(human rights)의 개념을 한 마디로 규정하기란 어렵다. 이는 인권의 개념과 범주가 고정적인 것이 아니라, 역사적으로 규정되고 역사 속에서 풍부해지는 역동적인 것이기 때문이다. 그러나 일반적으로 인권은 문자 그대로 '인간으로서 태어난 이상 당연히 가지는 권리'로 정의된다. 인권의 주체인 인간은 사람이라는 보편적 존재인 동시에, 한 국가의 공동체의 구성원으로서 위치하고 있다. 따라서 인권은 "사람으로서 살아가기 위해 마땅히 누려야 할 자유와 권리와 또 나라의 구성원인 시민으로서 행사해야 할 자유와 권리"를 함께 뜻하는 개념이라고 규정될 수 있다. 다시 말해서, 인권은 인간으로서 인간다운 삶을 영위하기 위해 갖는 보편적 권리임과 동시에 한 국가의 구성원인 시민으로서 행사해야 할 특정한 권리를 포괄하는 개념이다.

인권은 인간이면 누구나 평등하게 소유하여야 한다는 의미에서 보편적이며, 인간의 존엄성을 존중받기 위해서는 기본적으로 보장되어야 할 전제조건이라는 의미에서 근본적이다. 인간의 존엄한 삶을 위해 필수적인 권리로서 모든 인간이 평등하게 소유하고 보장받아야 하는 권리가 바로 인권이다(이봉철, 2001). 이러한 보편적 인간의 존엄성을 인식하고 실정법을 통해 보장하기 시작한 것은 근대에 이르러 가능하였다. 인간은 자유롭고 존엄한 존재로서 자아를 실현하고 규정하기 위해서 권리를 확보하고자 한다. 그리고 이러한 인간의 존엄성은 실정법의 체계 속에서 도덕적 권리로서 승인됨으로써만 보장받을 수 있다. 인권의 역사는 국가에 대해 이러한 권리의 보장을 요구하고, 또한 국가를 통하여 권리보장의 조건을 마련하려는 인류의 투쟁의 역사이고, 이런 투쟁을 거쳐 인권의 개념은 역사 속에서 풍부해져 왔다.

오늘날 대체로 광범위한 동의를 얻고 있는 인권의 성격을 간단히 짚어보면(인권운동사랑방, 2000) 첫째, 인권은 보편성을 가지고 있다. 인권은 어떠한 상황에서도 누구에게나 차별 없이 평등하게 보장되어야 한다. 특권과 대비되는 인권은 인종, 종교, 성, 피부색, 사회적 출신, 정치적 의견 또는 사상, 재산, 나이 등에 따른 어떠한 차별도 없이 누구에게나 보편적으로 향유되어야 한다. 둘째, 인권은 기본적·필수적 성격을 가진다. 인권은 필수적이지 않은 권리나 혹은 자격과는 구별되는 '기본적 권리'를 의미한다. 필수적이고 기본적인 권리란 인간의 존엄성을 유지하기 위해서 요청되는 권리이다. 셋째, 인권은 국가권력의 정당성을 판단하는 기준이다. 국가의 권력은 국민으로부터 나온다는 '국민주권' 원리의 필연적 귀결로서 국민은 국가에 대해 인권의 보장을 요구할 당연한 권리를 갖고 있다. 따라서 인권은 국가권력의 정당성을 판단하는 기준이 됨과 동시에 국가권력의 자의적 남용을 견제하고 권력행사의 한계를 규정짓는 중요한 잣대가 된다. 넷째, 인권은 상호 의존성을 자체 속성으로 갖는다. 인권의 주체인 인간은 추상적 개인으로서 독자적으로 존재하는 것이 아니라, 일정한 사회적 관계와 공동체적 삶의 공간에서 살아가는 구체적인 개인이다. 따라서 특정한 개인이나 공동체의 인권은 다른 사람이나 공동체의 인권을 보장하는 데 필요한 만큼 일정한 제한을 받을 수밖에 없다. 마지막으로 인권은 상호 불가분성의 속성을 갖는다. 인권은 자유와 평등을 핵심적인 가치로 추구한다. 즉, 이것은 '공포와 억압'으로부터의 자유를 의미하는 자유권과 빈곤으로부터 벗어나 일정한 수준에서의 생존을 의미하는 사회권으로 구체화된다. 이 자유권과 사회권은 상호 불가분의 관계가 있다. 자유 없는 평등도, 평등 없는 자유도 인간의 존엄성을 지켜낼 수 없다.

2) 인권의 주체로서 청소년기의 등장

역사적으로 볼 때 성인과 구분되는 독자적인 존재로서의 '아동'이나 '청소년'이라는 관념은 근대에 이르러서야 등장한 개념이다. 성인기와 아동기의 구분 후에야 좀 더 세분화된 개념들, 즉 유아기와 아동기, 청소년기 등의 구체적인 단계적 개념들이 등장할 수 있었다. 중세시대까지 아동은 어른의 장난감이나 아버지의 사적 소유물, 구제되어야 할 영혼, 효과적으로 이용될 수 있는 자원 등으로 간주되었다.

이런 상황 속에서 성인과 구분되는 아동기와 청소년기가 독자적으로 존재한다는 관념이 등장하게 된 것은 사회변동에 따라 이들의 사회적 지위와 역할이 역사적으로 변화되었기 때문이다. 아동기 등장에 공헌한 역사적 사회변동으로는 첫째, 원죄설로부터의 아동의 해방이라는 아동관의 변화를 들 수 있다. 당시까지는 기독교적 원죄설의 영향으로 모든 인간은 본래적으로 타락해 있으며, 어릴수록 속죄의 과정을 밟지 못했으므로 더 깊은 죄에 빠져있다는 관념이 지배적이었다. 따라서 교육의 방법도 속죄를 강요하는 강압적이고 혹독한 것이 많았다. 그러나 이러한 종교적 원죄론에 도전하여 인간이 백지상태로 출발한다는 로크의 주장이 제기되고, 인간은 본래적으로 선하나 사회상태에서 타락하게 된다는 루소(Rousseau)의 주장 등이 설득을 얻으면서 인간관도 변화되었다. 특히 루소(Rousseau)는 성인의 축소물이 아닌 독자적인 존재로서 아동을 대우할 것을 주장하였다. 나아가 영아기와 아동기, 청소년기 등의 발달단계에 상응하는 교육의 필요성을 주장하여, 아동기와 청소년기라는 독자적인 관념의 출현에 크게 공헌하였다.

둘째로는 경제구조의 변화로 인한 아동과 청소년 노동의 경제적 가치의 저하도 또 하나의 요인으로 지적될 수 있다. 봉건사회에서뿐만 아니라 자본주의 초기단계까지만 하더라도 가족은 매우 중요한 경제생산단위였다. 그러나 산업혁명으로 인해 공장제 기계공업체제가 확대되면서 가족이 생산의 공간이 아닌 소비의 공간으로 전환되었고, 가족 내 아동노동의 가치가 저하되었다. 또한 산업화 초기단계에는 아동과 청소년이 저임금 노동력으로 선호되었지만, 이들이 공장에서의 장시간 노동과 열악한 환경으로 인하여 각종 질병에 노출되고 사망하는 경우가 많아지게 되었다. 아동과 청소년을 가혹한 노동으로부터 보호함으로써 노동력의 재생산을 안정적으로 이루어 낼 수 있도록 하기 위해 보호법이 제정됨에 따라 아동노동과 청소년 노동이 크게 감소하게 되었다. 이제 아동과 청소년은 노동으로부터 해방되어 학교나 가정에서 보호를 받아야 하고 미래의 노동력으로서 교육받아야 하는 대상으로 간주되기 시작하였다.

마지막으로 아동과 청소년에 대한 계획적이고 적극적인 교육의 필요성이 강조되었던 시대적 상황을 들 수 있다. 이러한 시대적 변화는 하나의 요인이 아닌 복합적인 요인에 의해 이루어진 것이다. 종교적으로는 종교개혁 이후 갈라진 신·구교 세력이 종교적·도덕적 위기를 아이들에 대한 교육을 통해 극복하고자 하였다는 점을 들 수 있다(안인희, 1992). 정치적으로는 중앙집권적인 근대국가가 성립되면서 통일된 의식을 갖춘 국민의 양성이 중요한 국가적 과제로 대두하였고, 따라서 대중적인 국민교육에 관심이 증대될 수밖에 없었다. 경제적 요인으로는 과학과 생산기술의 전문화로 인해 일정 정도의 지식과 기술을 갖춘 노동력이 요구되면서 경제활동의 준비기간이라고 볼 수 있는 학교교육의 기간이 대중화·장기화되었다는 점을 들 수 있다. 또한 사회적 요인으로는 부유한 자본가 계급의 가정을 중심으로 하여 자신의 재산과 가문을 유지시켜 나갈 자녀에 대한 각별한 보호와 교육의 중요성이 인식되기 시작하였다는 점을 들 수 있다. 그리고 산업화·도시화가 진행됨에 따라 아동과 청소년이 비행을 저지름으로써 사회질서를 위협할 수 있다는 위기의식이 일반화되었다는 점을 들 수 있다. 이에 따라 직접적인 생산관계에 편입되지 않은 채 교육을 받는 기간이 연장되고, 발달단계에 따른 아동기 내부의 상이성이 주목을 받으면서 아동과 구분되는 청소년이라는 독자적인 사회집단이 등장하게 되었다.

이러한 사회변화에 따라 아동뿐만 아니라 발달단계에 있어 아동과 구분되는 청소년이라는 사회집단이 이제 생산현장이 아닌 가정과 학교에서 특별한 배려와 보호, 그리고 가르침의 대상으로 위치하게 되었고, '축소판 성인'이 아닌 '청소년'이라는 독자적인 인생의 단계가 존재한다는 관념이 일반화되었다. 또한 감정과 세계를 인식하는 방법, 행동양식 등 아동과 청소년만의 문화와 세계가 별도로 존재한다는 인식도 함께 이루어져 청소년이 인권의 주체로 등장하게 된다.

3) 청소년 인권신장을 위한 국내외적 노력

제1, 2차 세계대전을 거치면서 인류는 인간의 존엄성을 지키기 위한 자구책을 만들어 갈 필요성을 절실히 느끼게 된다. 특히 제2차 세계대전은 인권에 대한 국제적인 관심을 촉발시켰으며 유엔(국제연합)의 조직으로 이어졌다. 유래 없는 대량살상의 전쟁을 끝낸 세계 각국은 한 나라의 인권수준은 다른 나라의 인권수준과 밀접히 관련되어 있음을 각성하고, 1948년에 세계인권선언을 유엔총회에서 만장일치로 채택하였다.

인권에 관한 유엔의 다양한 노력 속에서 아동과 청소년의 권리를 성문화하려는 국제사회의 노력은 오랜 준비작업과 논쟁을 거쳐 1959년 '아동권리선언'의 채택이라는 결과를 낳았다. 이 선언은 아동이 행복한 아동기를 보낼 수 있도록 "아동에게 있어 불가결한 권리를 승인"한다는 점을 명기하였고, 아동에게 '이름과 국적에 관한 권리'리는 최초의 시민권이 부여되었는데, 이 점에서 보호와 구제의 아동관에 입각했던 기존의 선언들과 큰 차이를 보인 첫 번째 국제적인 선언이었다. 이는 아동을 시혜와 보호의 대상에서 권리의 주체로서 인식하는 국제적 인식이 확대되었음을 의미하는 것이다.

이러한 흐름 속에서 1960년대 후반부터는 시민권운동과 여성운동의 영향으로 개인의 권리에 관한 사회적 관심이 확대되고, 아동학대나 청소년문제의 심각성이 사회적으로 주목을 받으면서 아동과 청소년의 권리에 대한 논의도 활발해졌다. 소수민족이나 여성들과 마찬가지로 아동과 청소년 또한 기본권과 자유를 충분히 보장받을 수 있는 정치적 힘을 가지지 못한 사회적 주변집단이라는 인식이 확대되면서, 아동과 청소년의 권리를 구속력 없는 선언문이 아니라 법적 구속력을 갖춘 조약을 통해 보장해야 할 필요성이 강하게 제기되었다. 1966년에 채택된 두 개의 국제규약은 아동과 청소년의 특수한 지위를 고려하여 이들의 권리를 구체적으로 명기하였다. 또한 이 두 규약이 발효된 1976년 제31차 유엔총회는 '아동의 권리선언' 20주년이 되는 1979년을 국제아동의 해로 설정하기로 결정하였는데, 이 회의에서 폴란드가 아동과 청소년의 권리를 국제조약으로 성문화할 것을 제안하였다. 세계인권선언과 두 개의 국제규약을 기초로 하여 오랜 준비와 논의과정을 거친 후, 마침내 1989년 11월 20일에 '유엔 아동 · 청소년 권리조약(the Convention on the Rights of the Child)'이 역사적인 탄생을 보게 되었다. 현재 193개국이 이 조약에 가입했으며, 한국정부도 1991년 12월에 이 조약에 가입하여 6차에 걸쳐 이행보고서를 제출하였다. 이행보고서 제출로 우리 사회의 아동 · 청소년의 인권수준이 국제사회의 기준에 적합하도록 여러 가지 권고를 받으면서 조금씩 청소년 인권과 인권교육에 대한 정부정책이 향상 되어가고 있다.

이 조약은 기존의 국제조약에 비해 진일보한 특성을 가지고 있다. 조약이 보장하는 권리의 향유 주체인 'child'를 18세 미만의 자로서 명확하게 정의를 내림으로써 child의 범위를 청소년에게까지 확장하였다는 점, 아동과 청소년을 보호와 시혜의 대상으로 파악하지 않고 권리를 향유하고 행사할 수 있는 주체로서 인정하였다는 점, 특히 종래에 아동 · 청소년의 인권에 포함되지 않았던 시민적 자유권, 즉 표현의 자유, 사상 · 양심 · 종교의 자유, 결사 및 평화적 집회의 자유, 프라이버시 · 통신 ·

명예 · 신망의 보호, 매스미디어의 접근권 등을 권리로서 인정하였다는 점, 아동 · 청소년의 인권을 법적 · 행정적으로 보장할 것을 당사국과 국제사회의 법적 의무로서 규정하였다는 점, 유엔에 아동권리위원회를 설치하여 각국의 진척상황을 심사하도록 한 점 등에서 발전된 면모를 확인할 수 있다.

2. 청소년 인권의 내용

1) 청소년 인권론

청소년 인권에 대한 기존의 논의는 청소년의 자율적 능력에 대한 신뢰와 인정의 정도에 따라 보호주의적 입장과 해방론적 입장, 그리고 두 입장의 절충이라고 볼 수 있는 조정적 · 자율론적 입장으로 대별될 수 있다(황성기, 1994). 우선 보호주의적 입장은 청소년을 미숙한 존재로 간주하며, 부모를 비롯한 성인들에 의한 학대나 유기, 유해한 환경으로부터 청소년을 위해 성인들이 무엇을 해줄 수 있는가가 중요한 관심이 된다. 이에 반해 해방론적 입장에서는 청소년을 자율적인 권리행사능력을 갖춘 권리의 주체로서 파악하며, 청소년 스스로의 자율적 결정과 선택을 존중하는 것이 무엇보다도 중요하다고 본다. 청소년 권리는 청소년 스스로가 무엇이 자신에게 가장 최선인가를 결정할 수 있는 자유를 보장받을 때 실현될 수 있다는 것이다.

이러한 두 입장에 대한 비판을 하나의 범주로 묶은 것이 바로 조정적 자율론이다. 조정적 자율론은 청소년에 대한 보호와 최대한의 자율성 보장을 함께 중요시한다는 점에서 앞의 두 입장을 절충하고 있는 이론이다. 이 입장에 따르면, 청소년은 권리의 주체이며 자신의 문제를 스스로 판단하고 결정할 수 있는 자율적 능력을 갖춘 존재이다. 따라서 청소년의 자율적 판단은 존중받아야 한다. 그러나 동시에 청소년은 신체적 · 정신적으로 지속적인 성장의 과정에 놓인 존재로서, 일정한 정도의 양육과 보호를 '요구할' 권리 또한 가지고 있다. 이것이 '필요'가 아니라 '권리'로서 주장된다는 것은 적절히 양육과 보호가 주어지지 않을 때 사회와 국가에 이를 보장할 것을 요구할 수 있고, 또한 사회와 국가는 이러한 요구를 수용해야 할 책임을 가지고 있음을 의미한다.

청소년 인권을 바라보는 이와 같은 입장의 차이와 대립은 오늘날까지 여전히 지속되고 있다. 어느 입장의 청소년 인권론을 수용하느냐에 따라 청소년 관련정책을 마련하고 시행하는 과정뿐만 아니라, 청소년들이 가정과 학교 등 일상의 영역 곳곳에서 맺고 있는 성인들과의 관계에도 결정적인 영향을 미치고 있다. 청소년을 바라보는 우리 사회의 지배적인 관점은 보호주의적 입장에 근거하고 있다고 볼 수 있다. 그러나 이 입장에서 강조하는 청소년을 위해 최상의 것을 제공해야 할 성인의 의무조차 게을리한 채, 청소년에 대한 감독과 통제에만 주목하고 있는 것이 우리 사회의 현실이다.

청소년 인권의 역사를 돌이켜 보더라도 이러한 입장의 차이가 확인된다. 청소년을 성인들의 온정적 시혜와 보호의 대상으로만 파악했던 보호주의적 입장은 20세기 전반부까지만 하더라도 지배적인 영향력을 행사하였다(최윤진, 1998). 그러나 이후 역사적 발전을 거치면서 청소년의 자율적 결정능력에 대한 신뢰가 확대되어 왔으며, 청소년의 자기결정권과 더 많은 권리를 인정하려는 국제사회의 노력이 확대되어 왔다. 수많은 청소년들이 자신들의 자율성을 신뢰하고 권리를 보장해 줄 것을 끊임없이 요구하고 있고, 청소년의 자기결정권을 최대한 보장해야 한다는 국제사회의 인식이 확대되고 있는 만큼, 한국 사회도 더 이상 새로운 흐름과 요구를 무시해서는 안 되는 상황에 직면해 있다.

청소년에게 자율적 능력이 있다 또는 없다는 식의 선언적 판단도, 보호주의적 입장과 해방론적 입장 가운데 하나를 택일하라는 것도 청소년 권리에 접근하는 올바른 태도라고 볼 수 없다. 권리의 자율적 행사능력은 권리를 존중받고 권리의 주체로서 스스로 권리를 행사해 나가는 과정을 통해서만 형성·발전할 수 있다. 따라서 청소년들 또한 자신들의 권리를 행사해 나가는 과정을 통해서만 자율적인 권리행사의 주체로서 성장해 나갈 수 있는 것이다. 청소년들이 능력 위주로 평가되는 것이 아니라 권리의 주체로서 그 존재가치를 인정받는 것 자체가 인간의 존엄성과 관련된 가치 있는 경험이다. 따라서 청소년의 자율성을 최대한 보장해 주고, 권리의 주체로서 존중해 주어야 한다. 청소년들이 자율적으로 권리를 행사함에 있어 문제가 발생하는 경우에는 개별 청소년의 신체적 · 정신적 성숙도를 고려하여 적절하게 조력해 주는 것이 중요하다 하겠다.

2) 유엔 어린이 · 청소년 조약에 따른 인권의 내용

청소년 권리에 관한 국제적 원칙과 규범을 체계적으로 제시하고 있는 「유엔 어린이 · 청소년 권리조약」은 '양육과 보호'뿐만 아니라 '청소년의 자율적 결정능력에 대한 존중'에도 동등한 중요성을 부여하면서, 청소년의 존재적 특수성에 합치되는 권리를 보장하고 있다. 조약은 전문과 총 5개의 조항으로 구성되어 있다. 각 조항은 다시 'the child'에 대한 정의와 조약의 일반원칙, 구체적 권리규정에 관한 내용을 담고 있는 제1부(조약 제1~41조)와 비준 이후의 이행규정을 담고 있는 제2부(조약 제42~45조), 그리고 비준절차를 다룬 제3부(조약 제46~54조)로 구분되어 있다.

조약이 보장하고 있는 권리를 향유할 수 있는 주체는 바로 모든 청소년들이다. 그러나 개별 청소년 혹은 특정 집단에 속해있는 청소년이 처해있는 구체적 상황에 따라 각별히 요구되는 인권의 내용은 달라질 수 있다. 우리 사회의 청소년의 일반적인 삶을 고려해 볼 때, 청소년의 인권은 크게 가정에서의 청소년 인권과 학교에서의 청소년 인권, 사회에서의 청소년 인권으로 구분될 수 있다. 가정과 학교, 사회라는 생활영역별로 청소년의 위치, 그 속에서 맺고 있는 사회적 관계, 그 관계 속에서 침해받기 쉬운 권리의 내용 등에 있어 차이가 있다. 따라서 요구되는 권리 내용도 달라질 수밖에 없다.

한국 사회 청소년의 사회적 지위를 고려할 때, 핵심적인 인권으로서 주목할 필요가 있는 권리를 생활영역별로 구분해 보면, 〈표 12-1〉과 같이 나타낼 수 있다. 가정에서 가장 중요한 이슈로 부각될 수 있는 권리로는 부모로부터의 학대나 방임으로부터 보호를 받으면서 적절한 양육을 받을 권리와 자신에게 영향을 미치는 모든 문제에 관한 의견을 표명할 권리, 부모로부터 사생활을 보호받을 권리, 그리고 적절한 생활수준을 유지할 권리 등이 있다. 전통적으로 가족이라는 영역은 권리가 상호 충돌할 수 있는 영역으로 간주되지 않았다. 가족 안에서 권리를 주장하는 것은 갈등을 유발할 뿐만 아니라, 가족 상호 간의 일체감과 서로에 대한 애착심을 떨어뜨린다는 비판 또한 지속되어 왔다. 그러나 가족 내 폭력의 문제가 심각한 사회문제로 대두되고 있고, 자녀의 생활공간과 삶의 방향에 대한 부모의 과도한 간섭과 통제가 청소년에게 갈등을 유발하고 있는 상황에서 이러한 전통적인 시각은 정당성을 상실하고 있다. 그동안 가족 내에서 해결되어야 할 사적인 문제로 여겨지던 것들도 이제는 공적인 감시와 보호를 필요로 하는 영역으로 인식될 필요가 있으며, 가족 내에서도 명백히 침해되어서는 안 될 권리의 영역이 있음을 인정할 필요가 있다.

청소년의 대부분이 중등학교에 진학하고 있는 만큼, 학생 신분의 청소년이 학교에서도 보장받아야 할 권리가 무엇인가를 명료화하는 것은 매우 의미있는 일이다. 오늘날 청소년의 문제는 학교교육의 문제라고 해도 과언이 아니기 때문이다(김성재, 2002). 학교에서 가장 중요한 이슈로 부각될 수 있는 권리로는 청소년의 존엄성을 존중하는 학교규율하에서 생활하고 학습할 권리, 특히 자신의 권리를 학습할 권리, 그리고 시민적 · 정치적 권리 등이 있다. 엄격한 학교규율과 여전히 남아있는 체벌, 학생의 소명기회가 거의 없는 일방적인 징계, 수시로 불시에 이루어지는 소지품 검사로 나타나는 사생활 침해로 학교에서 학생이 인간으로서 존중받는 것이 아직도 요원함을 보여주고 있다.

〈표 12-1〉「유엔 어린이 · 청소년 권리 조약」 생활영역별 분류

생활영역	권리의 조항	조 항
가정	생존과 발달을 확보할 권리	제6조
	부모로부터 보호와 양육을 받을 권리	제18조
	청소년의 의사에 반하여 부모로부터 분리되지 않을 권리	제9조
	자신에게 영향을 미치는 모든 문제에 대해 의견을 표명할 권리	제12조
	부모나 보호자로부터 신체적 · 정신적 폭력과 함께 학대 · 방임 · 착취 등을 당하지 않을 권리	제19조
	가족이 없는 경우 국가로부터 보호와 원조를 받을 권리	제11조, 제20조, 제21조
	사회보장제도의 혜택을 누릴 권리	제26조
	적정한 생활수준을 누릴 권리	제27조
	사생활과 명예를 보호받을 권리	제16조
학교	생존과 발달을 확보할 권리	제6조
	자신에게 영향을 미치는 모든 문제에 대해 의견을 표명할 권리	제12조
	모든 종류의 정보와 사상을 표현할 권리	제13조
	사상 · 양심 · 종교의 자유	제14조
	결사 및 평화적 집회의 자유	제15조
	사생활과 명예에 대한 자의적이고 위법적인 간섭과 비난으로부터 보호받을 권리	제16조
	무상교육을 비롯한 교육을 균등하게 받을 권리, 청소년의 존엄성과 조약의 정신에 위배되는 학교규율로부터 보호받을 권리	제28조
	인권과 기본적 자유, 유엔헌장의 정신에 합치되는 교육을 받을 권리	제29조
	휴식, 여가 및 문화생활을 누릴 권리	제31조
	모든 형태의 착취로부터 보호받을 권리	제36조
	조약의 원칙과 조약이 규정한 청소년의 권리를 알 권리	제42조
사회	청소년의 정신적 · 신체적 복지향상을 목적으로 하는 정보와 대중매체에 접근할 수 있는 권리	제17조
	휴식, 여가 및 문화생활을 누릴 권리	제31조
	경제적 착취와 유해한 노동으로부터 보호될 권리	제32조
	마약 및 향정신성 약품으로부터 보호받을 권리	제33조
	모든 형태의 성적 착취와 학대로부터 보호받을 권리	제34조
	자유를 박탈당할 경우 고문과 사형, 기타 비인간적 취급으로부터 보호될 권리, 변호인의 원조를 받을 권리	제37조
	형사절차에 놓인 경우 공정하고 신속한 절차를 보장받을 권리, 사회복귀를 지원받을 권리	제39조, 제40조

학생들의 학교와 교사에 대한 거부감과 학교부적응 문제도 날로 심각해지고 있다. 학생 자치활동과 동아리활동에 대한 무관심과 통제, 그리고 입시 위주의 교육문화에 따라 학생으로서 청소년은 다양한 교육적 활동과 문화적 활동의 기회를 박탈당하고 있다. 특히 학생들은 인권교육을 받아본 경험이 거의 없기 때문에, 국제조약과 헌법이 보장하고 있는 자신들의 권리가 무엇인지 알지도 못하고 있는 상황이다. 적극적 저항의 형태는 아니지만 학교 안팎에서 벌어지고 있는 청소년들의 소극적 저항과 외침을 살펴볼 때, 앞서 제시한 권리들은 학교현장에서 앞으로 매우 중요한 문제로 부각될 것이 분명하다.

사회에서는 성적 착취와 경제적 착취를 비롯한 모든 착취로부터 보호받을 권리와 소년사법절차과정에서 특별한 보호를 받을 권리 등이 주요 이슈로 부각될 수 있겠다. 최근에 청소년들이 가출하여 인권의 사각지대인 윤락업소에서 비정상적인 생활을 강요당하거나 청소년 아르바이트가 급증하면서 저임금, 장시간 노동조건에 시달리고 있으며, 미성년자라는 이유로 노동법에 보장된 권리를 전혀 보장받지 못하고 있다. 이로부터 청소년을 보호할 수 있는 적절한 조치가 시급히 마련되어야 한다.

청소년들에게 이러한 권리를 보장해 주는 것은 우리 사회가 당면하고 있는 다양한 청소년문제를 해결할 수 있는 기본적인 전제 조건인 동시에, 청소년문제를 해결해 나가는 과정이기도 하다. 청소년을 하나의 인격체로서, 권리의 주체로서 존중하고 권리를 보장해 줄 수 있는 사회적 조건을 마련할 때 청소년문제는 해결될 수 있는 것이다.

청소년들에게 주어진 권리를 보장해 주고 또 그들이 다른 사람의 인권을 보장하고 조화롭게 어울리면서 공동체적인 삶의 방식을 체득해 나가도록 하는 것이야말로 청소년 정책의 가장 중요한 핵심이다.

3) 공교육 현장의 학생인권 침해

(1) 학교에서의 청소년 인권침해 현황

학생으로서의 청소년들이 학교라는 제도적 공간 속에서 대부분의 시간을 보내야 하고, 학교를 벗어난 시·공간에서도 학교의 요구와 규범으로부터 자유롭지 못하다는 점을 고려해 볼 때, 지배적인 학교문화를 분석하는 것은 학생들이 어떠한 사회적 상황에 놓여있는가를 이해하는 데 매우 중요한 작업이다. 이는 또한 학교 내에서 학생들에 대한 인권침해가 지속적으로 이루어질 수 있는 구조적인 조건을 분석해 내는 데에도 필수적이다.

전통적으로 고착화되어 온 가부장적 전통과 질서, 식민지시대에 성립된 중앙집권적 관료체제, 해방 후 한정된 재화를 획득하기 위한 파행적인 교육열, 그리고 경제적 효율성에 지배되는 교육정책 등의 사회·문화적 특성이 학교교육의 내용을 결정짓는 핵심적인 토대로서 작용하고 있다. 덧붙여서 최근에 특기·적성교육 등 나름대로 교육의 정상화를 추구하였으나 여전히 학교교육과정은 입시 위주의 틀을 벗어나지 못하고 있다. 이러한 구조 위에서 형성된 학교교육은 표면적 교육과정을 통해서 암기 위주의 단편적 지식을, 잠재적 교육과정을 통해서는 획일주의, 권위주의, 경쟁적 동료관계 등을 학습하도록 만들어 왔다.

학교는 그동안 자본주의가 필요로 하는 지식과 순종적인 태도를 갖춘 인간을 양성하는 것을 주된 기능으로 삼아왔으며, 자본의 국제화에 따른 학교교육의 경쟁력 강화는 오히려 교육 본래의 기능마저도 치열한 경쟁체제로 편입시켜 가고 있다. 이러한 학교의 기능을 수행하는 과정에서 입시문화와 권위주의문화는 생성되고 유지되어 온 것이다. 입시문화와 권위주의적 문화는 복합적으로 얽혀 상호작용하고 있으며, 학교의 공식적 교육과정뿐만 아니라 잠재적 교육과정을 통해 학생들에게 내면화되거나 혹은 저항을 불러일으킨다.

입시문화가 학교를 지배하고 있다는 것은 공부 잘하는 학생중심의 학교운영이 이루어진다는 것으로 학생들을 대학에 입학시키는 것이 전체 학교의 목표가 되어 있다는 것을 의미한다. 입시 위주의 주입식 교육, 변칙적인 보충수업과 자율학습의 강제적 운영, 공휴일에도 등교하는 일부 학생, 비교모의고사 등 과다한 시험 실시, 학교별 · 반별 · 학생별 성적비교를 통한 서열화 등은 입시문화로 얼룩진 학교의 단편적인 모습들이다. 이는 마치 전시동원체제와 흡사하다. 교사들은 학생들이 입시전쟁에만 매진할 수 있도록 가능한 모든 압력수단을 동원하고 있으며, 입시전쟁에서의 승리를 위해 학생과 교사, 학부모들은 모든 것을 희생해야 한다. 학생들은 자신의 재능이 무엇인지, 자신에게 좋은 삶이란 무엇인지와 같은 '잡생각'은 버려야 한다(전경주, 2002).

입시문화 속에서 학생들은 교사가 가르치는 엄청난 양의 단편적 지식을 암기해야 한다. 학생들은 어떠한 삶이 가치있는가에 관한 해답을 구하기 위해서 공부하는 것도 아니며, 학교에서 접하게 되는 지식의 내용에 비판적으로 접근할 수 있는 여유를 제공받지도 못한다. 단지 시험을 위해, 궁극적으로는 대학입학시험에서의 성공을 위해 정답형의 이분법적 지식을 공부하는 데만 매달릴 것을 강요받고 있다.

치열한 입시경쟁의 현실 속에서 성적은 단순히 학생들이 교사가 전수해 주는 지식을 어느 정도 이해하고 있는가를 알려주는 지표가 아니라, 학생들을 차별화하고 서열화하는 절대적인 기준으로서 작용한다. '성적'은 곧 능력을 의미한다는 잣대로 학생들을 차별화하고, 학생들로 하여금 그 차별화된 위치를 객관적인 것으로 인식하도록 만든다. 성적은 학생들뿐만 아니라 교사들의 능력과 학교의 수준을 평가하는 잣대가 되기도 한다. 어떠한 방법을 동원하든 간에 학생들의 성적을 올려줄 수 있는 교사가 훌륭한 교사로서 인정받고, 명문대학에 합격자를 많이 배출해 내는 학교가 된다.

성적이 절대적 기준이 되는 입시문화 속에서 대부분의 학생들이 상급학교 진학에 대한 압박감과 성적문제로 인한 스트레스를 경험하게 되고, 공부를 못하는 학생들의 경우는 특히 열등감과 차별대우를 경험하게 된다. 입시만이 최고의 목표가 되는 학교현실 속에서 학생들은 교사나 친구들과의 인격적인 만남을 형성하기가 힘들고, 경쟁적인 동료관계를 강요하는 학교문화 속에서 불안과 불신을 경험하기도 한다. 이러한 입시문화의 지배에 숨막혀 하면서도, 대부분의 학생들은 이에 순응할 수밖에 없다는 점을 인식하고 있다. 학교교육의 내용보다는 졸업장 획득이나 입시에서의 성공 여부가 보다 중요한 가치로서 인식된다는 점을 경험적으로 알고 있는 것이다. 우리 사회가 교육내용의 사용가치보다는 졸업장이라는 교환가치가 더 중요하게 인식되는 학력사회라는 점, 교육적 논리와 철학보다는 전체 사회를 지배하고 있는 경제적 논리에 학교 또한 무력할 수밖에 없으며 오히려 이러한 논리를 적극적으로 수용하고 있다는 점, 이러한 질서에 순종하지 않을 경우 낙오자라는 낙인과 사회 · 경제적 불이익을 감수해야 한다는 점 등을 학생들 또한 잘 알고 있다.

이러한 입시문화는 단편적 지식의 암기만을 강요하는 주입식 교육을 통해 국가가 필요로 하는 효율적으로 관리된 온순한 국민을 생산하고자 하는 국가의 의도, 순종적인 노동력을 요구하는 자본의 의도, 가족단위의 입시출세주의가 보편화된 가운데 자신들의 사회 경제적 지위를 유지 또는 상승시키고자 하는 학부모와 학생들의 의도 등이 복합적으로 얽혀있는 이해관계 속에서 생성 · 유지되어 왔다(조혜정, 1997).

'서울학생인권조례 정착화를 위한 청소년 네트워크'에서 서울지역 중 · 고등학교에 재학 중인 학생 1,275명을 대상으로 서울학생인권조례 실태를 조사한 바에 의하면(종자연, 2012), 서울학생인권조례에 대해 무려 80.9%의 학생들이 학교로부터 아무런 안내 및 설명을 받지 못했다고 응답했다고 한다. 학생인권조례를 들어본 적은 있지만 잘 모른다는 대답과 전혀 모른다는 대답이 각각 34.8%, 22.1%로 절반(56.9%)을 넘었다. 서울학생인권조례에 명시되어 있는 인권침해문제 중 대표적인 10가지 인권침해 항목들에 대하여 조사한 결과, 아직도 학교에서 학생들의 인권을 침해하는 행위들이 일어나고 있음을 알 수 있었다. 특히 가장 대표적인 학생인권 침해로 거론되는 '두발규제'가 존재한다고 대답한 학생은 72.5%에 달했으며, 2011년 3월 교육과학기술부가 전면 금지한 체벌은, 금지된 지 1년이 지난 지금도 여전히 절반 가까운 학생들이(48.8%) 학교 내에 '있다'고 대답했다. 이 외에도 소지품 검사, 압수, 강제 방과 후 학습, 성추행, 성희롱 등 심각한 인권침해도 계속 발생하고 있음은 수집한 사례에서 알 수 있었다.

(2) 통제 위주의 권위주의 문화의 지배

학교를 지배하는 또 하나의 문화로는 통제 일변도의 권위주의 문화를 들 수 있다. 이는 입시문화와 교묘하게 결합되어 있는데, 양자는 서로의 존속을 뒷받침해 주는 상보적인 작용을 하고 있다. 권위주의적 문화가 입시 위주의 교육이 유발할 수 있는 학생들의 저항 가능성을 차단하는 강압적인 통제의 기제라면, 입시문화 또한 나름의 방식으로 권위주의적 문화의 유지에 기여하고 있다. 교과성적뿐만 아니라 학생생활기록부에 나타난 행동성향도 주요한 평가의 대상이 되는 입시정책에 따라 학생들의 행동 하나하나가 교사에 의해 점수화되고 있으며, 입시문화의 지배하에서는 교사의 평가에 민감할 수밖에 없는 학생은 학교의 규율과 위계질서에 순응할 수밖에 없는 상황이다.

일제 식민지 체제하에서 근대적 학교교육제도가 도입된 이래, 권위주의는 학교문화를 특징짓는 핵심적인 문화로 자리잡아 왔다. 일제는 식민지배체제를 유지하기 위해 관료적인 의사결정구조를 갖춘 채 교사와 학생들을 폭력적으로 통제하였는데, 이것이 전통적으로 존재했던 가부장적 문화전통과 결합되면서 학교현장에 뿌리내리기 시작하였다. 이러한 관료적 · 폭력적 문화는 해방 이후에도 제대로 청산되지 못한 채 그대로 유지되었고, 학교현장을 지배하는 핵심적인 문화로서 고착화되었다.

대부분의 교사들도 역시 통제 위주의 권위주의가 지배하는 학교문화 속에서 성장하였기 때문에, 민주적으로 토론하고 협의해 나가는 문화에는 익숙하지 못하고 주어진 지시에 복종하는 것이 더 익숙하다. 따라서 학생들을 자율적 주체로서 인정해 주어야 한다는 생각을 하기 힘들고, 자신과 학교의 요구에 따를 때 "학생답다"는 생각에 얽매여 있다. 또한 교사들은 교장을 비롯한 관리자들의 관료적인 통제하에서 상부의 명령에 복종할 것을 강요당해 왔을 뿐, 교사들의 자유로운 토론을 거쳐 민주적으로 학교운영에 관한 의사결정을 이루어 낸 경험이 거의 없다. 따라서 대부분의 교사들이 권위주의적 문화를 극복하지 못한 채, 이를 인정하고 지속시키게 된다.

권위주의적 문화가 지배하고 있는 학교현장에서 학생들은 학교와 사회가 요구하는 규범과 질서에 순종할 것을 강요받는다. '순종=천국/ 반항=지옥'의 질서가 자리잡고 있는 것이다. 학생은 결코 교사와 학교의 권위에 도전해서는 안 된다. 학교는 이러한 기능을 효율적으로 수행하기 위한 통제의 메커니즘을 가지고 있으며, 학교가 요구하는 규범과 성향은 공식적 교육과정을 통해서라기보다는 잠재적 교육과정을 통해 학생들에게 내면화된다. 이는 학교 내 구성원들의 위계질서, 학교 규율 등 학교의 구석구석에서 확인된다.

학교 내 구성원들 간의 엄격한 위계질서는 권위주의적 문화를 양산하고 이를 유지시키는 핵심적인 요소이다. 위계질서의 가장 위에는 교장이 자리하고 있다. 학교운영에 있어서의 모든 의결권한이 학교관리자인 교장에게 집중되어 있고, 교장은 일반교사들을 감독하고 근무평점을 매길 수 있는 막강한 권한을 가지고 있다. 교장과 일반교사 사이의 이러한 위계관계는 교사와 학생들의 관계, 선배와 후배의 관계 등에서 그대로 재현된다. 교실 안의 위계질서상 최고 권위자인 교사는 특정한 행동양식이나 의무를 학생들에게 요구하고 통제할 수 있는 힘을 가지고 있지만, 학생들은 그것을 거절할 권리가 없다. 또한 선후배의 엄격한 위계관계도 '선배에게는 무조건 복종해야 한다'는 식의 군대식 권위주의 문화를 재생산하는 데 일조하고 있다. 교장은 교사에게, 교사는 학생에게, 선배는 후배에게 일방적인 복종을 강요하는 불평등한 위계질서가 구축되어 있는 것이다.

학교는 해서는 안 되는 것(결석이나 지각, 무례한 태도, 단정하지 못한 옷차림 등)과 해야 되는 것(시간엄수, 질서유지, 규칙적인 생활, 성실한 학업태도, 겸손하고 순종적인 태도, 단정한 옷차림 등)을 규정함으로써, 학생들의 구체적인 행동 하나하나에 제재를 가하고 학생들을 획일화 · 표준화 · 규격화한다(조석곤, 2003).

교사의 학생생활지도는 금지사항으로 가득 차 있으며, 수시로 이루어지는 복장검사, 두발검사, 소지품검사 등의 검열을 통해 통제를 일상화한다. 일상적인 검열을 통해 '학생다움'을 강조함으로써, 학생들로 하여금 교사의 감시와 보호를 받아야 할 학생의 신분임을 망각하지 않고 학교가 요구하는 태도와 성향을 철저히 내면화하도록 하는 것이다.

규율의 준수와 위반에는 그에 걸맞는 상벌을 부과함으로써, 규율이 효과적으로 유지될 수 있도록 강제한다. 학교의 경직된 규율과 질서로부터의 일탈은 곧바로 제재와 처벌의 대상이 되는 것이다. 규칙을 어긴 학생은 체벌이나 가정학습 등의 강력한 징계의 대상이 되거나, 생활기록부 점수를 깎이게 된다. 그렇다고 규율을 정할 때 학생들의 의견이 반영되는 것은 결코 아니다. 경직되고 비합리적인 학교 규율에 대한 일방적인 순종을 강요하는 학교문화 속에서 학생들은 자율보다는 타율에 길들여지고, 스스로 질서를 만들고 공동생활을 영위해 나가기 위해 필요한 규율을 구성원들과 협의하여 구축해 나가기보다는 강요된 질서와 권위에 순종하는 인간이 되기가 쉽다. 학교가 요구하는 규범을 획일적으로 내면화한 획일적인 인간이 되는 것이며, 통제받는 것에 익숙한 인간이 되는 것이다.

이러한 학교교육을 통해서는 학생들의 개인의 삶은 왜곡되어 가고 민주주의를 실현하는 과정에 적극적으로 참여할 수 있는 민주시민으로 성장하기를 기대한다는 것은 무리다. 또한 학교교육의 폐해가 우리 사회의 민주화를 더디게 만드는 요인으로 작용하고 있을 뿐만 아니라, 학생들의 인권을 침해하는 구조적인 조건이 되고 있는 것이다.

4) 학생인권조례

(1) 학생인권의 정의

① 사전적 정의

'학생인권(學生人權)' 또는 '학생권(學生權)'이란 '학생이 인간으로서, 인간답게 존재하기 위해 당연히 가지는 권리나 자격'을 말한다(위키백과).

② 학문적 정의

이수광(2000)은 학생인권에 대해 다음과 같이 정의하였다.

첫째, 학생은 인간 존재라는 것이다. 학생은 '배우기 위한 재학관계의 유무'에 대한 범주화 개념이지 '인간류(類)'에 대한 범주화 개념이 아니므로, 이미 독자적 생명체로 태어나 인간사회에 그 삶을 귀속시키고 있는 이상 학생은 인간 존재로 인식되어야 한다는 것이다. 학생의 권리에 대한 논의가 인권에 근거하고 있고, 또 이로부터 출발하고 있는 것은 바로 학생은 인간 존재임을 증명하고 있다는 것이다.

둘째, 학생은 사회적 지위를 가진다는 것이다. 학생은 사회제도에 의하여 생산된 사회적 개념이라는 것이다. 그러한 만큼 학생이라는 개념에는 필연적으로 그 사회가 지향하고자 하는 '사회적 합목적성'이 뒤따라야 한다는 것이다. 다시 말해 그 사회가 여러 제도와 규율 등을 통하여 달성하고자 하는 나름대로의 특수한 가치와 목표가 이 학생이라는 개념에 내포되어 있다는 것이다. 이 사회적 합목적성이 사회로 하여금 학생의 자유와 복지에 대해 규정하고 있고, 이를 제약할 수 있는 여지도 만들게 된다는 것이다. 이러한 간섭 내지 통제는 학생에 대한 양육, 보호, 교육, 선도 등의 형태로 표출된다는 것이다.

셋째, 학생은 강제적 집단이라기보다는 임의적 선택집단에 해당된다는 것이다. 이는 학생의 지위는 누구나 반드시 통과해야 하는 것이 아니라 개인의 필요 또는 선택에 따라 획득하는 특수한 지위라는 것이다. 따라서 어떤 개인이 학생신분을 선택한다는 것은 그 지위에 부여되는 일정한 특수성까지도 선택한다는 것으로 판단해야 한다는 것이다(김준수, 2004).

(2) 학생인권조례의 정의

'학생인권조례'란 '학생의 인권이 학교교육과정에서 보장되고 실현될 수 있도록 함으로써, 학생의 존엄과 가치 및 자유와 권리를 보장하기 위해 각 시 · 도 교육청이 학생의 권리 및 의무 등의 규정에 대해 제정한 조례'를 말한다. 전국 17개 시 · 도 가운데 서울시를 비롯하여 14개 시 · 도에서 시행 중이거나 시행을 준비하고 있다. 각 시 · 도 교육청(교육감)이 학생인권조례를 제정해 해당지역의회의 의결에 의해 공포 · 시행하면 이에 따라 해당 지역 각 학교는 이 조례를 시행해야 한다.

그런데 각 시 · 도 교육청이 제정한 학생인권조례에 대응하여, 각 학교가 학칙을 제 · 개정할 수 있도록 한 초 · 중등교육법이 2012년 3월부터 시행되어, 조례의 상위법인 초 · 중등교육법에 의해 학생인권조례가 무력화될 수 있는 우려가 있다. 이에 따라 각 시 · 도 교육청이 제정한 학생인권조례와 '학생의 두발 및 복장에 대한 제한', 그리고 '체벌 등을 통한 학생에 대한 규제' 등의 내용을 담을 수 있는 학칙이 대립할 수 있는 우려도 있다.

(3) 학생인권조례의 주요 내용

① 제정배경

현재 경기도를 비롯하여 광주광역시와 서울특별시 등은 각 시 · 도 교육청(교육감)이 제정 · 공포한 학생인권조례를 시행하고 있다. 이 중에서 경기도가 시행하고 있는 학생인권조례를 살펴보면, 2009년 4월 8일 경기도에서 초대 민선 교육감으로 김상곤(교육감)이 당선되면서 학생인권에 관한 법안 마련(조례 제정) 시도가 본격적으로 전개되었다. 김 교육감은 2009년 5월 20일에 있었던 제241회 경기도의회 임시회에서 "학생인권조례의 제정을 교육의 중요한 과제로 삼고 있는바, 이를 반드시 추진하겠다"라고 하며, 학생인권조례에 대한 의지를 밝혀 이에 따라 경기도교육청은 같은 해 5월 28일에 학생인권조례 제정계획을 수립하였다. 이 과정에서 한국교원단체총연합회(교총)는 같은 해 7월 6일에 조례 제정계획의 철회를 요구하는 성명을 내놓기도 하였으나, 교육청은 같은 해 7월 30일에 아홉 명으로 구성된 '경기도학생인권조례 제정 자문위원회'를 구성하였고, 이 자문위원회는 한국방송통신대학교 곽노현 교수(제18대 서울특별시교육감, 2010. 7~2012. 9)를 위원장으로 하여 '조례 제정을 연내(2009)에 완료하겠다'라는 목표를 세우고 13차례의 협의회를 거친 후 2010년 2월 10일에 마침내 경기도학생인권조례 최종안을 발표하였다.

조례 초안발표회 계획을 수립한 제10차 협의회 이후 교총과 한국교원노동조합 경기본부, 경기 자유교원조합, 대한민국교원조합 경기지부 등 경기지역의 교원단체 및 좋은학교만들기 경기학부모모임, 공교육살리기 학부모연합 등 학부모단체의 조례제정 반대의 입장발표가 있었으나, 자문위원회는 제11차 협의회에서 반대여론에 대해 의연하게 대처할 것을 결의하기도 하였다.

2010년 2월 10일에 발표된 최종안에는 그동안의 공청회를 비롯한 의견수렴 과정에서 논란이 많았던 '사상(思想)의 자유'와 '집회 · 결사의 자유'의 규정에 대해 원안이 유지된 A안과 삭제 또는 수정된 B안이 최종안으로 확정되어, 이 최종안이 2010년 9월 7일에 있었던 경기도의회 교육상임위원회의 심의 · 의결과 같은 해 9월 17일에 있었던 제253회 경기도의회 정례회 제3차 본회의의 최종의결을 각각 통과하여, 그해 10월 5일, 김 교육감은 마침내 이 최종안(경기도학생인권조례)을 경기도조례 제4085호로 공포하였다.

이 과정에서 교총은 2010년 9월 17일과 19일에 보도자료를 내고 조례안의 통과에 대해 강한 유감을 표명하면서 조례시행의 보류를 요구하기도 하였으나, 전국교직원노동조합(전교조)은 조례안의 통과에 대해 환영의 논평을 냈고, 같은 해 10월 18일에는 학생인권조례 제정에 대해 자체적으로 실시한 설문조사결과를 발표하면서 조례시행의 당위성을 강조하였으며, 2011년 3월 2일에는 '학생인권조례가 빠르게 정착되기를 바란다'라는 내용의 선언문을 발표하기도 하였다(김동관, 2012).

② 구성

위와 같은 과정을 통해 시행되고 있는 경기도학생인권조례는 '제1장 총칙', '제2장 학생의 인권', '제3장 학생인권의 진흥', '제4장 학생인권침해에 대한 구제', '제5장 보칙' 및 '부칙' 등 모두 5개 장 47개 조로 구성되어 있다.

③ 목적

이 조례의 목적은 '대한민국 헌법 제31조, 유엔 아동의 권리에 관한 협약, 교육기본법 제12조 및 제13조, 초·중등교육법 제18조의4에 근거하여 학생의 인권이 학교교육과정에서 실현될 수 있도록 함으로써 인간으로서의 존엄과 가치 및 자유와 권리를 보장하는 것(제1조 목적)'이라 하고 있다.

④ 정의

이 조례가 말하고 있는 '학생의 인권'이란 '헌법과 법률에서 보장하거나 유엔 아동의 권리에 관한 협약 등 대한민국이 가입·비준한 국제인권조약 및 국제관습법에서 인정하는 인간으로서의 존엄과 가치 및 자유와 권리 중 학생에게 적용될 수 있는 모든 권리[제2조(정의) 제4호]'라 하고 있다.

헌법에는 '모든 국민은 인간으로서의 존엄과 가치를 가지며, 행복을 추구할 권리를 가진다. 국가는 개인이 가지는 불가침의 기본적 인권을 확인하고, 이를 보장할 의무를 진다(제10조)'라는 규정이 있는데, 위 조례에서의 '학생의 인권이란 헌법에서 보장하고 있는 학생의 권리'라는 말은 이 규정(헌법 제10조)을 근거로 하는 말인 것으로 보인다. 따라서 이 조례는 헌법에 규정되어 있는 '인권보장'에 기초하여 제정되었다고 할 수 있을 것이고, 그 취지나 목적 또한 헌법에 기초하고 있으므로 위헌성이나 위법성이 없다고 할 수 있을 것이며, 교육(학)적 측면에서 볼 때도 문제가 없어 보임은 물론 헌법에 그 근거를 두고 있으므로 시행의 당위성까지 확보하였다고 할 수 있을 것이다(이는 경기도학생인권조례뿐만이 아니라 광주광역시학생인권조례와 서울특별시학생인권조례도 같을 것이다).

⑤ 책무

이 조례는 '학생은 인권을 학습하고, 자신의 인권을 스스로 보호하며, 교사 등 타인의 인권을 존중하기 위하여 노력하여야 한다[제4조(책무) 제3항]'라고 규정하여 학생에게 '인권보장'이라는 목적으로 차별받지 않을 권리(제5조), 폭력(체벌)으로부터 자유로울 권리(제6조), 정규교과 이외의 교육활동의 자유(제9조), 개성을 실현할 권리(제11조), 사생활의 자유(제12조), 사생활의 비밀을 보호받을 권리(제13조), 의사표현의 자유(제16조) 등만을 부여하지 않고, 학습자로서의 의무도 이행할 것을 규정하고 있다.

이와 같은 뜻을 가진 규정은 이 조례보다 상위법인 교육기본법에도 명시되어 있는데, 그 내용은 '학생은 학습자로서의 윤리의식을 확립하고, 학교의 규칙을 준수하여야 하며, 교원의 교육 · 연구활동을 방해하거나 학내의 질서를 문란하게 하여서는 아니 된다[제12조(학습자) 제3항]'라는 것과 '부모 등 보호자는 보호하는 자녀 또는 아동이 바른 인성을 가지고 건강하게 성장하도록 교육할 권리와 책임을 가진다[제13조(보호자) 제1항]'라는 것이다.

⑥ 차별받지 않을 권리

이 조례는 '학생은 성별, 종교, 나이, 사회적 신분, 출신지역, 출신국가, 출신민족, 언어, 장애, 용모 등 신체조건, 임신 또는 출산, 가족형태 또는 가족상황, 인종, 피부색, 사상(思想) 또는 정치적 의견, 성적(性的) 지향, 병력(病歷), 징계, 성적 등을 이유로 정당한 사유 없이 차별받지 않을 권리를 가진다[제5조(차별받지 않을 권리) 제1항]'라고 규정하여 학생에게 차별받지 않을 권리(자유)를 부여하고 있는데, 특히 성적(性的) 사상(성적 지향)이나 성적(性的) 행위(임신 또는 출산) 등에 대해 매우 관대한 입장을 보이고 있다.

⑦ 폭력으로부터 자유로울 권리

이 조례는 '학교에서 체벌은 금지된다[제6조(폭력으로부터 자유로울 권리) 제2항]'라고 규정하여 학생에게 체벌로부터 자유로울 권리를 부여하고 있는데, 학교에서 직접적으로는 물론 간접적으로도 체벌을 해서는 안 된다고 규정하고 있다.

⑧ 정규교과 이외의 교육활동의 자유

이 조례는 '학생은 야간자율학습, 보충수업 등 정규교과 이외의 교육활동과 관련하여 자유롭게 선택하여 학습할 권리를 가진다[제9조(정규교과 이외의 교육활동의 자유) 제1항]', 그리고 '학교는 학생에게 야간자율학습, 보충수업 등을 강요하여서는 아니 된다(제2항)'라고 규정하여 학생에게 정규교과 이외의 교육활동의 자유(권리)를 부여하고 있는데, 이른바 '강제학습'과 같은 야간자율학습과 보충수업으로부터 자유로울 수 있는 권리를 부여하고 있다.

⑨ 개성을 실현할 권리

이 조례는 '학생은 복장, 두발 등 용모에 있어서 자신의 개성을 실현할 권리를 가진다[제11조(개성을 실현할 권리) 제1항]', 그리고 '학교는 두발의 길이를 규제하여서는 아니 된다(제2항)'라고 규정하여 학생에게 개성을 실현할 권리(자유)를 부여하고 있는데, 학생들이 '가장 원하고 있는' 용모의 자유, 특히 두발에 대한 개성실현의 권리(자유)를 부여하고 있다.

⑩ 사생활의 자유

이 조례는 '교직원은 학생과 교직원의 안전 등을 위하여 긴급히 필요한 경우가 아니면 학생의 동의 없이 소지품 검사를 하여서는 아니 된다. 교직원이 교육목적으로 필요하여 불가피하게 학생의 소지품을 검사하는 경우 그 검사는 필요한 최소한의 정도에 그쳐야 하며, 전체 학생을 대상으로 하는 일괄검사를 하여서는 아니 된다[제12조(사생활의 자유) 제2항]'라고 규정하여 학생에게 가능한 한 최대한으로 사생활(개인 소지품)의 자유(권리)를 부여하고 있다.

⑪ 사생활의 비밀을 보호받을 권리

이 조례는 '학교는 학생에게 교외에서의 이름표 착용을 강요해서는 아니 된다[제13조(사생활의 비밀을 보호받을 권리) 제1항]'라고 규정하여, 교외에서는 이름표 착용을 하지 않아도 되는 것으로 하여, 학생에게 (교외에서의) 사생활의 비밀을 보호받을 권리(자유)를 부여하고 있다.

⑫ 의사표현의 자유

이 조례는 '학생은 자신에게 영향을 미치는 문제에 대하여 자유롭게 의사를 표현할 수 있는 권리를 가진다[제16조(의사표현의 자유) 제1항]', 그리고 '학교는 교지 등 학생 언론활동, 인터넷 홈페이지 운영 등에서 표현의 자유를 최대한 보장하고, 필요한 시설 및 행·재정적 지원을 하도록 노력하여야 한다(제3항)'라고 규정하여 학생에게 자신의 의사를 자유롭게 표현할 수 있는 권리(자유)를 부여하고 있는데, 이때 학교는 학생의 이와 같은 권리(자유)를 보장하기 위해 노력해야 할 것을 주문하고 있다.

참고문헌

강순화(2000). **평화 · 인권 · 교육**. 한울아카데미.

구정화 외(2004). **교사를 위한 학교인권교육의 이해**. 국가인권위원회.

김동관(2012). 경기도학생인권조례와 시행에 따른 학생인권과 교권에 대한 중등교사의 인식 연구. 단국대학교 대학원 석사학위논문.

김성재(2002). **인권시대를 향하여**. 나남출판.

김영신(2010). 친인권적 교실문화가 청소년의 인권태도에 미치는 영향. 서울대학교 대학원 박사학위논문.

손종국(2003). **중 · 고등부 지도자와 교사를 위한 청소년교육**. 예루살렘.

안인희(1992). 우리나라 남녀 중 · 고등학교 교복변천에 관한 연구. 성균관대학교 대학원 석사학위논문.

이복희 · 김종표 · 김지환(2010). **청소년교육론**. 학지사.

이봉철(2001). **현대인권사상**. 아카넷.

이수광(2000). 학생인권 신장방안 연구. 강원대학교 대학원 박사학위논문.

전경주(2002). 제7차 교육과정에 근거한 고등학교 과학의 성취기준과 평가기준 개발. 이화여자대학교 대학원 석사학위논문.

천정웅(2012). **청소년복지론-발전적 관점**. 양서원.

천정웅 · 김 민 · 김진호 · 박선영(2011). **차세대청소년학총론**. 양서원.

한국청소년개발원(2007). **청소년문제론**. 교육과학사.

한국청소년정책연구원(2010). **청소년학개론**. 교육과학사.

황성기(1994). 아동의 인권에 관한 연구. 서울대학교 대학원 석사학위논문.

홍봉선 외(2010). **청소년문제론**. 공동체.

13
CHAPTER

대안학교와 청소년복지

| 제 13 장 | 대안학교와 청소년복지

1. 대안학교의 교육적 특수성

1) 대안교육의 개념

대안교육의 대안이란 용어는 '어떤 안을 대신하는 안'이라는 사전적 의미를 가지고 있다. 하지만 기존 교육의 형태를 벗어난 형식의 학교가 세워지면서 붙은 이 용어는 대안학교 혹은 대안교육이 이루어지는 현장에서 일어나는 교육적 가치를 포괄하는 언어로서는 부족한 부분이 있다. 또한 교육부에서 대안학교의 형태를 특성화 고등학교의 범주로 규정지으면서 대안학교 혹은 대안교육의 의미를 정의하는 것이 더욱 쉽지 않다. 정규학교에서 적응하지 못하는 학생들을 대상으로 교육을 실시하는 학교라는 교육부의 대안학교에 대한 정의는 일부의 대안학교만을 표현하며 전체적인 대안학교들을 규정하지는 못한다. 더욱이 학교에 적응하지 못한 학생들을 대상으로 하는 대안학교의 경우에도, 단순히 대상으로 하는 학생으로 대안학교를 구분할 수는 없다. 대안학교마다 교육적 신념과 이념에 따라 학교가 운영되고, 그에 따라 가르치는 교육적 대상은 달라질 수 있기 때문이다.

대안학교에 대한 개념을 정의하자면, 우리는 대안학교가 세워진 본질적인 이유부터 찾아야 할 것이다. 학자들 사이에서도 대안교육에 대한 정의가 다양하지만 대안교육이 등장하게 된 것이 현 제도권에 있는 교육의 한계를 극복하려는 노력이라는 등장배경 속에서 대안교육이 가지는 그 의미를 찾을 수 있을 것이다.

대안교육이란 기존의 제도권 학교교육이 무책임하고 비합리적이고 때로는 부적합하다는 한계에 대한 비판과 불만에서 출발하여 나름대로의 교육적 신념과 이상을 실천하고 운영하는 교육운동을 포괄한다(이병환 · 김영순, 2008). 대안교육현장에서는 기존의 교육제도가 가지는 문제점들을 극복하고, 나아가 궁극적인 교육적 가치를 실현하려고 노력한다. 경제논리에 입각한 교육의 흐름은 우리 사회에 많은 문제점들을 초래하였다. 그러한 문제들 속에서 사회가 잃어버린 교육에서 일어날 수 있는 가치를 실현하려고 하는 노력으로 대안교육운동이 일어나게 되었다고 설명할 수 있다.

고병헌(1998)은 기존의 학교교육에 기초하고 있는 이념적 성향이나 인간관, 자연관, 사회관, 세계관에 대한 근본적인 문제를 제기하고, 교사와 학생 간의 실존적 만남을 통해서 일어날 수 있는 것이 대안교육운동이라고 이야기한다. 대안학교란 교사와 학생 간의 '실존적 만남'이 존재하는 작은 학교들이 생겨나고, 기존 학교체제의 변화와 대책을 모색함과 동시에 교육이라는 가치의 근본적인 이념을 실천하려는 노력인 것이다.

2) 대안교육의 등장배경

한국 사회의 대안교육은 1990년대에 시작한 새로운 현상이다. 한때 '학교 붕괴'라는 말이 한국 사회를 시끄럽게 만들었다. 교사와 학생 간의 관계가 무너지고 학교폭력이 사회적으로 이슈가 되면서 학교의 역할에 대한 고민이 표면적으로 떠올랐다. 사회적 분위기는 학교체제의 근본적인 변화를 필요로 하였고 대책들이 논의되기 시작하였다.

이병환과 김영순에 따르면, 대안교육의 등장배경을 세 가지 근거로 설명한다. 첫째는 공교육의 한계로, 둘째는 사회운동의 일환으로서, 마지막으로 사회사적 입장의 제도교육의 모순을 들고 있다. 공교육 체제에서 불거져 나오는 문제들에 대하여 그 대안을 제기하기 시작한 것이다. 지나친 산업발전 위주의 분위기가 억압적이고 획일화된 교육방법으로 이끌어 가면서 공교육 제도의 위기가 발생하였다. 따라서 인간성의 상실과, 이기주의가 만연한 사회가 되어가고 도덕적인 가치관이나 공동체 의식이나 연대감의 결여를 낳게 되었다. 또한 포스트모더니즘이라는 새로운 사조 속에서 인간중심의 소규모 교육실천이 우리나라 대안학교 운동의 특징으로 나타나기 시작했다(이병환 · 김영순, 2008). 왜곡된 교육, 획일화된 교육, 주체가 상실된 교육을 지양하고 제대로 된 교육을 펼쳐보자는 사회운동의 성격을 가졌던 것이다(이병환 · 김영순, 2008). 세계화의 시대에 살고 있는 우리는 세계가 따르고 있는 시대흐름에 자연스럽게 영향을 받으며 살아가고 있는데, 포스트모더니즘은 다품종 소량생산 체제로 소비자 중심의 한 형태다. 따라서 많은 이들이 교육에서도 학생들에게 맞춤식의 획일화되지 않은 교육적 환경을 추구하게 된다.

이종태(2001)는 대안교육이란 현존하는 교육의 근본적인 한계를 직시하고, 그것을 극복하고자 시도하는 교육을 일컫는다고 하였다. 여기서 근본적인 한계란 현재 학교체제가 직면한 다양한 위기로 설명할 수 있는데, 예컨대 대량생산 체제에 맞는 획일적인 방식의 교육으로는 다양한 개성이 발휘되는 새로운 사회의 요구를 충족시킬 수 없다(이종태, 2001). 다시 말해, 대안학교의 등장은 기존 교육 체제에서 여러 문제점들을 세계적 흐름과 사조와 어우러지며 대책을 모색하기 위해 등장하였다고 볼 수 있다.

3) 대안학교의 교육적 이념 및 목표

대안학교는 학교마다 교육에 대한 이념과 목표를 분명하게 드러내며 자신들의 교육적 목표에 맞게 학교를 운영한다. 따라서 대안학교마다 갖가지 특색이 존재하기 때문에 하나의 고정된 특징으로서 설명하기는 쉽지 않은 것이 사실이다. 하지만 대부분의 학교가 지향하는 공통적인 부분이 있다.

첫째로, 대안학교에서는 아이들의 인격과 개성을 존중함과 동시에 공동체의 가치를 중요하게 여긴다. 한 사람의 가치와 인격을 인정하면서도, 사람들 사이의 협력과 존중 그리고 평등을 가르친다. 대부분의 대안학교에 기숙사형 학교가 많은 이유는 학교 안에서 공동체의 가치를 실현하기 위함이다. 학생뿐만 아니라 교사들도 한 생활관에 거주하며 공동체 생활을 하는 경우도 많으며, 그런 모습을 통해 학생들 스스로가 타인과 함께 살아가는 방법을 배워가도록 한다.

둘째, 대부분의 학교는 생태주의를 기반으로 한다. 인간과 자연의 적대적인 관계가 아니라 공존적인 관계로 지속가능한 사회로서의 가치를 중요시한다. 사람과 사람, 사람과 자연의 관계를 평화롭게 유지하며 살아가는 방법을 배운다. 이는 노작교육과 연결이 되기도 하는데, 특히 작물을 키우거나 흙을 만지며 학생들이 자연과 가깝게 살아가는 방법을 체험한다.

셋째, 대안교육은 작은 학교를 지향한다. 학생과 학생, 학생과 교사 간의 친밀한 인간관계를 형성하는 것은 큰 학교에서는 불가능한 일이다. 이는 대안교육이 지향하는 공동체의 가치와도 연결될 수 있는 부분이다.

마지막으로 많은 대안학교에서는 지역사회와 긴밀한 관계를 유지하고, 노작교육을 한다. 학교가 마을의 중심이 되고, 마을이 학교가 되는 관계 속에서 학생들은 공동체 의식은 물론, 지역사회의 중요한 역할을 하는 민주주의의 한 시민으로서 성장하는 법을 배우게 된다. 학교마다 목표와 이념은 다르지만 대안학교의 공통적인 특성은 학교라는 제도보다는 그 안에 속한 학생들과 학습자를 우선시하는 결과를 낳게 한다(이종태, 2001). 따라서 대안학교의 가장 큰 특징은 학생들이 학교의 중심이 되고, 관심의 대상이 된다는 점이다.

2. 대안학교 현황(교육유형별 분류)

우리나라의 대안학교는 교육부 인가형과 비인가형으로 구분된다. 교육부 인가형 대안학교는 93개(교육부, 2021)인 반면 비인가형 대안학교는 287개(국가인권위원회, 2018)로 비인가형 대안학교의 수가 훨씬 많다. 교육유형과 지역별 분류기준으로 조사결과를 탐색한 내용은 다음과 같다.

대안학교 교육유형은 교육이념 및 목적, 운영형태, 교육방법, 교육내용 등으로 기준을 분류할 수 있다. 현행 교육제도와의 합치 여부를 기준으로 제도권 안과 밖 그리고 곁으로 수준을 분류하였다. 그리고 편제를 기준으로 전일제를 실시하는 특성의 대안학교 중 인가, 비인가 그리고 위탁형 대안학교를 분리하여 전일제 교육의 특성을 살펴보기로 하겠다. 교육 프로그램 형태에 따른 분류는 교육기간적 특성을 기준으로 계절학교, 방과 후 학교, 주말학교, 홈스쿨링으로 구분되었다. 대안학교 교육유형별 현황은 제도적 분류, 전일제 형식에 따른 분류, 교육 프로그램 형태에 따른 분류, 교육내용 분류의 네 가지 기준에서 분류하였다.

1) 제도적 분류

공교육 제도와의 관련 정도에 따라 대안학교는 다음과 같이 세 가지 유형으로 분류할 수 있다.

(1) 제도 안 대안학교

기존의 학교제도 안에 속해있으면서 내용적으로는 새로운 대안교육을 추구하며 새로운 교육적 시도를 한다. 국가의 감독과 통제하에 교육과정과 학교운영을 하는 공·사립학교이다. 대표적인 예로는 '거창고등학교', '풀무농업고등기술학교', '성지고등학교' 등이 있다.

(2) 제도 밖 대안학교

기존의 학교제도에 편입되기를 거부하고 새로운 형식과 내용을 통해 대안교육을 실천하려는 학교이다. 대표적인 예로는 '변산공동체학교', '민들레학교' 등이 있다.

(3) 제도 곁 대안학교

기존의 학교교육을 그대로 둔 채 내용적으로 보완하는 대안학교를 말한다. 방학을 이용해 학교교육이 감당하지 못하는 부분을 보완하는 캠프형태의 계절학교, 중고생을 대상으로 주말을 이용하여 운영하는 주말학교, 방과 후 학교 등이 이에 속한다. 대표적인 예로는 '두밀리자연학교', '밀머리미술학교', '파랑새열린학교' 등이 이에 속한다.

2) 전일제 형식적 분류

졸업을 하게 되면 학력을 인정받을 수 있는 인가형 대안학교와 인가형 대안학교와 비슷하게 전일제 교육을 실행하고 있지만 공교육과 같은 수준의 학력을 인정받을 수 없는 비인가형 대안학교, 그리고 학생들의 입학시기가 모두 다르지만 학력은 인정받을 수 있는 위탁형 대안학교로 분류된다.

인가형 대안학교는 초·중등교육법 특성화 학교조항에 따라 인가받은 대안학교로 학력이 인정되며, 대부분이 농촌에 위치한 기숙형 학교이고, 사립학교와 유사한 형태를 띠고 있다(남승연, 2010 : 11).

대안교육 분야인 특성화 고등학교의 경우 1998년 6개교가 처음으로 개교하였고, 이후 점차 늘어 2011년 23개에서 2021년 25개의 학교가 운영되고 있고, 그 수가 점차 증가하고 있다. 특성화 중학교는 2001년 '성지송학중학교'의 최초 개교 이래로 2021년 기준 18개의 학교가 운영되고 있다.

학교규모는 대체로 20명 단위로 2학급 정도 운영되고 있는 작은 학교들이 많았지만, 개교 당시 한 학년에 4학급이 개설되었던 '한빛고등학교'와 중학교 3학급, 고등학교 4학급이 개설되었던 '이우중·고등학교'의 경우 상대적으로 큰 규모의 특성화 고등학교라 볼 수 있다. 특성화 고등학교의 교육과정은 학교마다 차이가 있지만 대체로 일반교과가 60% 정도이고, 나머지는 다양한 체험이나 활동을 바탕으로 하는 특성화 교과로 구성되어 있다. 반면 특성화 중학교는 국민공통 기본 교육과정에 따르게 되어있어 특성화 교과의 비중이 특성화 고등학교에 비해 낮은 편이다.

비인가형 대안학교는 대부분 무학년제로 통학이 가능한 도시형이 많고, 정규학교과정에 적응하지 못한 청소년을 위한 대안교육 프로그램이 지역교육청 및 민간지원을 받아 운영되고 있다.

외견상 특성화 고등학교와 다를 바가 없는 학교로는 전북 진안의 '진솔대안학교'나 2008년에 폐교된 경남 마산의 '들꽃온누리고등학교(학력인정 평생교육시설)'가 있다. 2000년 4월에 한국청소년재단에서 문을 연 서울의 '도시속작은학교'는 저소득층 중·고등학교 자퇴생을 주 대상으로 하여 대안교육을 시도하고 있다.

특수한 사례로 볼 수 있는 경우는 1994년 시작한 안산의 '들꽃피는학교'와 2000년에 시작한 동두천의 '아메라시안크리스챤아카데미'를 들 수 있다. '들꽃피는학교'는 가정과 사회에서 소외되었던 거리의 아이들을 그룹 홈스쿨링과 학교형식을 결합하여 정상적인 삶이 가능하도록 되살려내는 독보적 형태의 대안학교이다. 또한 '아메라시안크리스챤아카데미'는 혼혈아들을 대상으로 특성화 교육을 추구하는 곳이다. 이전까지는 대부분 정규형의 대안학교들로 고등학교 과정이 많은 데 비하여, 2000년대에 들어서는 중학교와 초등학교 과정의 비인가대안학교도 설립되기 시작했다. 2000년에 개교한 남원의 '실상사작은학교'는 불교계에서 만든 최초의 대안학교 중학교 과정이며, 감리교단에서 만든 남양주의 '산돌학교', 산청에서 옮겨간 '제천간디학교', 지역운동가들이 만든 강화도의 '마리학교', 원주의 '참꽃작은학교', 강진의 '늦봄학교'는 중학교이다.

위탁형 대안학교는 2000년대에 들어 새롭게 나타난 대안교육과정으로 학생이 결석일수 누적이나 부적응 등의 이유로 학교생활을 지속하기 어려운 상황에 처했을 때 일정 기간 또는 졸업할 때까지 맡아서 학업을 지속할 수 있도록 하는 교육기관이다.

학생들을 위탁받는 기관은 다양하다. 교육청에 따라서는 폐교를 임시 교육시설로 개조해 사용하기도 하고, 학력인정 평생교육시설이나 청소년 수련시설을 이용하기도 한다. 기관에 따라 학생들은 일정 기간 적응교육만을 받고 자기 소속 학교로 돌아가기도 하고, 아예 졸업할 때까지 그곳에 남기도 한다. 전자의 경우 위탁기간은 교육청별 또는 기관별로 일주일에서 일 년까지 다양하며 긴 시간을 위탁받게 될 경우 정해진 시간표에 따라 수업을 하지만 졸업장은 원래 소속된 학교에서 받게 된다. 위탁 대안교육기관의 수업내용은 주로 체험활동에 많은 시간을 배정하고 보통교과의 시간은 최소로 편성한다. 대개의 위탁교육기관은 기존의 교육기관이나 시설에 부가적으로 설치되지만, 서울시교육청이 설립한 대안교육 종합센터 부설의 '꿈타래학교'처럼 위탁학생들로만 구성된 독립된 학교형태로 설치·운영되기도 한다. 입학시기가 학생들마다 다르다는 점을 제외하면 사실상 전일제 대안학교와 유사하다(이종태, 2007 : 134-138).

3) 교육 프로그램 형태적 분류

교육 프로그램 형태에 따른 대안학교는 계절학교, 방과 후 학교, 주말학교, 홈스쿨링으로 구분된다.

계절학교는 초등학생들을 대상으로 자연관찰, 과학실험, 노작을 통해 기존의 학교수업에서 경험하지 못하는 다양한 체험을 제공한다. 일부 대안학교는 입학을 원하는 아이들에게 미리 학교생활을 경험해 볼 수 있는 기회를 제공하는 목적도 겸하여 방학 때마다 초·중학생들을 대상으로 하는 계절학교를 열고 있다.

방과 후 또는 주말학교는 학교수업의 보완적인 역할을 한다. 아이들이 사는 지역에서 일상적으로 시도할 수 있고, 특히 학부모가 높은 관심을 갖고 참여할 수 있다는 장점을 가지고 있다. 특히 학교교육의 주 5일제가 시행되면서 주말학교는 매우 다양한 형태로 전개되고 있다.

홈스쿨링은 학교교육에 대한 불신이 커지면서 관심의 대상이 되고 있다. 아이를 학교에 보내지 않고 가정에서 가르치는 교육형태로, 종교적인 이유 등으로 오래 전부터 실천해 온 인구가 적지 않다.

4) 교육내용적 분류

대안학교는 추구하는 교육이념에 따라 자유학교형 대안학교, 생태학교형 대안학교, 재적응학교형 대안학교, 고유이념 추구에 따른 대안학교로 나누어 볼 수 있다.

아이들의 자유를 중요시하는 자유학교의 대표적인 학교의 예로는 영국의 '서머힐학교'와 독일의 '자유대안학교', 일본의 '기노쿠니어린이마을', 비인가 형태로 운영되던 초기의 '간디학교'가 있다.

생태학교형 대안학교는 마을 안에서 소규모의 학생들을 대상으로 지식교육뿐만 아니라 의식주에 관련된 기본적인 활동을 교육내용으로 삼고, 마을의 다양한 생산자가 교사로 봉사한다. 주로 생태와 노작, 지역사회와 학교의 결합을 중시한다. 대표적 학교로는 마을 안에서 소규모 학생들을 대상으로 지식교육, 의식주와 관련된 기본적 활동을 교육하고 생태와 노작, 지역사회와 학교의 결합을 중시했던 1982년 설립된 영국 하트랜드의 '작은 학교'와 우리나라의 '간디학교'가 있다.

재적응학교형 대안학교는 주로 일반 학교교육에서 부적응 등의 이유로 중도탈락한 학생을 대상으로 운영하는 우리나라 대부분의 대안학교들을 지칭한다.

일본의 생활학교와 우리나라의 '영산성지고등학교', '경주화랑고등학교' 등이 이 유형에 속한다.

고유이념 추구형 대안학교는 위의 세 가지 유형에 비하여 대안학교만의 독특한 교육이념과 방식을 바탕으로 운영하는 유형이다. 독일의 '발도르프 학교'가 대표적인 예로, 루돌프 슈타이너의 인지학을 학교이념으로 1919년 설립되어 전 세계 700여 개의 학교를 두고 있다. 한국에서는 기독교 정신을 바탕으로 지역사회와 일체화된 교육을 지향하는 홍성 '풀무농업고등기술학교'가 있다(김가영, 2008 : 17-18).

3. 대안학교 교육실태

1) 교육체제

대안교육은 접근시각에 따라 다양하게 구분할 수 있다. 대안학교 교육체제의 분류는 엄격한 개념에 바탕을 두었다기보다는 잠정적 기준에 따라 분류하였다.

(1) 교육목적

대안학교는 각 학교별로 설립목적과 이념에 따른 다양한 교육을 실천하고 있다. 학교의 특징별로 교육목적과 철학을 달리하고 있으며, 이러한 이유로 대안학교는 학교별 지향점이 각기 다른 다양한 형태의 교육이 진행되는 곳이다.

다양한 교육목적 중 자유와 자율성, 생태적 가치의 존중, 공동체 생활교육 등은 모든 대안학교에서 동일하게 추구하는 목표들이다. 자연과 인간과의 조화를 강조하고, 물질만능주의가 만든 학교교육의 병폐를 인간 본연의 정신으로 돌아가 극복하고 자연의 위대함을 깨닫도록 한다는 교육이념이다. 또한 학생 개개인의 개성을 추구하고 민주시민으로서의 기초를 확립하는 데 필요한 공동체 의식을 실생활과 연관된 교육을 통해 습득하도록 하고 있다.

교육목적을 통해 본 대안학교의 교육은 전통적 학교교육에 대한 비판을 넘어서 대안적 삶의 가치를 지향하고 있다. 인간의 근본적인 삶의 형태인 공동체를 지향하고, 전인을 추구하며, 소규모의 친밀성 속에서 자아주체성을 키워 앎과 삶이 일치하게 하는 체험적 학습을 지향한다(김태연, 2008 : 69).

현재 93개의 인가형 대안학교에서는 예술 · 치유, 인성, 적응, 체험, 공동체, 생태, 어학, 기술, 종교, 직업, 성인교육, 장애학생교육 등을 목적으로 교육을 하고 있으며, 단일 목적을 지향하는 학교와 통합적 목적을 지향하는 학교가 있다.

대안학교의 공통적 목표는 인간교육으로 많은 대안학교가 인성교육을 목표로 하고 있다. 그중 특성화 중 · 고등학교(18개)는 주로 학교부적응 학생들을 대상으로 인성교육을 강조하는 것으로 확인되었다. 인성교육과 함께 기독교교육 등의 종교교육과 학교적응력 향상 교육, 창의적 인성을 목표로 제시하는 창의 · 인성교육을 지향하는 학교가 있었다. 다음으로는 예술대안교육과 치유목적의 예술교육을 실행하는 학교가 있었다. 예술을 목적으로 예술교육을 하는 것과 치유를 목적으로 예술교육을 하는 것은 그 의미에서 차이가 있지만 예술을 통한 교육으로 분류하였다. 인성교육을 주 목적으로 교육하는 학교에서는 특성화 중 · 고등학교가 가장 많이 확인되었던 반면, 예술교육과 예술치유교육을 목적으로 한 특성화 중 · 고등학교는 단 한 곳도 없다. 교육목적별 내용을 요약하면 다음과 같다.

예술교육은 위탁형 학교를 통해 이루어지고 있었고, 그 외 일부 학교에서만 예술(음악, 미술)을 목적으로 한 교육이 이루어지고 있었다.

예술치유교육은 전적으로 지역의 시설기관이나 종교단체, 복지관 등의 위탁형 학교를 통해서만 이루어지고 있었다.

학교부적응 학생을 위한 치유교육은 제도권 내의 대안학교에서도 전일제 형태의 학교에서도 실행되고 있지 않았다. 단지 제도권의 변두리라 할 수 있는 위탁형 학교에서 그 역할을 하고 있음을 알 수 있었다.

체험 위주의 교육은 위탁형 학교에서만 체험 위주 교육을 목적으로 한다는 결과가 나왔다. 이를 통해 예측할 수 있는 점은 모든 대안교육이 추구하는 체험 위주 교육은 전일제 형태의 특성화 중·고등학교와 각종 학교에서는 다른 목표를 지향하면서도 교육의 한 방법으로서 체험활동학습을 하고 있고, 위탁형 학교에서의 체험 위주 교육은 체험 그 자체에 목적을 둔 교육일 것이라는 예측을 할 수 있다.

특성화 중·고등학교에서는 공동체교육이 교육목표의 대부분을 이루고 있었다. 각종 학교와 위탁형 학교는 대부분 통학형태인 반면, 특성화 중·고등학교의 경우 거의 모든 학교가 기숙형태의 학교로 운영되고 있기 때문에 민주시민교육과 공동체교육이 용이한 것으로 생각된다.

(2) 교육과정

초기에 설립된 대부분의 대안학교는 일반학교의 교육과정과 비슷한 형태로 유지하였다. 노작교육, 체험학습, 마음공부와 같은 특성화 교과의 도입과 토론식 수업의 기획, 교재의 다양화, 학생들의 자치활동 등은 의미있는 변화였지만 근본적인 교육과정의 변화는 아니었다. 대개는 일반학교의 교육과정의 틀에서 부분적인 축소·조정을 하여 몇 가지 교과만 교체하는 수준에 머물렀었다. 이러한 이유는 초기에 만들어진 대안학교들이 이후 특성화 학교로 무리 없이 편입하게 된 것과 무관하지 않다(교육인적자원부, 2008 : 227).

특성화 고등학교의 경우 학교마다 차이는 있지만 대체로 일반교과가 60%, 특성화 교과가 40% 정도를 차지하고 있다. 특성화 교과는 주로 체험 등의 활동을 바탕으로 구성되어 있다. 그러나 특성화 중학교는 특성화 고등학교에 비해 특성화 비중이 낮은 편인데, 이것은 교육과정상 국민공통 기본 교육과정에 따르게 되어있기 때문이기도 하고, 70%의 높은 자율재량권을 갖고 있는 특성화 고등학교에 비해 낮은 30%의 낮은 자율재량권을 갖고 있기 때문이기도 하다.

특성화 중·고등학교의 교과목 구성은 각 학교별로 총 이수단위와 필수(선택)과목, 특성화 과목에 차이가 있다. 공통필수과목은 대부분의 학교가 필수과목기준 이수단위를 그대로 채택하여 지키고 있다. 또한 대부분의 교과가 보통 교과로 편성되지만 모든 학교에서 그런 것은 아니며 한울고등학교와 같이 보통 교과와 특성화 교과를 동일한 단위 수로 편성해 운영하는 학교도 있다. 교육과정 내에는 필수 보통교과와 특성화 교과 외 창의적 체험활동과 특별활동이 이루어지고 있다.

특성화 중학교는 국민공통 기본 교육과정이므로 단위 수가 아닌 시간 수로 나타낸다. 총 이수시간이 최저 1122시간, 최고 1360시간으로 특성화 고등학교에 비하여 학교별로 편차가 크지 않다.

특성화 교과는 주로 자립교과와 학교철학교과, 학생선택교과인 진로 · 직업교과, 문화 · 예술교과로 구별되며, 인간관계나 심성을 연마하기 위한 과목들이 주류를 이루고 있다. 이러한 특성화 교과의 선택권은 학생에게 있으며, 매학기 초 수강신청을 통하여 학생들의 자율에 의해서 운영된다.

(3) 교육내용

특성화 고등학교에서는 보통교과와 특성화 교과가 주 교육내용으로 구성되어 있고, 세부적인 내용을 모두 조사할 수는 없었지만 그 외 활동으로는 특별활동을 통한 자치 · 적응 · 계발 · 봉사 · 행사활동을 하고 있는 것으로 조사되었다.

특성화 고등학교의 교육내용은 다음과 같다.

인성교육을 주 목적으로 하는 학교에서는 농사활동, 생태활동, 마음공부, 심신수련, 대인관계훈련, 예술 등의 활동이 주로 이루어지고 있고, 그 외 다양한 체험활동과 치료적 의미로서의 예술활동, 종교적 의미의 활동이 포함되어 있었다. 또한 특성화 중학교의 특성화 교과에도 무용과목이 개설된 학교가 있음을 발견할 수 있었다. 가장 다양한 교과가 편성되어 있는 학교는 팔렬중학교였으며, 체험활동, 직업교육, 인간관계훈련, 인성교육, 예술활동, 생태활동 등 다양한 분야를 골고루 다루고 있었다.

특성화 중 · 고등학교의 교육내용 중 특성화 교육내용을 요약하면 개별성과 다양성을 존중하여 다양한 체험학습과 지역사회를 중심으로 한 다양한 활동과 사회참여활동을 운영하는 것이다.

참고문헌

고병헌(1998). 지향하는 가치 '대안적'이어야 진정한 대안학교로 자리매김 : 무너진 학교교육 대안은 없나. 내외저널, 114.

김가영(2008). 대안학교 미술교육사례를 통한 우리나라 미술교육의 현황과 개선점에 관한 연구. 성신여자대학교 대학원 석사학위논문.

김태연(2008). 특성화 대안학교 정책평가 연구. 홍익대학교 대학원 박사학위논문.

노 혁(2012). 청소년복지론. 교육과학사.

박정란 · 서홍란 · 장수한(2012). 청소년복지론. 양서원.

이병환 · 김영순(2008). 대안학교 관련 쟁점 분석 : 관련법령에 대한 대안학교 교원들의 인식을 중심으로. 교육행정학연구, 25(4).

이용교(2012). 한국청소년복지론. 정민사.

이종태(2007). 제3기 대안교육운동을 향하여. 민들레, 39.

천정웅(2012). 청소년복지론-발전적 관점. 양서원.

천정웅 · 김 민 · 김진호 · 박선영(2011). 차세대청소년학총론. 양서원.

최원석 · 고경은 · 선필호 · 김동주(2012). 청소년복지론. 정민사.

한국청소년개발원(2007). 청소년문제론. 교육과학사.

______________(2011). 청소년복지론. 교육과학사.

한국청소년정책연구원(2010). 청소년학개론. 교육과학사.

한상철 · 조아미 · 박성희(2001). 청소년심리학. 양서원.

한상철(2004). 청소년학(청소년 이해와 지도). 학지사.

홍봉선 · 남미애(2004). 청소년복지론. 양서원.

______________(2006). 청소년복지론. 양서원.

______________(2012). 청소년복지론. 공동체.

홍봉선 외(2010). 청소년문제론. 공동체.

14
CHAPTER

청소년복지의 전망과 과제

1. 청소년 복지환경 변화
2. 청소년복지가 나아가야 할 방향

| 제 14 장 | 청소년복지의 전망과 과제

1. 청소년 복지환경 변화

1980년 청소년(12~24세) 인구는 전체 인구의 절반이 넘는 56.6%를 차지하였으나, 이후 지속적으로 감소하여 2010년 이후에는 30% 이하로 떨어졌다. 2018년에는 9세 이상 24세 이하의 청소년의 인구비율이 전체의 17.4%였던 것이 2019년에는 17.3%로 소폭감소하였으나, 18세 이하의 인구구성비는 2018년도에 17.3%였던 것이 2019년에는 7.3%로 급감하여 향후 청소년인구 절벽이 현실화되었다(통계청, 2019). 2020년 주요 국가별 출산율을 살펴보면 우리나라 합계출산율은 1.1명으로 일본 1.4명, 미국 1.8명, 프랑스 1.9명, 독일 1.6명, 영국 1.8명 등 주요 선진국에 비해 매우 낮은 수준이었다. 우리나라 청소년 인구 감소 추세는 앞으로도 지속될 것이며 이는 미래 성장을 이끌어 갈 동력약화로 이어져 국가적 위기상황으로 볼 수 있다.

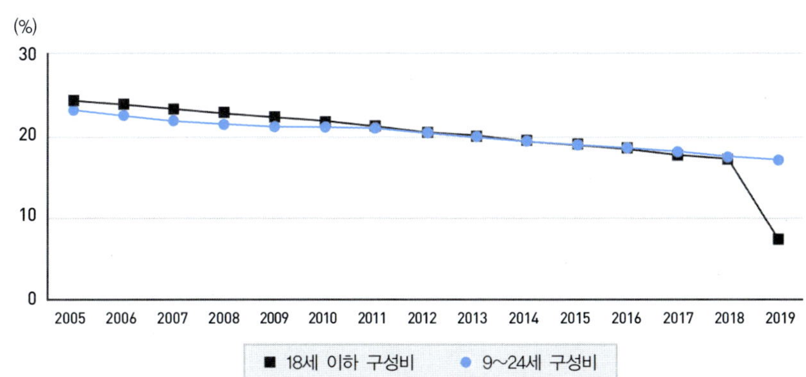

|그림 14-1| 청소년 인구 구성비

출처 : 통계청(2020).

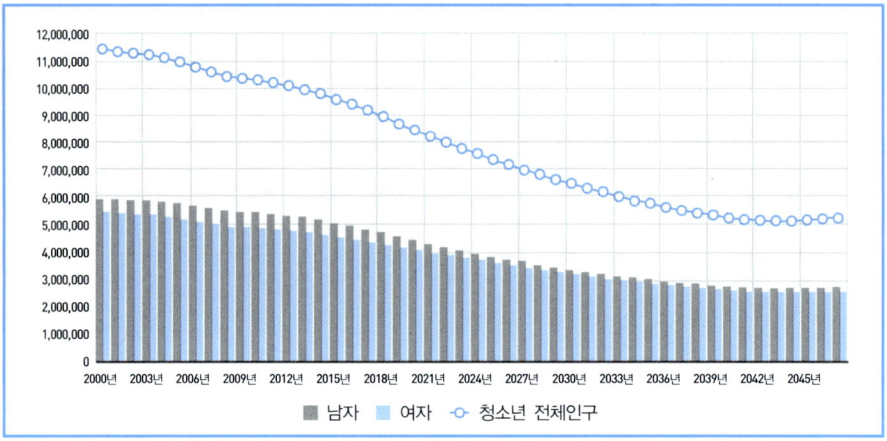

|그림 14-2| 청소년 인구 추이

출처 : 통계청(2021).

우리나라 10~24세 청소년의 사망원인 1위는 자살로 나타났다(통계청, 2020). 2위는 질병, 3위는 운수사고로 나타났다. 자살은 우울증과 관련이 있는 것으로 나타나고 있는데 청소년(중·고생)의 2019년 우울감 경험률은 28.2%로 2015년 이후 계속 증가추세로 나타났다. 특히 여학생의 우울감 경험률은 34.6%로 남학생의 22.2%에 비해 높게 나타나 청소년의 우울감 예방을 위해 다각적인 노력이 절실하다.

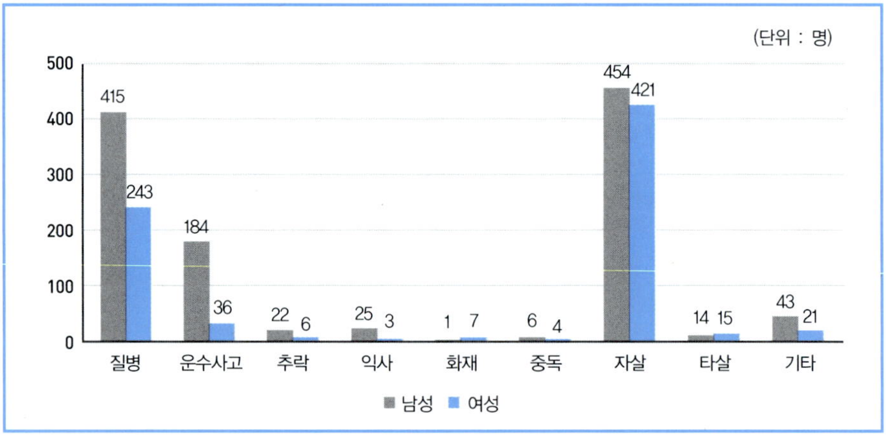

|그림 14-3| 청소년(10~24세) 사망 원인

출처 : 통계청(2020).

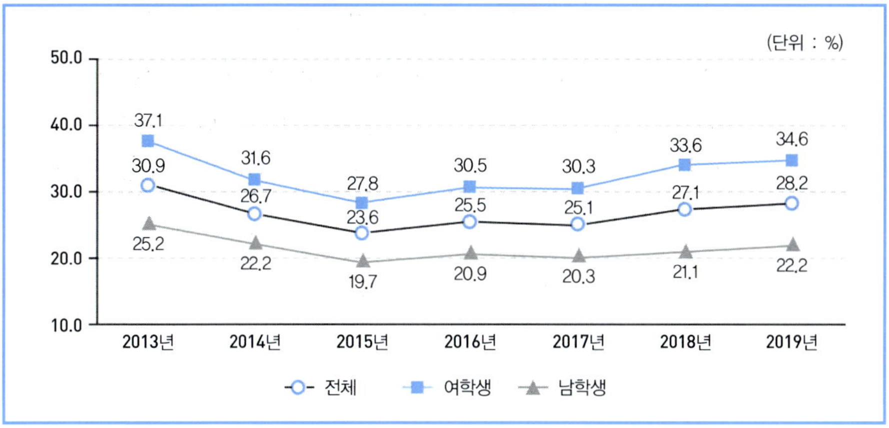

|그림 14-4| 청소년(중 · 고생) 우울감 경험률

주 : 우울감 경험률은 최근 12개월 동안 2주 내내 일상생활을 중단할 정도로 슬프거나 절망감을 느낀 적이 있는 사람의 분율임

출처 : 보건복지부 · 질병관리본부 · 교육부(각 연도). 청소년건강행태조사.

청소년의 우울감은 스트레스와 연관이 깊다고 할 수 있다. 청소년의 스트레스 인지율을 살펴보면 전체 청소년의 39.9%로 나타났다. 특히 여학생의 스트레스 인지율은 48.8%로 남학생의 31.7%에 비해 높게 나타났다.

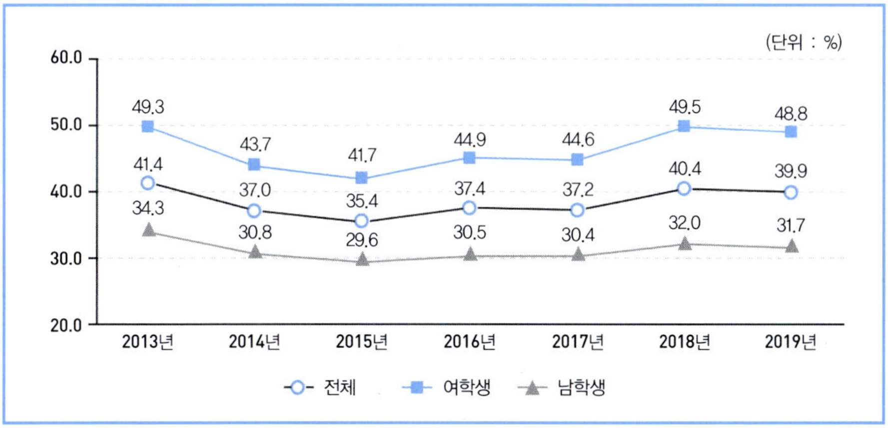

|그림 14-5| 청소년(중 · 고생) 스트레스 인지율

주 : 스트레스 인지율은 평상시 스트레스를 '대단히 많이' 또는 '많이' 느끼는 편인 사람의 분율임

출처 : 여성가족부(2020).

청소년기에는 신체적, 인지적 발달과 정서변화와 더불어 사회적 기대로 인한 고민이 많아지게 된다. 이러한 고민은 스트레스나 우울감의 원인이 될 수도 있다. 청소년이 고민이 있을 때 고민을 털어놓을 상대로 남자 청소년은 어머니와 친구 순으로 가장 많이 꼽았고, 여자 청소년은 친구와 어머니 순으로 가장 많이 꼽았다. 청소년기에 어머니와 친구의 관계가 중요하다는 것을 해석해 볼 수 있다. 고민거리를 털어놓을 수 있는 상대가 없다고 응답한 청소년도 11.0% 이상으로 나타났다. 반면 청소년 상담 관련 기관에 고민을 털어놓는 경우는 0.3%에 불과했다.

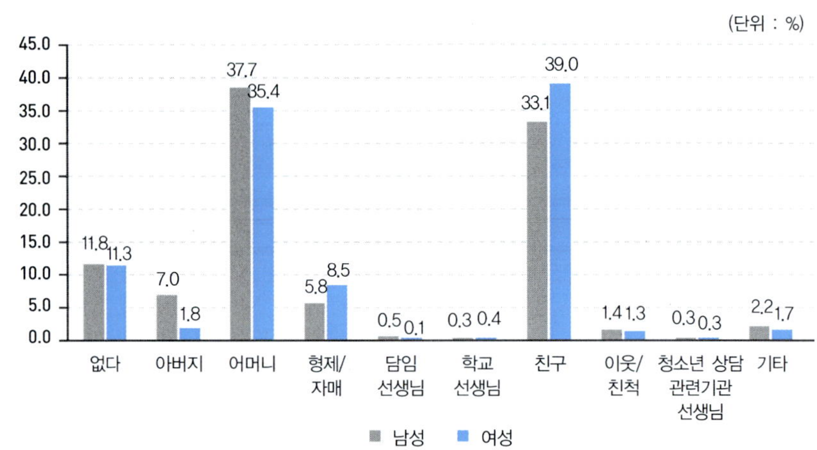

|그림 14-6| 고민거리를 털어놓을 수 있는 상대

출처 : 여성가족부(2020).

초등학교 4학년, 중학교 1학년, 고등학교 1학년을 대상으로 조사한 결과 청소년 인터넷 과의존 주의군과 위험군은 2017년 이후에도 꾸준히 상승하여 2020년에는 주의군 12.1%, 위험군 1.1%로 나타났다. 현대사회 청소년에게 인터넷은 삶의 필수 요소라고 할 수 있다. 청소년의 스마트폰 보급률이 높아짐에 따라 일상생활에서 스마트폰을 가장 중요한 매체로 꼽게 되었다(방송통신위원회, 2019). 스마트폰을 매일 사용하는 10대 청소년은 88.6%에 이른다. 또한 음성통화를 제외하고 하루에 스마트폰을 2시간 이상 이용하는 청소년은 67.7%였다. 청소년은 스마트폰을 이용하여 커뮤니케이션, 정보검색 및 정보전달, 미디어 콘텐츠 시청을 주로 하고 있었다. 미래 사회에서 인터넷은 더욱 다양하게 활용될 전망이다. 청소년기에 인터넷에 과의존하게 되면 인지, 사회적 발달에 부정적 영향을 끼치게 된다. 청소년기 이전부터 인터넷을 선용하기 위한 교육과 예방활동이 필요하다.

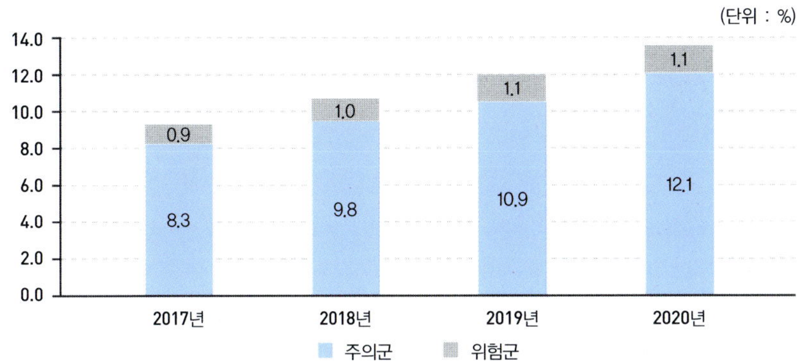

|그림 14-7| 청소년 인터넷 과의존 위험군 비율

주 : 설문대상 청소년은 초등학교 4학년, 중학교 1학년, 고등학교 1학년임.
출처 : 여성가족부(2020).

2019년 15~19세 청소년의 경제활동참가율은 2014년 8.5%였던 것이 2017년 9.2%까지 증가하다가 2019년에는 8.3%까지 낮아졌다. 18세 이하의 청소년이 아르바이트하는 목적으로는 '부모님께서 용돈은 주시지만, 내가 원하는 것을 하기에는 돈이 부족해서'라는 응답이 가장 많았다. 이는 소비세대로 급부상하는 청소년의 문화를 나타내고 있다. 최근 청소년의 명품소비가 눈에 띄게 늘었고, 이로 인한 청소년 사이 계급문화까지 등장하고 있다. 모든 청소년이 명품소비를 하기 위해 아르바이트를 하는 것은 아니지만, 일상적인 소비수준도 과거에 비해 높아짐에 따라 청소년은 마케팅의 주요 대상이 되고 있다. 또한 일부 청소년들은 가정형편이 안 되어서 아르바이트를 하기도 하는데, 청소년의 소비수준이 높아질수록 계층 간 차이를 느끼게 될 수 있다. 건전한 아르바이트는 청소년에게 사회경험의 기회를 제공하여 청소년의 발달에 긍정적 영향을 미칠 수 있어 청소년에게 좋은 아르바이트의 기회를 늘려야 한다. 다만 아르바이트 현장에서 청소년의 근로권이 보호받을 수 있는 사회적 환경조성이 요구된다.

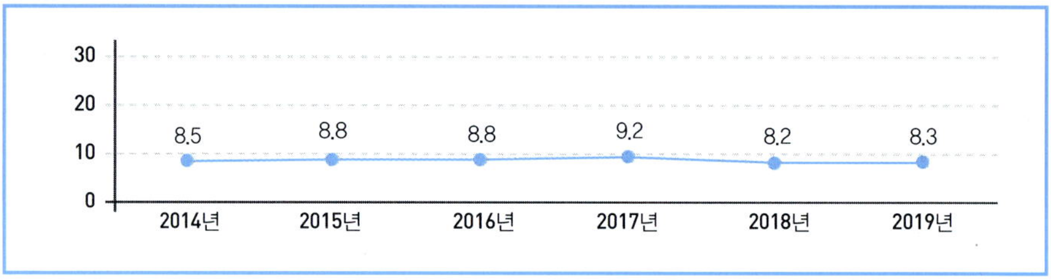

|그림 14-8| 15~19세 청소년의 경제활동 참가율

출처 : 여성가족부(2020).

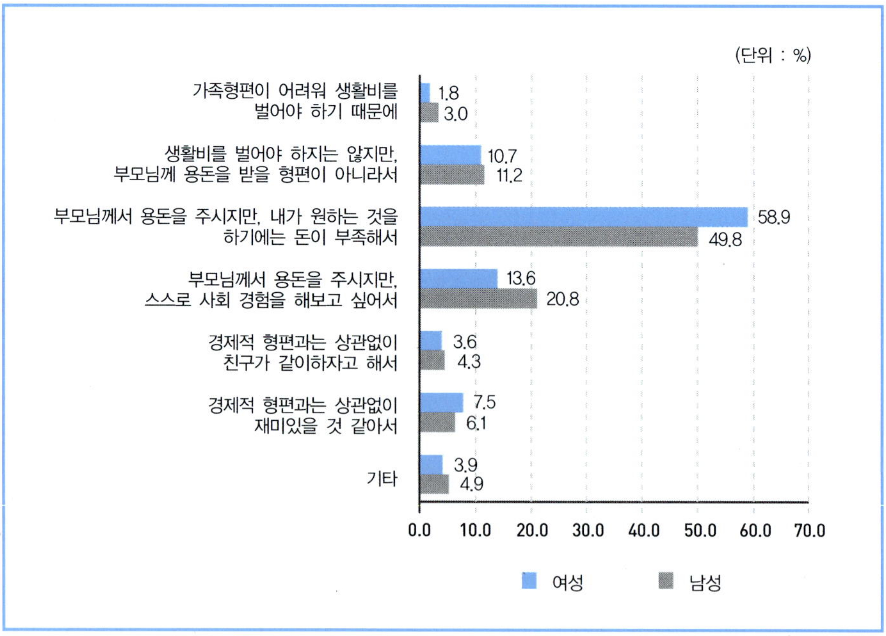

|그림 14-9| 청소년(만 10~18세) 아르바이트 목적

출처 : 여성가족부(2020).

청소년의 가출은 약간의 감소추세를 보이고 있다. 초등학생보다 중·고등학생의 가출 경험률이 더 높은 것으로 나타나고 있다. 가출 이후 청소년들은 생존하기 위해 하는 행동으로 여러 위기상황에 놓이게 된다. 최근 가정 내 학대 등 가정의 기능을 제대로 못하는 가정이 늘어감에 따라 돌아갈 곳이 없는 가출청소년이 늘고 있다. 가정은 청소년이 살아가는 데 기본적인 욕구를 해소할 수 있고 물리적 안전과 심리적 안정을 제공하는 기능을 하는 곳이다. 가정에서 이러한 기능을 제공하지 못하는 경우 청소년의 성장을 위해 사회는 필요한 서비스를 제공해야 한다.

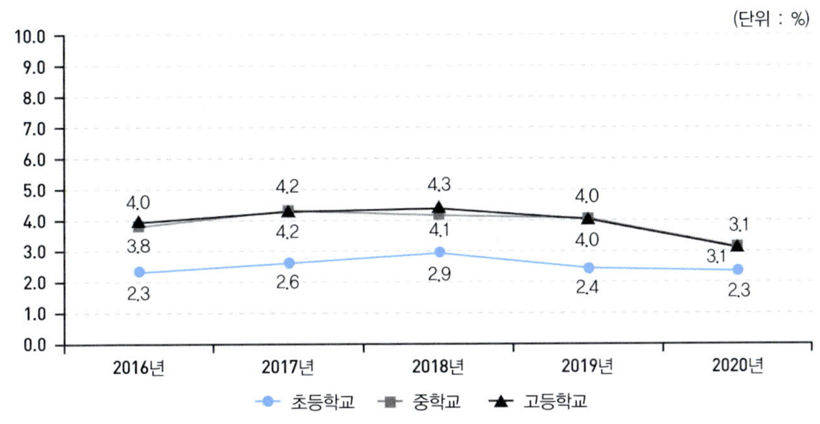

|그림 14-10| 청소년 가출 경험률

주 : 청소년 가출 경험률은 최근 1년간 가출 경험이 있다고 응답한 비율임

출처 : 여성가족부(2020).

2. 청소년복지가 나아가야 할 방향

사회적으로 이혼율이 상승하고 경기침체가 지속됨에 따라 가정해체는 증가하고, 전체적인 가정의 기능이 약화됨에 따라 청소년의 경제적·심리적 위기는 높아져 가고 있다. 이러한 위기 청소년을 지원하기 위해 우리나라에서는 '지역사회 청

소년통합지원체계(청소년안전망)'을 운영함으로써 가출, 폭력피해, 인터넷 · 스마트폰 중독, 정서적 문제 등 다양한 위치의 청소년에게 필요한 상담 · 보호 · 의료 · 자립 등의 맞춤형 서비스를 원스톱(One-Stop)으로 제공하고 있다. 청소년안전망 사업은 지역사회 내 청소년 관련기관들의 네트워킹을 기반으로 통합지원체계를 구축하고 위기청소년에 대한 전화상담, 긴급구조, 보호, 치료, 자립, 학습 등 다양한 서비스를 제공함으로써 위기청소년이 건강하게 성장하고 삶의 역량을 강화하는 것을 주요 목적으로 한다. 청소년안전망 활성화를 위해 지역 연계망의 범위를 민간까지 확대하여 가출청소년이 주로 이용하는 PC방, 노래방, 찜질방 등의 업소를 주축으로 위기청소년의 발견과 긴급구조, 보호서비스를 제공하고 있다. 그뿐만 아니라 지역사회 내 의료, 법률, 자활 등의 전문 분야에서 위기청소년에게 필요한 서비스를 지원하기 위해 민간사회안전망 역할을 담당하는 '1388청소년지원단'을 구성하여 운영함으로써 민 · 관협력체계를 이루고 있다. 청소년안전망 사업은 전국 200여 개 청소년상담복지센터를 기반으로 운영되고 있으며 9~24세의 청소년과 그 가족이라면 누구나 이용이 가능하다.

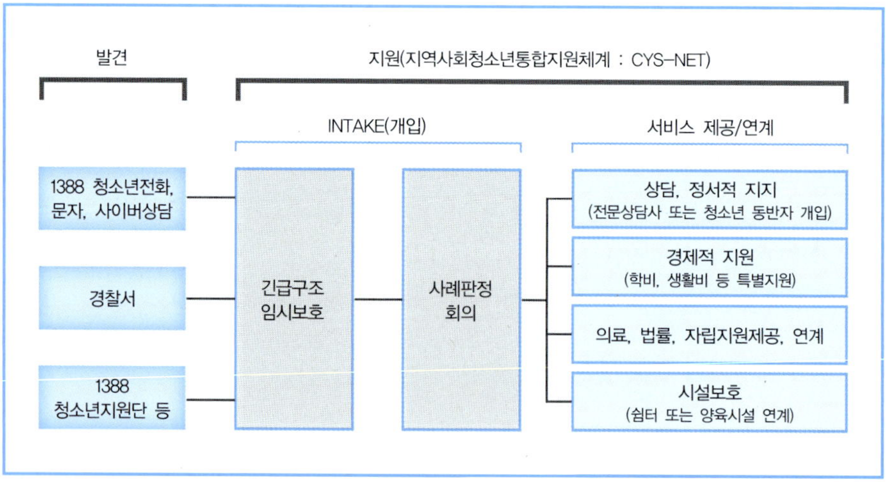

|그림 14-11| 청소년안전망 서비스 지원절차 체계도

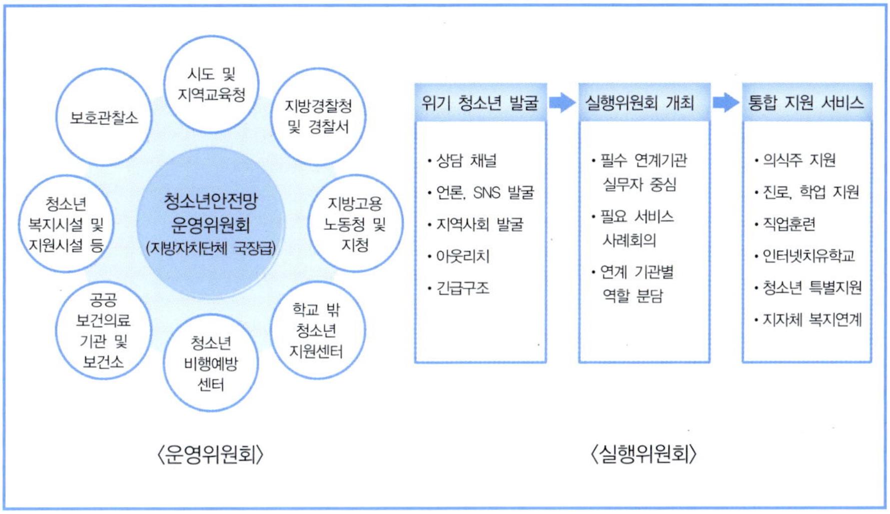

|그림 14-12| 청소년안전망 운영위원회 및 실행위원회 체계도

출처 : 여성가족부(2019).

위기청소년을 위해 청소년안전망 사업이 펼쳐지고 있으나 실제 청소년이 청소년전화 1388이나 청소년안전망 사업에 대해 잘 모르고 있는 현실이다. 정부는 청소년들이 도움이 필요할 때 언제든 도움을 받을 수 있는 시스템을 갖춘 만큼 청소년이 위기상황에서 쉽게 도움을 청할 수 있도록 청소년전화 1388 등에 대한 보다 적극적인 홍보가 절실하다.

청소년을 위해 청소년전화 1388이 24시간 운영되고 있지만 높은 수준의 서비스 제공이 뒤따른다고 보기는 아직 어려움이 있다. 우선 청소년안전망 사업은 청소년상담복지센터를 기반으로 하고 있기 때문에 심야시간대에 원활한 상담이나 구조에 한계가 있을 수 있다. 이를 해결하기 위해 지역별로 심야시간대에 상담과 구조를 지원할 수 있는 시스템과 인력배치가 필요하다.

인구학적으로 청소년의 수는 날로 줄어들지만 위기청소년의 수는 증가하고 있고, 그 형태도 다양해지고 있다. 청소년의 올바른 성장은 우리 사회의 안정적인 발전과 매우 긴밀한 만큼 지금의 청소년들이 역량을 갖출 수 있도록 가정, 학교, 사회는 힘을 합해야 한다. 사회가 발전함에 따라 청소년들의 사회참여는 한편으로는 줄어들고 있다고 할 수 있다. 청소년이 자신의 목소리를 낼 수 있는 사회참여의 기회를 늘려 한 사람의 시민으로서 책임을 다할 수 있도록 한다면 성인이 되어서도 자신의 역량을 다할 수 있을 것이다. 이를 위해 복지의 사각지대에 놓이는 청소년이 없도록 정책과 사회 서비스를 다각화해야 할 것이다.

참고문헌

노 혁(2012). 청소년복지론. 교육과학사.

박정란 · 서홍란 · 장수한(2012). 청소년복지론. 양서원.

여성가족부(2021). 청소년백서.

이용교(2012). 한국청소년복지론. 정민사.

천정웅(2012). 청소년복지론-발전적 관점. 양서원.

천정웅 · 김 민 · 김진호 · 박선영(2011). 차세대청소년학총론. 양서원.

최원석 · 고경은 · 선필호 · 김동주(2012). 청소년복지론. 정민사.

한국청소년개발원(2011). 청소년복지론. 교육과학사.

한국청소년정책연구원(2010). 청소년학개론. 교육과학사.

홍봉선 · 남미애(2012). 청소년복지론. 공동체.

찾아보기

인 명

ㅊ

ㅌ

ㅍ

저/자/약/력

■ 김정열
명지대학교 청소년지도학과(B.A)
중앙대학교 대학원 청소년학과(M.A)
총신대학교 신학대학원(M.Div.equi.)
명신대학교 대학원 사회복지학과(M.S.W)
명지대학교 대학원 청소년지도학과(Ph.D)
총신대학교 중독재활상담학과 교수

■ 조승희
호서대학교 청소년지도학과(B.A)
명지대학교 대학원 청소년지도학과(M.Ed.)
명지대학교 대학원 청소년지도학과(Ph.D)
총신대학교 중독재활상담학과 외래교수
청소년가족성문화연구소 대표

청소년복지론

|공저자| 김정열 · 조승희

|1판 1쇄| 발행 2023년 8월 10일

|발행인| 김 동 훈
|발행처| 공 동 체

|주소| 경기도 고양시 일산동구 호수로 358-39, 동문타워 I 905호(백석동)
|전화| 031) 814-3000(대표)
|팩스| 031) 814-3100
|홈페이지| http://www.compub.co.kr
|전자우편| compub@naver.com
|출판등록| 2005년 10월 6일
|등록번호| 제396-2005-36호

|ISBN| 979-11-6725-446-7
정가 21,000원